크리에이티브는
크리스마스처럼

위대한 광고의 탄생을 위해
첫걸음을 내딛는 광고인들의 필독서

크리에이티브는 크리스마스처럼

초판인쇄 2018년 12월 31일
초판발행 2018년 12월 31일

지은이 이구익
펴낸이 채종준
기 획 조가연
편 집 박지은
디자인 서혜선
마케팅 문선영

펴낸곳 한국학술정보(주)
주소 경기도 파주시 회동길 230 (문발동)
전화 031 908 3181(대표)
팩스 031 908 3189
홈페이지 http://ebook.kstudy.com
E-mail 출판사업부 publish@kstudy.com
등록 제일산−115호(2000. 6. 19)

ISBN 978-89-268-8635-9 13040

크리에이티브는
크리스마스처럼

이구익 지음

위대한 광고의 탄생을 위해
첫걸음을 내딛는 광고인들의 필독서

이담
Books

목차

1장 크리에이티브는 크리스마스다

3장 크리스마스의 악몽같이 끝없는 크리에이티브

4장 크리스마스를 즐기듯 좋은 광고 만들기

⑤장 크리스마스처럼 화려한 크리에이티브의 기념일

위대한 크리에이티브의 탄생을 만났을 때
: 메리 크리에이티브마스!

> 모두들 '보는 것이 믿는 것이다'라고 말해요.
> 하지만 세상에서 가장 진실된 것은
> 우리가 볼 수 없는 것일 때가 있죠.

– 크리스마스 영화 〈폴라 익스프레스(2004)〉 중에서

크리에이티브를 위한 열정은 우리를 가슴 뛰게 합니다. 그리고 크리에이티브를 통해 광고를 만든다는 것은 여러 해 작업을 이어왔음에도 언제나 새롭기에 참 즐겁고도 어려운 작업입니다. 지금까지 광고회사에서 일해왔던 시간이 그랬고 새로운 기업문화로 광고를 만들어보자고 창업한 뒤에도 그렇습니다. 인고의 시간을 지나 다행히도 '반짝!' 아이디어가 떠올라 훌륭한 광고가 탄생되면 기쁘기 그지없습니다. 하지만 이를 위해 때로는 야근이나 주말 근무를 하며 답답한 마음으로 책상 앞에서 고민하는 과

정은 어렵기만 한 것이 일반적이었습니다.

별이 빛나는 밤, 광고회사의 누군가는 집에 가지 못한 채 광고주를 위해 커피잔을 늘려갈 것이고 소비자의 마음을 사로잡기 위해 수십 장의 아이디어를 썼다가도 찢어버릴 것입니다. 누군가는 풀릴 듯 말 듯한 생각 위를 빙글빙글 돌면서 생각에 빠지기도 하겠죠. 막연한 마음에 친구에게 질문을 던져보거나 제품을 만지작거리며 소비자들을 관찰하는 등 아이디어의 단서를 찾아 애를 태울 것입니다.

주중에 해결되지 않은 아이디어에 대한 고민은 주말에 친구를 만났을 때나 데이트를 할 때도 가슴속에 남아, 상대방의 이야기를 한 귀로 듣고 한 귀로 흘리기도 하며 무의식의 한편이 크리에이티브에 빠져 있기도 합니다. 그러다 함께 있는 연인이나 가족에게 혼나는 것은 흔한 일입니다. 집으로 돌아가서 잠들기 전까지 크리에이티브한 아이디어를 떠올리며 뒤척이다 잠들고 알람소리에 눈떠 허겁지겁 출근 준비를 하게 되기도 합니다.

그렇게 고민 끝에 광고주의 컨펌을 받고 험난한 제작 과정을 거쳐 마침내 위대한 크리에이티브가 탄생하면 광고인들은 박수 치며 환호합니다. 앓던 이가 빠진 것처럼 개운한 느낌이기도 하고 긴 터널을 벗어나 밝은 빛을 만난 느낌입니다. 입가에는 미소가 떠나지 않고 소비자들의 반응을 보면서 놀라운 광고가 탄생되었다는 벅찬 마음에 흐뭇합니다. 광고 제작이 끝난 후에도 동료나 상사, 그리고 광고주의 칭찬을 들었을 때 가슴은 두근거리고 보람 찬 설렘이 가슴과 머리에 꽉 차오르죠. 마치 축제의 분위기와 비슷하다고 할까요?

자주는 아니지만 가끔 접하는 이러한 환희의 순간이 우리가 12월에 접하는 크리스마스와 무척 닮아 있다는 생각을 하게 됐습니다. 크리에이티브를 위한 긴 여정과 기다림, 그리고 탄생의 기쁨은 마치 인류를 구원하러 오신 아기 예수의 탄생을 기뻐하는 크리스마스와 닮았습니다. 마치 십자가를 짊어지고 가듯 고통스러운 시간을 거쳐, 죽어가던 아이디어가 마침내 멋진 광고 크리에이티브로 부활하여 우리 모두를 절망에서 구원해준다는 점에서 매우 비슷합니다.

이 책은 광고회사에서 고민하는 크리에이티브에 대한 이야기와 이를 둘러싼 광고주와 광고, 그리고 광고인들의 생각과 삶을 크리스마스와 비교하여 보여주는 광고 크리에이티브 에세이입니다. 따라서 광고 크리에이티브에 대한 다양한 이야기를 모든 크리스마스에 관련된 것에 비유하여 설명해보았습니다. 3년 전에 출간한 『벌거벗은 광고인』이 청소년층을 타깃으로 누구나 쉽고 재미있게 광고인과 그들의 삶을 이해하도록 쓴 책이라면, 『크리에이티브는 크리스마스처럼』은 예비 광고인인 대학생, 광고회사에 관심이 있는 사회초년생, 광고회사 신입사원이 읽기에 적합하다고 생각하며 썼습니다. 그래서 광고 크리에이티브를 위한 광고인들의 생활과 에피소드, 광고 크리에이티브에 대한 다양한 과정을 쉽게 이해할 수 있도록 썼습니다.

이제 저는 산타처럼 광고회사에서 펼쳐지는 일상의 순간들을 소개해드리려고 합니다. 미천한 경험을 살려서 쓴 이 책은 여러분에게 크리스마스를 닮은 광고 크리에이티브의 개념을 만나게 해드릴 것입니다.

크리에이티브는 마치 공기와 같은 무형의 개념입니다. 그래서 움켜쥘 수도 없고 노력에 비례해서 얻어지는 결과물도 아닙니다. 어쩌면 운이 좋아서 만날 때도 있습니다. 숙련된 크리에이터의 일은 산타처럼 착한 아이(목표 소비자 타깃)가 누구인지 단숨에 파악하여 신속, 정확하게(전략과 인사이트) 굴뚝으로 들어가(커뮤니케이션 채널) 마침내 선물(잘 만든 광고 콘텐츠)을 잠든 아이의 양말(마음 속)에 넣는 것처럼 마치 '미션 임파서블'과 같다는 생각도 해봅니다. 때로 굴뚝을 찾지 못해서 방황하기도 하고, 잘못 침투하거나 우당탕 실수하여 잠든 줄 알았던 아이가 눈을 탁! 떠버리는 일처럼 실패한 사례들도 있을 수 있습니다. 하지만 대다수 광고인들은 언젠가 세상에 더 나은 광고 크리에이티브를 내놓을 수 있을 것이란 믿음을 가지고 매일 최선을 다해 살아갑니다. 꾸준히 노력하다 보면 언젠가 크리스마스가 오는 것처럼 설레는 결과를 얻게 될 것이라 믿으며 말이죠.

크리에이티브에는 답이 없습니다. 그렇기 때문에 어렵기도 하고 설레기도 합니다. 지금부터 이 책을 펴신 여러분들도 마음속에 작지만 기대하는 마음으로 양말을 하나씩 걸어두셨으면 좋겠습니다. 부족한 점이 더 많겠지만 이 책을 읽으시는 분과 어린아이처럼 순수하게 광고 크리에이티브와 광고인의 비애, 희망과 기쁨 등을 이야기 나누는 시간이 되었으면 합니다.

자! 그럼 지금부터 크리스마스를 닮은 크리에이티브 이야기를 나눠보겠습니다. 저희 회사의 슬로건으로 책을 시작해볼까요?

여러분, 메리 크리에이티브마스!

크리에이티브는
크리스마스다

크리스마스와
크리에이티브의 공통점

전 세계인들이 축제처럼 생각하는 크리스마스는 예수 그리스도의 탄생을 기념하는 날입니다. 간단해 보이지만 종교적 의미로 본질을 짚어보면 단순한 파티가 아니라는 것을 알 수 있습니다. 기독교적 관점에서 보면 창조주 하나님께서 피조물인 인간을 사랑해서 외아들인 예수 그리스도의 몸으로 이 땅에 와 인류의 죄를 위해서 대신 죽으신 후, 부활하심을 기뻐하고 기념하는 구세주의 탄생에 대한 의미가 담긴 날이기 때문입니다.

크리스마스의 본질은 신이 인류를 구원하기 위해 사랑의 마음으로 낮고 낮은 곳에 온 것입니다. 쉽게 말해 석가탄신일처럼 예수님의 탄생 자체가 그 본질이지요. 하지만 시대를 거쳐오며 그 의미는 혼동되고 있습니다. 사람들은 크리스마스 하면 즐거운 연말 파티, 행복한 성탄절 선물, 산타 할아버지와 루돌프 등 다른 이미지들을 먼저 떠올립니다. 표면이 아닌 본질을 봐야 합니다. 숭고한 정신과 본질을 담아, 크리스마스의 따뜻함과 사랑이 표현되어야 하는 것처럼 말이죠.

이처럼 광고 크리에이티브도 표면이 아닌 본질을 봐야 합니다. 광고는 어디에 뿌리를 두고 있을까요? 우선 광고는 기업이 마케팅의 일환으로서 진행하는 것이기 때문에 본질적으로 광고 크리에이티브를 설명하기 위해서는 먼저 마케팅에 대해 이야기를 해야 합니다. 그렇다면 기업에서 마케팅을 하는 이유는 무엇일까요? 쉽게 말해 제품의 판매를 촉진시키기 위함입니다.

마케팅을 공부한 사람이라면 누구나 아는 것이 바로 '마케팅믹스'라고 하는 4P입니다. 4P는 Product(제품), Price(가격), Place(유통), Promotion(촉진)을 말합니다. 이 중에서 광고는 프로모션(Promotion)에 속합니다. 프로모션을 좀 더 상세히 살펴보면 광고를 비롯하여 PR, 다이렉트 마케팅 등이 있지요. 기본적인 것을 설명하는 이유는 기본이라는 표면 안에 본질이 숨어 있기 때문입니다. 광고가 왜 존재하는지를 따져보면 그것은 결국 마케팅의 한 방법으로서 존재하는 것임을 알 수 있습니다. 광고를 하는 이유는 제품을 잘 팔기 위해서입니다. 흔히 광고는 예술의 한 형태처럼 생각하기 쉽지만 본질적으로는 마케팅에 뿌리를 두고 있음을 놓쳐서는 안 됩니다. 궁극적으로 제품을 파는 것에 기여하지 못하면 광고를 잘했다고 볼 수 없는 것입니다. 우리가 본질을 오해하는 크리스마스처럼 말이죠.

크리스마스의 의미가 중요한 것처럼 크리에이티브도 본질적인 의미를 분명히 이해해야 합니다. 광고가, 카피 메시지가, 이미지가 소비자의 머리와 가슴으로 분명히 기억되도록 전달하는 최선의 전략, 창의적인 발상이 바로 광고 크리에이티브여야 합니다. 그리고 그 본질의 목적을 충실히 달성했을 때 광고인은 보람을 느끼게 됩니다. 본질을 관통한 광고는 소비자들이 이해하기 쉬운 것은 물론 인기도 더해져 결과적으로 광고주가 기뻐하는 성과가 나올 것이며 광고대행사도 축배를 드는 좋은 광고가 될 수 있다고 믿습니다.

최고의 크리에이티브를 위한 노력, 본질을 이해하고 담아낸 광고.

이제 당신도 함께하시지 않겠습니까?

크리스마스처럼 광고를 준비하는 광고회사

어린 시절, 크리스마스이브가 되면 두근거리는 마음으로 양말을 준비해서 베개 밑에 두었습니다. 그리고 내일 눈을 뜨면 어떤 선물이 양말 안에 있을까, 산타 할아버지는 내가 울었던 걸 기억할까, 우리 집에는 잘 찾아오실 수 있을까, 근데 우리 집은 굴뚝이 없는데 어떡하지… 등을 생각하면서 설렘이 가득한 채로 잠들었습니다. 아이들의 상상력에도 크리스마스는 참 크리에이티브한 것 같습니다. 이처럼 양말이라는 아주 작고 평범하며 볼품없는 소품까지도 세상 가득 기대감을 채워 넣게 만드니까 말이죠.

곧 어린이들은 성장하면서 세상에 산타가 존재하지 않음을 알게 되고, 그것이 때론 아빠 엄마였다는 사실에 충격을 받게 되겠지만 행복한 유년의 기억을 선사해준다는 것만으로도 크리스마스의 양말은 무척이나 소중한 존재입니다.

광고도 우리에게 크리스마스에 걸어놓은 양말처럼 즐거움과 기대감을 선사합니다. 그리고 이것을 만드는 광고인은 마치 산타와 같은 존재라고 생각합니다. 소비자가 보면 깜짝 놀랄 새로운 광고를 시도하며 차원이 다른 효과를 얻기 위해 기꺼이 험난한 굴뚝을 타기도 하고 길들여지지 않은 썰매를 타기도 합니다. 광고인은 소비자들에게 좋은 광고라는 선물을 선사하기 위해 무엇이든 기꺼이 할 수 있는 존재입니다. 지금도 세계의 많은 광고인들이 동료들과 놀라운 광고를 제작하기 위해 거침없이 일하고 있을 것입니다.

우리 모두는 알고 있습니다. 아무리 멋지고 예쁘게 포장된 선물이라고 해도 받는 사람을 감동시키는 것은 결국 그 안에 담겨 있는 마음이라는 것을 말입니다. 그렇기에 우리는 광고를 만들 때 크리에이티브 안에 담겨 있는 마케팅의 본질을 망각해서는 안 된다고 생각합니다. 광고 크리에이티브란 브랜드, 제품과 서비스가 가진 진심을 소비자에게 가장 창의적인 방법으로 전달하는 것이어야 하기에 많은 노력이 필요하다는 것을 후배들이나 학생들에게 말하곤 합니다. 마치 생일잔치에 생일인 사람이 가장 기뻐해야 하고 빛나야 하듯 광고에서는 크리에이티브보다 광고하는 브랜드나 제품이 빛나야 합니다. 달을 가리키는 손이 아니라 달이 보여야 하는 것이죠.

좋은 광고인은 크리에이티브로 자신이나 광고회사만 유명해지는 유행어 따위를 만들기 위해 노력하지 않습니다. 광고주의 브랜드 상황에 대한 분석으로부터 시작하고 해결책이 담긴 크리에이티브를 위해 최선을 다해야 합니다.

브랜드나 제품, 서비스의 판매 증대를 위해 광고주의 막대한 비용을 희생하여 아이디어를 담은 제작물을 만들고, 광고 미디어인 TV와 온라인을 비롯하여 라디오나 신문, 잡지, 옥외광고를 통해 소비자의 머리와 가슴에 각인시킵니다. 소비자는 이후 제품을 보는 순간 '아! 저 광고를 봤었는데' 하며 기억이 부활하는 것이죠. 따라서 재미있고 창의적인 발상으로 만들어진 광고는 좋은 것이지만 만약 브랜드가 기억나지 않는다면 이는 광고로서의 기능을 상실한 광고 크리에이티브이고 명백하게 본질에서 벗어난 광고라 말할 수 있습니다.

Merry! − 개처럼 일할까, 크리에이티브할까

메리! 라고 외치면 왠지 어느 집 개 이름 같기도 합니다. 메리, 혹은 해피라는 이름으로 강아지 이름을 많이 지으니까요. '개' 하면 분명 신나고 좋은 기분의 단어임에도 불구하고 우리나라 정서상 '개같다'고 하면 기분이 묘해지는 특성이 있습니다. 개는 우리의 친구이자 가장 친숙한 동물임에도 불구하고 또 다른 면에서는 천박하고 더러운 이미지도 함께 깃들어 있습니다. 이러한 양면성이 광고와 조금은 비슷한 점이 있습니다.

광고는 TV만 틀면 나오고, 거리를 걸으면 보이고, 라디오를 켜면 들리며 온라인에 접속하는 순간에도 보이는 것입니다. 그렇기 때문에 프랑스의 광고인 로버트 게렝은 우리가 숨 쉬는 공기는 질소와 산소, 그리고 광고로 이루어져 있다고 했는지 모릅니다. 광고는 항상 우리 주변에 있으면서 제품 정보를 제공하고 브랜드의 가치를 높이기 위해 호감을 주려고 노력합니다. 마치 친근한 강아지처럼 말이죠. 하지만 개라고 해서 모두가 우리의 친구는 아니듯 좋은 개도 있지만 나쁜 개도 있고 광견병에 걸린 개처럼 무서운 개도 있습니다. 때문에 만들 때나 볼 때나 어느 정도의 변별력이 필요합니다.

자, 기왕 개에 관한 이야기를 시작했으니 광고인들에 대해서도 이야기를 좀 더 연결시켜봅시다. 개는 때때로 천박함의 대명사처럼 쓰이기도 하듯이 광고 역시 좋은 기능만 담당하는 것은 아닙니다. 표현이 너무 극단적이지만 가끔 광고인들의 일하는 모습을 보면 '개같아' 보일 때가 많습니다. 좁은 사무실에서 밥만 먹고 돌아와 해가 지고 새벽이 될 때까지 일만 하는 사람들이 그렇습니다. 이런 모습을 보고 있으면 안쓰러운 마음이 들 때가 한두 번이 아닙니다. 아무리 열심히 일해도 끝이 없는 일들과 촌각을 다투며 치여 살기 때문입니다.

회사의 업무 방식에 따라 차이는 있겠지만 대부분의 광고인들은 집에 일찍 돌아가는 일이 별로 없습니다. 이렇게 무리하게 일을 하면서도 과연 행복한지 물어보고 싶습니다. 저 역시 사회초년생 때는 어쩔 수 없이 일이 많았습니다. 학교에서 배워온 교육보다 현업에서 배워야 할 것들이 너무 많았기 때문입니다. 선배들이 야근을 하고 있으면 당연한 듯 기다렸다가 뭐라도 도울 것은 없는지 눈치를 살펴야 했습니다. 그러다 보니 잦은 야근을 하게 됐지만 그런대로 점차 기회가 주어져서 본격적인 저의 일을 하게 되었죠. 저의 일을 맡게 된 것은 기뻤지만 매일같이 새벽에 집에 가고, 가끔은 주말에도 출근해서 일을 하느라 지치기도 많이 지쳤습니다. 그때는 아마도 광고 일에 익숙하지 못했기 때문에 더 오래 걸리고 힘들었던 것 같습니다.

효율적으로 일하지 못하면 체력적으로도 많은 무리가 따르는 것이 광고 업무입니다. 저 또한 대부분의 시간을 개처럼 성실하고 충직하게 일했습니다. 광고주분들에게나 회사의 상사, 팀장님이 보시기에도 말이죠. 하지만 시간이 지나고 돌아보니 아쉬운 것들이 많습니다. 무엇보다도 자신의 건강을 잘 돌보지 못했다는 생각과 가족들과 여유 있는 시간을 보내지 못한 것입니다. 일을 하면서도 즐겁게 하지 못했기 때문에 퍼포먼스도 잘 안 나오지 않았나 하는 생각이 듭니다.

반면 눈 오는 날의 개처럼 날뛰듯 기뻐하며 광고를 즐겼던 기억도 납니다. 일을 어느 정도 능숙하게 하게 되었을 때가 그랬습니다. 아이디어를 내어 채택이 되고, 카피를 써서 광고주에게 통과가 되고, 촬영장에 가면 내가 쓴 시나리오로 촬영을 하고, 광고모델을 디렉팅하는 등 앞으로 진행될 광고에 대한 기대감으로 가슴이 두근거렸던 기억이 있습니다. 그런 때는 광고 일이 마냥 좋았습니다. 비록 광고는 광고주의 것이겠지만 그것을 만들어내는 과정에서 주인공이 될 수 있었고, 나의 아이디어가 나의 자부심이 될 만큼 재미가 있었습니다. 어쩌면 지금도 광고회사에서 자리를 지키며 일을 하는 이유가 바로 이런 이유 때문일 것입니다. 순수하고 행복하게 광고판에서 개처럼 뛰놀 수 있다면 저는 그것만으로도 충분히 행복한 인생이라 생각합니다.

결국 같은 일이라도 이를 대하는 태도와 자세, 그것을 해냈을 때의 성취감의 정도, 업무 스트레스에 대한 조절 능력 등의 자체적인 평가 요소들이 우리를 그저 눈치 보며 천대받는 개처럼 일하게 할지 아니면 눈 오는 날의 개처럼 뛰놀듯 일하게 할지 결정하게 해주는 것 같습니다. 광고를 만드는 사람들은 어쨌든 행복해야 합니다. 좋은 광고가 결국 광고주를 행복하게 하고 소비자에게 좋은 서비스로 제공되어 소비자도 행복해지듯 말입니다. 우리는 한 마리의 귀여운 강아지가 주변을 행복하게 만드는 큰 에너지를 가지고 있음을 느껴본 경험이 있을 것입니다. 적막하고 서먹한 사람들이 가득한 공간에 귀여운 개가 한 마리 들어와서 꼬리 치고 얼굴을 부비며 공놀이를 한다고 생각해보십시오. 아마도 무거운 침묵과 무표정으로 일관하던 얼굴들을 활짝 미소 짓게 할 것입니다.

개에 비유를 해서 조금 당황스럽거나 억지스럽게 생각하시는 분들이 있을지 모르겠지만, 하얀 눈이 내리는 크리스마스에 가슴 벅차게 뛰노는 강아지만큼 순수하고 행복해 보이는 모습도 없다고 생각됩니다. 적어도 저는 그런 모습으로 광고 일을 하고 카피를 쓸 것입니다. 그럼으로써 아마도 많은 사람들의 사랑을 받는 모습이 될 수 있지 않을까 생각합니다.

메리 크리에이티브! 왕왕!

저 멀리 푸른 언덕에
: 광고가 아름답다고 믿는, 믿음

우리 모두는 크리스마스 분위기가 조성되는 12월 초부터 마음이 들뜨기 시작합니다. 왠지 크리스마스에는 모태솔로인 사람도 혹시나 운명의 상대를 만나지 않을까 하는 마음을 갖게 되고, 내게도 기적 같은 일이 생기진 않을까, 이번 크리스마스는 조금 더 행복해지지 않을까 하는 기대감으로 가슴 설레어합니다. 왜냐하면 미디어에서 크리스마스에는 기적이 생길 것처럼 이야기를 하고, 많은 브랜드들이 놀라운 세일을 하고 TV에서도 특집을 준비하는 등 모든 것이 이벤트로 가득 차게 되기 때문이죠. 이 때문에 우리의 머릿속은 크리스마스에 대한 막연한 설렘을 넘어 일종의 환상에 가까운 기대감에 빠지게 됩니다.

이런 모습은 광고인을 꿈꾸며 설렘이 가득한 고등학생 혹은 대학생들을 떠올리게 합니다. 1년에도 몇 차례 광고인이 꿈이라는 친구들이 쪽지나 이메일을 보냅니다. 책을 읽고 광고에 대해서 더 깊이 관심을 가지게 되었다며 말이죠. 요즘은 학교에서 직업 조사를 과제로 내주는 경우가 있기 때문에 이를 바탕으로 체계적인 질문을 하는 경우도 있지만 때로는 의욕만 앞서서 카피라이터나 CD(Creative Director)는 어떻게 하면 될 수 있냐고 물어보곤 현실적인 답을 해주면 그 이후로 아무 연락 없는 경우가 있습니다. 대부분 한결같이 TV드라마나 영화에서 본 카피라이터에 대해서 생각하고 물어보거나, 요즘 이런 광고가 매우 좋았는데 이런 걸 만들고 싶다는 막연한 생각으로 가볍게 고민하고 문의하는 경우가 많습니다. 학교에서도 학생들을 가르치다가 광고인에 대한 이야기를 나누거나 상담할 때가 있는데, 제작된 광고를 예술 작품처럼 생각하고 있다가 실제로는 마케팅적 요인들에 대한 준비가 상당하다는 것을 알고 진로를 다시 고민하기도 합니다.

❄ **흔한 예비 광고인들이 광고를 동경하는 말들**

"와! 정말 멋진 광고 카피를 봤는데 저는 정말 반했어요. 저도 그런 걸 쓰고 싶거든요."

"연예인을 직접 만나서 작업할 수 있다니 정말 신나고 즐거운 일인 것 같아요!"

"광고를 통해서 저만의 색깔을 담은 예술 작품을 많이 만들어보고 싶어요."

"저는 광고를 통해서 세상을 움직이고 싶고 사람들의 마음을 바꿔보고 싶습니다!"

"정말 자유롭고 행복해 보이는 것 같아요. 저는 남들과 다르게 살고 싶거든요."

그런 친구들에게 말해주고 싶은 것은 바로 광고의 본질에 관한 것입니다. 왜 광고란 것이 존재하는지, 그리고 그 본질이 무엇인지, 그 때문에 광고는 어떻게 만들어야 하는지를 올바르게 설명하려 최선을 다하고 있습니다. 앞서 언급했을 이야기지만 광고는 마케팅의 일환이고 브랜드와 제품을 소비자에게 알려 궁극적으로 기업의 이윤을 높이는 행위입니다. 따라서 예술적으로 만들 수도 있지만 결국은 마케팅적인 성과를 동반해야 합니다. 순수예술처럼 개인이 원하는 대로 만들 수 없고 수없이 많은 사람들의 의견과 조언이 담겨 결국 가장 '적합한' 방법으로 표현되기 마련입니다. 연예인과 작업을 할 수는 있지만 단기간에 원하는 광고를 모두 찍어야 하고 그러지 못할 때는 발을 동동 구르며 시간을 맞춰야 합니다. 좋아하는 연예인을 부담스러운 일로 만나는 것이 우리 광고인입니다. 물론 광고를 잘 촬영한 뒤에는 인사도 나누고 사인을 받을 수도 있겠지만 보통은 그런 여유도 쉽지 않습니다.

광고로 세상을 바꾸고자 한다면 공익광고 위주로 만들어야 할 것입니다. 상업적인 브랜드로도 좋은 메시지를 전달할 수 있지만 순수하게 메시지를 담아 제작하긴 힘들 것입니다. 그리고 소비자들도 광고 하나만으로 쉽게 변화하지는 않습니다. 결국 광고주의 막대한 예산으로 광고를 제작하여 그것으로 효과를 내야 하는 작업인데, 자신의 색깔을 내고 원하는 대로 제작할 수만은 없겠지요. 그래서 실질적인 광고업계에 대한 이야기와 광고인의 고충에 대해서 이해를 도울 수 있도록 『벌거벗은 광고인』이라는 책을 쓰기도 했습니다.

저 역시도 처음 광고인이 되겠다 마음먹은 것이 TV광고를 재미있게 보면서 직접 만들어보고 싶다는 생각이 계기였습니다. 고등학교 때 그 꿈을 품고 가장 먼저 달려간 곳은 도서관이었습니다. 광고 관련된 책은 물론이고 카피라이터에 관련된 책을 모조리 빌려서 읽었습니다. 그러면서 광고가 무엇이고 카피라이터가 누구인지에 대해서 어렴풋이 알게 된 것 같습니다. 대학생활을 하면서는 공모전에 열을 올렸고 조금이라도 광고인이 되는 일에 도움이 된다면 무엇도 마다하지 않았습니다. 그러면서 깨달은 것은 광고가 멋지게 나오는 만큼 그것을 만드는 과정은 어렵고 힘들다는 것이었습니다. 광고인 선배에게 물어보면 다들 야근과 철야에 지쳐서 적성에 대해 깊이 고민하고 선택하라는 답변이 많을 정도였으니까요. 그래도 최대한 열심히 광고인의 길을 찾아 광고의 실체에 대해서 캐묻고 여러 경험을 토대로 직·간접적인 경험을 쌓은 덕에 광고회사에 입사했고, 진로에 대한 큰 후회나 갈등은 없었습니다.

한 사람의 프로로 일한다는 것은 어떤 일이든 어려운 일이며 책임을 다하고 성과를 낸다는 것 또한 열정만으로는 힘든 일입니다. 그렇기 때문에 광고를 만드는 사람들은 창작의 고통 속에서 일하고 있습니다. 많이 고민하고 갈등하고 힘들어하며 때때로 보람을 느끼고 아주 가끔 기뻐합니다. 그것이 제가 생각하는 광고인의 생활입니다.

크리스마스의
풍습을 닮은
광고회사의 문화

크리스마스의 풍습은 나라마다, 지역마다 각각 다릅니다. 기독교와 천주교가 있는 나라가 다르고 없는 곳이 또 다릅니다. 그리고 각각 산타클로스의 모습도, 활동하는 특징도 다릅니다. 이처럼 광고회사에도 광고 크리에이티브를 도출하는 방법이나 특징, 문화가 각각 다릅니다. 광고회사마다 고유한 개성과 일하는 방식이 다르기 때문에 회사마다 표현되는 광고의 특성도 차이가 있는 것인지 모르겠습니다.

우선 예로 들 수 있는 차이에는 회사의 상징으로 느껴질 수 있는 로고와 컬러가 있습니다. 저희 회사는 레드를 회사의 컬러로 정했기에 명함과 회사 봉투, 회사 곳곳의 인테리어들이 모두 빨간색으로 표현되어 있습니다.

그린을 컬러로 쓰는 곳은 포인트들이 모두 그린이겠죠. 그 외에도 보라색, 파란색, 흰색 등 다양한 색으로 회사마다 자신의 색을 표현하고 있습니다.

그리고 좋아하는 색으로 사람의 기질을 구분하듯이, 색상에 따라 의미 또한 다양하게 부여됩니다. 예를 들어 빨강은 열정과 도전을 의미합니다. 그래서 신입사원이 오면 레드가 가진 강렬함과 도전정신을 결부시켜 교육을 시키기도 합니다. 알에서 깨어난 새가 처음 눈을 떠 본 것을 어미를 통해 알게 되듯이 신입사원들도 회사의 색을 보고 내가 다닐 회사의 분위기를 직관적으로 가늠하기도 합니다. 제가 다녔던 초록색이 메인 컬러인 회사는 친환경적이고 편안한 느낌을 주었는데, 문서 곳곳에 그린 컬러로 포인트를 주었고 회사 내부의 인테리어와 어울리는 화분과 초록색 식물들을 배치해놓기도 했습니다. 그리고 이를 관리하도록 팀별로 화분에 물을 주곤 했는데, 대체적으로 사무실이 차분한 분위기를 유지하게 됩니다.

그 외에도 회사의 정체성은 다양한 상징으로 드러납니다. 단순히 색상이 아닌 동물 캐릭터가 될 수도 있습니다. 양의 경우에는 양의 탈을 쓴 직원들이 단체로 사진을 찍어서 회사 구인광고에 올리기도 하며 토끼의 경우에는 이상한 나라의 앨리스에서 차용한 토끼의 이미지로 모험과 창의성을 드러내기도 합니다. 또한 회사에서 키우는 애완동물이 있는 경우에는 회사 SNS나 블로그에 캐릭터화한 애완동물을 등장시켜 회사의 이미지를 대변하게 합니다.

하지만 겉으로 보이는 상징이나 컬러가 회사의 특징 전부는 아닙니다. 무엇보다 중요한 것은 바로 광고회사다운 문화가 아닐까 합니다. 회사에서 일하는 구성원 모두를 하나로 묶어줄 정신적인 개념의 회사문화가 독창적이고 재미있는 크리에이티브를 만드는 데 큰 기여를 하는 것은 분명

합니다.

　저희 회사의 경우, 출퇴근 자율제를 도입해서 자신의 업무와 스케줄, 그리고 컨디션에 맞춰 자유롭게 출퇴근을 하고 있습니다. 무엇보다도 창립 후 지속적으로 주4일 출근제(주4일 근무제가 아니라 '출근제'입니다. 회사에 출근하지 않고 자유롭게 일하고 쉬는 제도입니다)를 실시하고 있습니다. 바쁜 광고인의 삶이니 최대한 여유와 자유를 주자는 생각이었습니다. 책임감이 있는 사람은 자유가 주어지면 그 시간을 자기계발에 쏟을 것이라는 믿음으로 말이죠. 그 외에도 다양하고 창의적인 회사 복지제도와 문화가 있습니다. 이처럼 자유로운 분위기에서 생각하는 아이디어는 더 좋은 결과로 이어질 수도 있습니다. 권한을 주는 만큼 책임감을 갖고 일하리라 동료들을 믿었기에 실행할 수 있었던 제도라고 생각합니다. 앞으로도 이 제도를 지키는 것은 프로다운 직원들의 몫이 될 것입니다.

　이외에 더 독특한 문화를 가진 회사도 본 적이 있습니다. 정직원이 되면 회사의 상징을 문신으로 할 수 있고, 담배를 피우면 한 달 월급을 감봉하거나 동호회처럼 단체로 특정 운동을 즐기고 노는 문화도 있습니다. 반면에 특별한 회사문화 없이 그저 열심히 일하는 회사도 있습니다. 특별한 기업문화와 자유성이 모두에게 적용되는 것은 아니기에 말 그대로 너무 이상적인 이야기일 수도 있습니다. 오히려 좋은 아이디어는 적당한 긴장감과 책임감에서 기반한다고 생각하는 광고인도 있으니까요.

　❄ 광고회사 크리에이티브마스가 지향하는 문화

　1 깨끗하고 투명한 비즈니스문화를 통해 건강하고 아름다운 일상을 만드는 회사.

　2 회사생활의 불편한 점들을 먼저 찾아 신속히 해결해주는 회사.

　　　　　　　　　　　　　크리에이티브는 크리스마스처럼

3 회사의 기본 책임이나 규정을 해치지 않는 선에서 개인의 신념과 비전을 표현할 수 있는 문화.

4 사무실이 아닌 공간에서도 자유롭게 일할 수 있으며 무엇이든 자유롭게 의견을 건의하고
함께 발전하는 문화.

5 학업, 취미생활, 여가활동 등을 지원하여 눈치 보지 않고 자율적으로 일하는 문화.

6 인력을 자원이라 생각하지 않고 인생 자체로서 존중하며 동반 성장을 이뤄가는 회사.

7 책임감 있는 사람들이 모여 최대한의 자유를 가지고 서로 믿으며 일하는 회사.

저는 앞으로도 더 많은 혜택과 자율성이 가득한 회사를 만들어가고 싶습니다. 자유롭고 재미있는 문화가 반드시 광고 크리에이티브의 질을 좌우한다고 볼 수는 없지만 지속적으로 제도를 함께 지키고 고민하며 보완해나간다면 미흡한 부분도 점차 발전해나갈 것이라 생각합니다. 진정 창의적인 광고인은 환경에 좌우되지 않고 자신만의 높은 업무 기준과 성실한 책임감으로 창의적인 에너지도 쌓고 발전시킬 수 있다고 생각합니다. 저는 앞으로 그런 사람들과 함께 광고를 고민하고, 배우고, 표현하며 일하고 싶습니다. 서로 나눔으로써 더욱 행복해지는 크리스마스처럼 말이죠.

반짝반짝 트리처럼 빛나는 광고인

크리스마스에 파티 공지를 받으면 반드시 있는 것이 바로 드레스코드입니다. 크리스마스룩으로 모이라고 하거나 포인트를 무엇으로 주라는 미션을 받게 됩니다. 이 역시도 크리스마스에 대한 기대감을 패션으로 승화시켜 준비해보자는 이야기 같습니다. 크리스마스룩이라고 하면 떠오르는 것

이 빨간 치마, 부츠, 머플러, 초록색·빨강색 의상, 크리스마스를 연상시키는 모양의 액세서리 등이죠. 크리스마스 파티는 그에 맞는 패션이 갖춰져야 더 즐겁고 멋지게 보일 것입니다.

평소 정장을 입지 않는 광고회사는 옷차림만큼은 자유로운 분위기에서 그들의 개성 있는 스타일들을 확인할 수 있습니다. 광고회사가 다른 회사보다 좋은 이유는 복장이 자유롭기 때문입니다. 일반 기업에 다니는 직장인 친구나 지인들은 정장을 마치 교복처럼 입고 다니는 것을 볼 수 있는데, 광고를 만드는 사람들의 입장에서 그러한 부분은 좀 답답하게 느끼게됩니다. 광고회사를 다니는데 청바지를 못 입게 한다는 곳을 보거나 들어본 적은 아직 없습니다. 다양한 크리에이티브가 창출되는 곳에 걸맞게 멋지고 예쁜 패션을 보게 됩니다. 비록 저는 옷을 잘 입지 못해도 패션을 통해 나를 표현하고 상대방의 개성을 엿보는 자유로움 안에 있다는 것은 참 즐거운 일입니다.

❄ **재미 삼아 살펴본 광고회사의 스타일 공식들**

1 광고회사 중 가장 단정하고 깔끔한 스타일은? 광고주 미팅이 잦은 기획자일 확률이 높다.

2 빡빡 민 머리, 길게 길러 묶은 머리, 파격적인 탈색머리는 주로 제작팀일 확률이 높다.

3 광고인들은 액세서리에 센스 있는 포인트를 둔 경우가 많다.

4 대부분 디지털 광고회사의 개발자는 그냥 평범한 경우가 많고 소수만 패션센스가 좋다.

5 남자인 경우 변화의 폭이 많지 않아서 그런지 수염을 기르는 경우가 종종 있다.

6 외모로 꾸미지 않더라도 최신 IT 기기를 사용하거나 세련된 브랜드로 본인을 차별화하기도 한다.

광고회사마다 복장에 대한 기준은 다르지만 보편적으로는 직무에 맞게

크리에이티브는 크리스마스처럼

옷을 입는 편입니다. 가장 직장인에 가까운 복장은 바로 광고기획을 담당하는 AE들입니다. 이들은 광고주와의 미팅도 잦은 편이고 외부와 커뮤니케이션을 가장 많이 하는 활동적인 직무이기 때문에 옷차림새에도 그 특성이 드러납니다. 멋진 넥타이가 보일 때도 있고 잘 다려진 셔츠와 면바지, 그리고 외모도 깔끔하고 단정해 보입니다. 한마디로 세련된, 좋은 인상을 가지고 있는 경우가 많습니다. 하지만 꼭 이렇게 입어야 하는 법은 없으므로 AE도 개성에 따라 자유롭게 자신의 패션을 드러낼 수 있습니다. 다만 광고주와의 미팅이 있는 날은 좀 더 비즈니스 캐주얼로 신경을 쓰겠죠?

반면 제작팀인 디자이너와 카피라이터는 더 자유로워 보입니다. 보통 광고회사를 배경으로 하는 드라마나 영화를 보면 제작팀 중에서 머리를 민 사람이나 남자지만 머리를 길러서 묶는 스타일들도 있습니다. 안경도 평범한 것을 쓰기보다는 패션잡지에 나올 법한 것으로 쓰는 분들도 있지요. 이동 수단도 오토바이부터 튜닝한 차, 외제 차까지 다양합니다. 액세서리도 다양하고, 남자들도 때때로 귀걸이나 목걸이 같은 것을 하는 경우도 많이 보입니다. 아! 문신도 있습니다. 광고회사뿐만 아니라 프로덕션의 제작 업무 쪽 또한 비슷한 느낌이 드는데, PD님들이나 감독님들도 개성 넘치는 스타일을 가지고 있습니다. 제작팀은 주로 스타일부터 크리에이티브하다는 것을 보여주는 느낌입니다. 자유로운 스타일에 창의적인 생각이 깃든다고 생각하기 때문에 광고회사의 스타일에 대한 자유로움은 개인적으로도 아주 마음에 듭니다.

하지만 튀는 외모와 스타일을 가지고 있다고 해서 실력도 비례한다고 볼 수는 없습니다. 스타일은 어디까지나 스타일일 뿐입니다. 무엇보다 중요한 것은 광고 아이디어나 전략 등이 얼마나 크리에이티브하느냐입니다.

독창적인 사고방식과 통찰력이 있어야 진정한 크리에이티브를 만드는 사람이라고 할 수 있습니다. 그렇기 때문에 실력에 비해서 너무 겉모습만 화려해 보이면 그것도 문제가 될 것입니다.

카피라이터의 경우에는 직업 특성상 자신만의 생각에 도취되어 있고 여러 가지 상상에 빠져 있는 경우가 많습니다. 디자이너들이 시각적으로 자신이 인식한 것을 표현하는 것에 비해 카피라이터는 생각을 쓰고 아이디어를 표현하는 일이기에 제가 아는 대부분의 카피라이터들은 말수가 적은 편입니다. 더러 말도 잘하고 글도 잘 쓰고 다방면에 재능이 있는 사람이 있습니다. 소통이 잘되고 외향적인 분들은 나중에 CD가 될 가능성이 더 높다고 생각합니다.

이에 비해 개발자는 주로 논리적이고 공학적인 사고를 하기 때문인지 대부분 외모적으로 특별해 보이지는 않습니다. 하지만 광고회사의 분위기에 맞게 나름 자유로운 스타일을 하고 다닙니다. 역시나 사람에 따라 제작팀보다 더 개성 있는 스타일을 가지고 있기도 합니다.

멋진 정원처럼 분위기 있는 광고회사

어릴 적부터 즐겁게 본 크리스마스 외화들을 보면 정원이 모두 아름답게 가꿔져 있습니다. 넓은 땅덩어리를 가지고 있는 그들은 우리처럼 아파트나 빌라 같은 비좁은 곳에서 살 필요가 없겠지요. 어릴 적에는 그런 영화 속에 나오는 집들을 보면서 나중에 커서 어른이 되면 저런 집에 살고 싶다는 생각을 했습니다. 하지만 현실은 여전히 아파트가 편하고 좋다는

크리에이티브는 크리스마스처럼

생각을 하며 살고 있습니다. 여하간 크리스마스 기분을 내는 것에는 아름다운 정원도 한몫을 하는 것 같습니다. 크리스마스 트리를 집안에서만 장식하고 가꾸기에는 넓은 정원이 아쉽게 느껴질 것이 분명하니까요. 그런 의미에서 크리스마스에 어울리는 아름다운 정원은 우리의 크리스마스를 더욱 기분 좋게 해줄 것입니다.

광고회사들도 창의적인 집단에 걸맞게 아름다운 인테리어로 회사를 꾸며놓은 것을 볼 수 있습니다. 인력에 대한 중요함과 비중이 다른 직종보다 상대적으로 높기 때문에 일하기 좋은 환경을 만들어주는 것도 복지의 한 형태일 것입니다. 광고잡지의 인터뷰에서는 회사의 대표와 재직 중인 직원들이 멋지게 인테리어된 회사를 배경으로 사진을 찍어 소개되는 경우가 많습니다. 자연스럽게 회사의 분위기도 보여줄 수 있기에 회사 입장에서는 좋은 홍보가 될 것입니다. 그리고 드문 경우지만 광고주가 회사로 방문할 때나 파트너사가 와서 함께 회의를 해야 하는 상황에서 회사의 멋진 인테리어는 좋은 인상을 심어줄 수 있어서 좋습니다. 광고주나 손님의 입장에서는 회사 분위기를 통해 성과물, 혹은 작업자들의 센스에 대한 기대치가 가늠될 수도 있을 것 같습니다. 삭막한 공간 속에서 미팅할 때 느끼는 인상과 잘 조성된 인테리어 공간에서 느끼는 이미지가 아무래도 다르게 느껴지겠죠. 또 인턴사원이나 신입사원의 경우에는 회사에 대한 애착이 더 강해지는 계기가 되기도 합니다. 자신의 첫 사회생활을 하는 곳이 아름답다면 그곳에서 머무른 시간을 추억하기 위해서 더 많은 사진을 찍게 될 것입니다.

1 야근으로 집에 못 들어간 직원들을 위한 샤워실과 수면실.

2 매번 메뉴를 고민하는 직원들을 위한 싸고 맛있는 구내식당.

3 최신 서적들의 대여나 열람이 가능한 회사 내부 도서관.

4 바리스타가 있는 무제한 카페나 간식을 제공하는 서비스.

5 정기적으로 열리는 세미나 혹은 미팅을 위한 소규모 공간.

6 도서비 지원과 운동비 등 복지 비용 일체 지급.

7 장기복무 시 특별휴가 혹은 해외여행 비용 지원.

열거한 것들 외에도 회사에 따라 다양한 복지제도가 있을 것입니다. 취미활동을 장려하기 위해서 동아리제도를 도입하기도 하는데, 프라모델 동호회의 경우 제작한 건담을 인테리어로 제공하는 경우도 보았고 탁구 동아리를 지원하기 위해서 회사 내부에 탁구대를 들여놓는 곳도 있습니다. 게임을 할 수 있도록 플레이스테이션을 구비해놓은 경우도 보았고 간단한 보드게임을 설치해놓은 곳도 보았습니다.

저희 크리에이티브마스의 경우에도 앞서 소개한 회사문화와 더불어 낮잠을 자는 공간과 시간을 지원해주고 사무실에 자리를 지켜야만 하는 것이 아니라 자유로운 공간에서 일할 수 있도록 배려하고 있습니다. 또한 평소 군것질거리로 다양한 간식을 준비하기도 하는데, 커피와 차를 비롯해서 초콜릿, 사탕, 쿠키, 컵라면 등을 제공합니다. 나른한 오후에 간식타임을 즐기거나 졸음을 깨기 위한 배려지요. 이런 사소하지만 작은 것들 하나하나가 모여 사무실을 좋은 분위기로 만들고 동료들과 자연스러운 대화를 이끌어주기도 합니다. 그러다 보면 막혔던 아이디어가 떠오르기도 하고 재미있는 생각들이 결합되기도 하니까요.

크리스마스도 로맨틱한 분위기가 중요하듯이 광고회사에서도 크리에이티브한 분위기가 무척 중요합니다. 일상에서 아이디어를 위해 노력하는 광고인들에게 이러한 문화와 제도들은 광고인 스스로가 일반적인 회사나 공무원과 다른 즐거움으로 일할 수 있게 해준다고 생각합니다. 비록 스트레스도 많고 야근이 잦다고 해도 말이죠. 광고회사의 새로운 방식으로 즐겁게 일하는 문화는 앞으로도 계속될 것입니다.

오 베들레헴 작은 골
: 광고를 만들지 않는 사람들

크리스마스에는 한 해를 마무리하는 격려와 새해의 덕담을 함께 묶어 인사를 나누곤 합니다. 연말이라는 시기는 지난 한 해를 독려하고 다가오는 새해에 대한 기대감으로 마음을 한결 여유롭게 해주는 것 같습니다. 그리고 그 여유와 따뜻함으로 가까이 지내는 모두에게 정다운 안부를 빌어줍니다. 옆집에 사는 아저씨도, 회사에서 만나는 다른 부서 사람들도, 그리고 거래처 사람들과도 우리나라의 '이웃사촌'이라는 말처럼 가까이에 있는 사람들과 정을 나누는 것이죠.

이렇듯 우리의 업무에 직접적인 영향을 미치지는 않지만 자주 보기 때문에 친근한 사람들, 때로 업무 관련하여 간접적으로 도움을 받은 분들은 광고회사에서 '업무적인 이웃'이라 말할 수 있을 것입니다. 그렇다면 광고회사의 업무적인 이웃은 누구일까요?

바로 광고를 위한 아이디어나 기획, 제작을 함께하지는 않지만 광고회사에 다니는 사람들이 바로 대표적인 이웃이라 할 수 있습니다. 일단 넓게 살펴보면 건물의 보안을 담당하는 관리자분들이 있습니다. 출근하는 아침마다 인사를 나누는 경비 아저씨죠. 그리고 화장실이나 사무실을 청소해주시는 분도 자주 만나는 우리의 이웃입니다. 점심식사 때나 저녁식사 때 자주 가는 식당의 주인아주머니, 그리고 커피숍에서 아르바이트하는 분들도 마찬가지입니다. 일과 직접 연결되어 있지는 않지만 우리의 업무 향상에 도움을 주시는 주변의 고마운 분들이십니다.

그보다 더 연관성이 높은 분들은, 광고회사의 동료이자 지원부서로 함께하는 분들입니다. 입사를 하게 되면 가장 먼저 뵙게 되는 인사팀장님, 재무를 관리하시는 경영지원팀분들은 우리가 광고 제작을 위해서 필요로 하는 모든 비용을 총괄적으로 관리해주시는 분들입니다. 이분들에게 광고 예산에 대한 보고를 하고 결재를 거쳐야 광고 제작비 사용이 가능해집니다. 또 인력 관리에 대부분을 책임지며 심지어 휴가를 갈 때나 집안에 경조사가 있을 때 복지혜택에 관한 집행까지, 이분들이 없으면 광고회사의 생활이 불가능할 정도입니다. AE들은 특히 이분들과 긴밀한 관계가 중요합니다. 광고 집행을 위한 세금계산서의 처리를 비롯한 집행 예산의 스케줄을 공유해야 하기 때문입니다. 특히 신입 때 실수로 비용 처리나 세금계산서 일을 잘못 처리하게 되면 담당 부서의 분들이 곤란해질 수 있습니다. 그렇기 때문에 바짝 정신을 차려야 함께 웃으며 일할 수 있는 분들입니다. 성실하게 일하다 보면 정작 어려울 때 많은 도움을 주시기도 합니다.

또한 회사마다 조직 구성이 다르기 때문에 함께 일할 기회가 없는 분들도 있습니다. 예를 들어 디지털 에이전시의 카피라이터는 개발자와 함께 일할 기회가 많지 않습니다. 간혹 회사에서 진행하는 사내 이벤트나 워크숍에서 같은 조가 되면 그때나 겨우 어울릴 뿐입니다. 회사가 큰 경우 광고파트에 있으면 신규사업부나 웹사이트 제작파트의 분들과 어울릴 기회가 별로 없었습니다. 전사적으로 실시하는 프로젝트가 없다면 말이죠. 사실 개인적인 생각으로는 회사가 크기 때문에 부서가 나뉘어져서 그렇지, 분야를 막론하고 서로 영역을 넘나들며 일할 기회가 많다면 새로운 시도가 많아지지 않을까 합니다. 서로 다른 영역의 예술가들이 콜라보 작업을 하는 것도 그런 이유일 것입니다.

자유로운 협업을 위해서는 이웃처럼 지내고 있는 동료들과 더욱 가깝게, 친구처럼 어울릴 수 있어야 한다고 생각합니다. 하지만 이런 것은 개개인의 넉살로 연결되는 것이 아니라 회사 차원에서 섞일 수 있는 구조를 만들어주는 것이 바람직하다고 생각합니다. 생태계는 조화롭게 만들어주되 개개인의 성향에 따라 자유롭게 어울릴 것인지 아닌지를 결정하는 구조가 좋다고 느낍니다. 제가 다녔던 회사에서는 그렇게 직무에 구분 없이 서로 섞일 수 있는 다양한 이벤트들이나 프로젝트가 존재해서 재미있었습니다. 조금은 서툴고 어색한 시간일지 몰라도 자주 반복되니 아주 친밀해진 경험이 있습니다.

❄ 광고회사에 함께 있지만 광고인이 아닌 분들
....
1 회사에 소속된 경비, 보안팀분들.

2 회사 내부의 카페 바리스타.

3 회사를 청소해주는 환경미화 실장님들.

4 광고를 직접 만들지 않지만 운영을 돕는 경영지원팀.

5 단순 업무보조를 위해 고용된 내부 아르바이트생들.

6 회사 데스크의 안내원 및 비서.

7 구내식당의 직원분들.

8 단골 거래처 혹은 단골 가게의 아르바이트 직원들.

　　이야기가 조금 돌아갔지만 광고회사에는 광고를 만드는 일에 직접 관여하진 않아도 함께이기에 좋은 동료들이 있습니다. 크게 보면 결국은 업무와 연결되어 있기도 합니다. 같은 회사에 다니고 있는 동료이기 때문에 배려를 통한 따뜻함은 서로를 행복하게 해줄 것이라 생각합니다. 개개인의 작은 친절과 미소가 하루를 시작하는 모두의 마음을 훈훈하게 하고 여유를 가져다줄 것입니다. 광고인인 당신이 일하는 곳에서 한 사람이라도 진심으로 대해준다면, 광고주나 거래처와 친절하게 일하고 좋은 평판을 만든다면 당신의 주변은 당신에게, 당신은 주변에게 서로 애착을 가질 수 있는 아름다운 곳이 될 것이 분명합니다. 바로 미소 지으며 나누는 크리스마스의 인사처럼요.

마치 크리스마스의
산타클로스처럼

저는 본 적이 없었기에 궁금하기만 했던 존재가 바로 산타클로스였습니다. 그래서 유치원 때 선생님께 산타클로스가 누구냐 물었더니 단순히 크리스마스에 선물을 주는 사람이라고 설명을 들었습니다. 하지만 눈에 보이지 않아서 믿을 수 없었죠. 저는 어렸을 때 선물을 받지 못했기에 믿을 수 없었지만 주변 친구들의 증언에 의하면(특히 부유한 가정에서 태어난 친구들의 이야기로는) 자신이 원하는 선물을 정확히 받은 걸 보면 산타는 있는 게 분명하다는 이야기를 들었습니다. 그래서 저는 우는 아이라 선물을 못 받은 거라고 생각하게 되었습니다. 여하튼 산타의 존재 여부를 떠나 '크리스마스에 내가 원하는 선물을 주는 할아버지'라는 상징만으로도 아이들에게는 한없이 기대감을 불러일으켜 주는 것 같습니다.

무언가 기대감을 갖게 하고 기다리게 만드는 사람. 바로 산타와 같은 존재가 광고인이라 생각합니다. 광고회사의 크리에이티브를 기다리는 광고주의 마음은 어쩌면 크리스마스 선물을 기다리는 어린아이와 같은 마음일지 모릅니다. 광고주가 준비한 경쟁 P.T는 마치 광고 캠페인 미션이라는 양말을 걸어놓고 그 양말에 어떤 선물이 담길까 기대하는 마음일 테니 말입니다. 그렇기에 산타 할아버지의 역할을 하는 광고회사는 그런 마음을 실망시키지 않기 위해 수고를 마다 않고 멋진 아이디어를 준비하기 위해 달릴 것입니다. 그렇게 광고인들은 광고주의 예산 규모에 맞춰 최선을 다한 크리에이티브 선물을 만듭니다. 제대로 제안하기 위해 굴뚝을 오르락내리락하는 수고를 아끼지 않습니다.

막중한 책임과 부담감을 갖고 오랜 시간 동안 준비한 제안서와 시안들이 과연 광고주를 어린아이처럼 기쁘게 만들 수 있을 것인지 점검하며 혼신의 힘을 다합니다. 크리스마스를 지난 선물은 크리스마스 선물이 아니게 되는 것처럼, 마감 시간을 비롯하여 P.T 시간까지 정확히 지켜야 하고, 어떤 선물을 줄지도 신중해야 합니다. 산타 할아버지의 가장 위대한 점은 모든 아이들이 개별적으로 원하는 것을 준비하는 것이죠. 이것은 때로 인간 이상의 차원을 요구할지도 모르겠습니다만 산타 할아버지가 선물을 준비할 시간이 없었다며, 혹은 무엇을 줄지 모르겠다며 대신 내 루돌프를 주겠다는 말을 하지 않는 것처럼, 광고회사는 반드시 광고주와 소비자가 원하는 선물을 가져올 수 있도록 노력해야 하는 것입니다.

가는 동안 썰매가 뒤집힐 수도, 험난한 길과 장애물을 건너야 할 수도, 굴뚝의 먼지와 매연에 콜록거릴 수도 있습니다. 그 모습을 보는 광고주는 미안한 마음을 갖게 될 수도 있겠지만 그 역경 끝에 결국 어떤 결과물이 나올지 선물에 대한 기대감이 더욱 높아질 수도 있습니다. 광고회사는 광고주가 원하는 것을 읽어내는 비즈니스 능력과 더불어 어떤 아이디어로 고민을 해결하고 아이디어로 기쁘게 할지 자의든 타의든 깊이 있게 고민하게 될 것입니다.

여기서 광고주와 소비자에게 가장 좋은 선물을 하는 방법은, 제품과 브랜드를 진정성 있게 사랑하는 일이 될 것입니다. 그러한 마음으로 제품이 속한 시장을 분석하거나 제품을 직접 사용해보고 특장점을 찾거나 만드는 등 진정성 있는 고민으로 광고를 만든다면 당신은 이미 절반 이상의 성공을 확신할 수 있을 것입니다. 그 결과 광고 효과까지 완벽하게 나와서 성공한다면 당신은 광고주에게 최고의 산타클로스나 다름없습니다.

산타와 루돌프 같은 장인정신 팀워크

광고인이 크리스마스의 산타처럼 되기 위해서는 많은 자질을 필요로 하는 것 같습니다. 혼자 감당하기에는 다소 부담이 느껴질 수 있지만 다행히도 광고인에겐 함께 머리를 맞댈 또 다른 동료들이 존재합니다. 각자의 역할에서 충실하며 서로 힘을 더하는 것이죠. 광고회사에는 다양한 개성이 표현되는 만큼 여러 역할의 사람들이 모여서 광고를 제작하고 있습니다. 지금까지 언급만 되었던 광고인들의 분담된 역할을 이야기해보자면 우선, 광고주의 마케팅 담당자들과 소통하고 광고 기획의 방향을 잡으며 전반적인 광고 캠페인의 매니저 역할을 하는 기획자(AE: Account Executive)가 있습니다. 광고주와 내부 제작팀 사이를 오가며 슈퍼맨처럼 일하기도 합니다. 챙겨야 할 부분들이 많기 때문에 책임감, 성실함, 노련함, 전략적 기획, 광고적 지식, 때로는 의사소통 능력이 주로 필요한 역할입니다.

제작팀은 비주얼적인 부분을 담당하는 아트 디렉터(AD: Art Director)가 있고 메시지적인 부분을 담당하는 카피라이터(CW: Copy Writer)가 협업을 합니다. 어디선가 제작은 아트와 카피의 행복한 결혼이란 표현을 본 적이 있는데 이들의 역할은 서로의 영역을 넘나들며 서로에게 시너지를 일으켜줌으로써 일할 때 가장 빛을 발하는 것 같습니다. 콘셉트와 아이디어라는 공통분모 안에서 서로의 역량을 쏟아부어 광고 제작물을 함께 만들어내기 때문입니다.

여기에 제작팀을 총괄하는 제작 책임자로 크리에이티브 디렉터(CD: Creative Director)가 있습니다. 보통 꽤 오랜 시간 동안 카피라이터, 혹은 아트 디렉터로 경력을 쌓은 뒤에 제작팀장의 역할을 맡으며 CD로 올라서게 됩니다. CD는 제작물을 총괄하는 자리에 있기 때문에 책임감은 물론이고 비즈니스 마인드, 소통과 리더십에 대한 덕목까지 두루 갖춰야 합니다. 카피나 아트로 오래 일해도 CD에 맞지 않는 성향이라 판단되면 선임급의 카피나 아트로 남는 경우도 있습니다.

그리고 광고 매체에 대한 플랜을 세우는 미디어 플래너(MP: Media Planner)가 있습니다. 주로 광고주와 소통하는 기획자(AE)와 긴밀하게 일하는 편입니다. 미디어 플래너는 주어진 매체 광고비를 정리된 광고 아이디어에 맞춰서 가장 효율적으로 타깃에게 광고를 미디어에 노출시킬 수 있는 전략 하에 플랜을 세웁니다. 좋은 광고가 제작되는 것에서 그치지 않고 최대한 많은 수의 소비자 타깃들이 광고를 접할 수 있도록 세상에 존재하는 다양한 매체들 사이에서 최적의 제안을 하는 것이죠. 광고회사에서는 각자의 역할과 특징에 맞게 최선을 다하며 전체적으로는 하나의 광고 캠페인을 성공시키기 위한 노력들의 총합이라 볼 수 있습니다. 따라서 세상에 나온 광고들은 결코 혼자서 만드는 것이 아닌 수많은 사람들과 공동으로 만들어낸 최선의 결과물이라 할 수 있습니다.

이외에도 디지털 광고회사에는 개발자(Developer)가 있어서 온라인 중심의 광고 캠페인의 기술적인 부분을 담당하여 함께 일하고 있습니다. 또한 경영지원팀이나 인사팀 등 업무지원 부서들이 어우러져 회사의 구성을 갖추고 있습니다. 이렇듯 광고 제작을 위해 다양한 사람들이 모여 있고 각자의 개성과 재능이 다른 듯 조화롭고 비슷해 보이지만 모두 다른 부분의 사람들이 존재하는 곳이 광고회사입니다.

좋은 광고는 여러 광고인들이 함께 어우러져 고민하고 제작하여 발전되고 완성됩니다. 그렇기에 모두가 서로를 존중하고 나은 사람으로 여기며 부족한 점을 함께 채워나가는 자세가 필요하다고 생각합니다. 흔히 회사라는 조직생활을 하다 보면 서로 견제하게 되고 눈치 보는 일이 많아집니다. 다른 팀보다, 옆의 동료보다 더 나은 사람처럼 보여야 하고 그러기 위해 적당히 무시하기도 하고 자만하며 일하기도 합니다. 하지만 넓은 각도에서 보면 좋은 모습이 아닙니다. 어차피 한 회사 안에서 한 광고주의 마케팅을 돕기 위해서 일하는 사람들이니 서로 부족한 점을 채워 최고의 시너지를 내야 할 것입니다. 그러므로 좋은 광고를 만들기 위해서는 좋은 동료들과 팀워크도 중요하다고 볼 수 있습니다.

❋ 동료들을 대하는 어느 광고인의 마음가짐
....
1 광고는 절대 혼자서 만들 수 있는 것이 아니다.

크리에이티브는 크리스마스처럼

2 내가 일할 수 없는 상황일 때 대신 일해주는 것이 동료다.

3 동료란 회사에서 같이 일하고, 작은 것도 함께 나눠 먹는 사이다.

4 업무 중에 언쟁이 있었다면 반드시 화해하자.

5 작은 기념일이나 생일이라도 기억해주고 챙겨주자.

6 오늘의 동료는 내일의 광고주가 될 수 있다.

7 짧은 인생에서 함께 일할 수 있다는 것 자체가 축복이다.

언제나 동료들의 기대를 충족시킬 좋은 아이디어와 태도로 함께 일해야 합니다. 이것이 바로 동료들의 마음속에 준비된 양말에 선물을 채워주는 일입니다. 광고를 만드는 사람들의 마음속에도 양말이 하나씩 있습니다. 그 양말 안에는 자신이 꿈꾸는 광고에 대한 꿈과 열정, 결과들이 담겨지길 원하죠. 그걸 바라며 힘든 일도 참고 견디어 캄캄한 밤을 함께 지새우는 것입니다. 동료들은 서로 재능이라는 양말에 최고의 선물이 되어주어야 합니다. 물론 일부는 실력이 출중해서 모든 광고 캠페인을 리드하듯 양말에 결과물을 착착 채워 넣으며 쉽게 일할 수도 있습니다. 하지만 모든 광고 캠페인을 그렇게 이끌기는 쉽지 않기 때문에 우린 함께 일하는 동료들의 장점을 하나로 모으고 단점을 보완해가면서 최고의 결과물을 만들어 나갑니다. 그럴 때 즐거운 과정이 있고 좋은 성과가 있을 것입니다. 그리고 그 성과는 무엇보다도 광고주와 소비자의 양말에 큰 선물을 선사하는 기쁨으로 이어질 것입니다.

물론 동료들과의 관계가 마음처럼 쉬운 것만은 아닙니다. 사람의 아이디어로 사람을 설득시켜야 하는 일이 광고인데, 그것을 여러 사람이 모여 아이디어를 생각해야 하고, 또 한 팀원으로서 부대끼며 서로의 아이디어를 검열하는 과정을 거쳐야 합니다. 그 틈새에서 회사 상사나 동료들에게 받는 스트레스 또한 크다고 할 수 있습니다. 광고주도, 광고회사의 구성원도, 소비자도 결국 사람이기 때문에 커뮤니케이션을 본업으로 삼는 광고회사는 사람 간의 커뮤니케이션이 무척 중요할 것입니다. 생각보다 쉽지 않은 마찰을 겪을 때도 있지만 기본적으로 잊지 말아야 할 점입니다. 교과서 같은 표현이겠지만 서로 화합하고 협업하는 자세를 가져야 더 좋은 광고 캠페인을 만들 수 있습니다. 이것을 위해 동료에게 마음을 표현해보는 것은 어떨까요?

※ 이상적인 광고회사에서의 업무를 위한 제안

1 함께 일하는 동료는 문제 해결을 위한 파트너이지 싸움의 대상이 아니다.

2 누구보다도 역지사지의 정신으로 상대방의 역할에 대해서 이해해보자.

3 동료를 한 사람의 프로로서 인정하고 나 역시 프로정신으로 일한다.

4 최종적으로 광고 캠페인의 성공을 위해 노력하며 소비자들의 만족을 위해 일한다.

5 내 옆자리 동료도 설득시키지 못하는 전략과 아이디어는 광고주와 소비자를 설득시킬 수 없다.

6 동료 간에 다툴 수는 있지만 결국 함께 이익을 창출해내야 하는 공동체임을 잊지 않는다.

7 광고 캠페인이 종료되면 서로의 노고를 돌아보며 감사한다.

광고회사는 공동으로 작업하는 일이 대부분이기 때문에 모든 과정에서 설득이 수반됩니다. 동료를 설득하고 상사를 설득하고 광고주를 설득해야 비로소 제작물이 소비자를 설득하게 됩니다. 사람의 일이란 것이 대부분 이러하겠지만 특히 광고회사에서 더욱 중요하다고 볼 수 있습니다. 한발 만 떨어져서 생각하면 결국 같은 회사에서 일하며 공동의 목표를 향하는

크리에이티브는 크리스마스처럼

것이 바로 동료입니다. 직급과 직무의 차이보다는 서로에게 힘을 주어 아이디어를 발전시켜주고 크리에이티브 능력을 높여줄 든든한 파트너여야 한다는 것입니다.

광고주와 소비자를 위한 최고의 선물

크리스마스에 가장 기대되는 것은 선물이 아닐까요? 어릴 적부터 크리스마스 하면 누구나 먼저 기대하는 것이 바로 선물이듯 말입니다. 아침에 자고 일어났을 때 밤새 세상을 하얗게 만든 눈에 놀라며 베개 밑 양말 속에 담긴 크리스마스 선물을 꺼내보는 마음에는 큰 설렘과 감격이 있었습니다. 그런 의미에서 광고는 소비자에게 건네는 크리스마스 선물과도 같습니다. 그리고 훌륭한 크리에이티브일수록 마치 선물이 포장지에 예쁘게 쌓여 있는 것처럼, 볼수록 선물을 반짝반짝 빛나게 할 것입니다. 그 반짝임은 소비자로 하여금 참을 수 없는 호기심을 불러일으키고, 풀어보지 않고는 못 견디게 만들 것입니다. 그리고 소비자에게 감탄을 불러일으키는 광고 크리에이티브와 그로 인한 제품의 매출 상승은 광고주에게 가장 큰 선물로 돌아갑니다.

이런 선물 같은 광고 크리에이티브를 만들기 위해 우리는 무엇을 해야 할까요? 우선 좋은 선물이 무엇인지 생각해볼 필요가 있습니다. 좋은 선물이란 그 사람에게 꼭 필요한 것이라 할 수 있습니다. 그 사람에게 꼭 필요한, 그 사람이 갖고 싶은 선물을 하기 위해서는 우선 그 사람에 대해 자세히 파악해야 합니다. 광고 크리에이티브도 이와 같습니다. 제품에 대한 정보를 면밀히 파악해야 하고 이와 잘 어울리는 소비자 타깃의 특징을 심도 있게 연구해야 합니다. 소비자 타깃의 평소 습관, 취미, 관심사를 모두 파악해야 그에 어울리는 광고 크리에이티브를 선물처럼 만들어낼 수 있기 때문입니다. 이것이 광고회사에서 광고를 만들기 위해 진행하는 자사, 경쟁사 분석을 비롯한 시장조사, 소비자조사, 트렌드 분석에 해당됩니다. 때론 소비자 그룹을 대상으로 포커스 그룹 인터뷰인 F.G.I(Focus Group Interview)를 실시하기도 합니다. 제품에 대한 소비자들의 이야기와 반응을 유심히 듣고 경청하면 소비자가 원하는 제품의 특징과 사용성을 파악할 수 있고 마침내 소비자가 원하는 광고 크리에이티브를 만들어 이것을 선물하듯 보여줄 수 있게 됩니다. 광고 크리에이티브는 하늘에서 반짝거리며 떨어지는 영감의 산물이 아니라 분석과 전략을 통해서 이뤄지는 정교한 퍼즐 같기도 합니다. 전략이 없어 보이는 형이상학적인 광고 크리에이티브도 그러한 전략을 바탕으로 도출한 산물이라고 보시면 됩니다. 카피를 쓰지 않는 無카피도 카피라는 말이 있는 것처럼 말이죠.

❄ 광고 카피를 잘 쓰기 위한 분석

1 모든 제품은 세상에 나와야 할 이유를 한 가지 이상은 가지고 있다. 그것을 찾아라.

2 그도 아니라면 경쟁력으로 꼽힐 수 있는 장점이 있을 것이다. 그것을 발견하자.

3 제품을 구매하는 이유를 소비자의 관점에서 찾아보고 분석해보자. 구매할 이유를 만들자.

4 제품을 진심으로 사랑하고 사용해보면 새로운 면모가 보일 것이다. 새로운 관점으로 보자.

5 경쟁사들이 말하지 못하는 고유한 특징을 비교하여 찾아보자. 차별점을 만들자.

6 제품이 주장하고자 하는 바를 소비자들이 공감할 수 있는 이야기로 재해석해서 만들자.

7 브랜드나 제품에 독특하고 흥미 있는 스토리를 만들어보자. 스토리텔링을 해보자.

크리에이티브는 크리스마스처럼

광고주는 소비자에게 가장 필요한 것을 충족시켜주기 위해서 제품을 기획하고 만듭니다. 제품을 만들 때에는 수많은 사람들이 전략적으로 접근하고 기획하며 정성을 다해서 완성합니다. 그렇게 나온 제품은 시장에 나오기 전에 광고회사를 거쳐 어떻게 세상에 알릴 것인지, 어떻게 소비자에게 전달할 것인지를 고민하게 됩니다. 그리고 유통을 통해 소비자의 앞에 나타나게 됩니다. 이는 잘 준비된 선물이 굴뚝을 타고 배달되는 원리와 같습니다. 그리고 소비자는 이 선물을 구매함으로써 기업이 성장하고 유지될 수 있도록 돕는 선순환의 결과를 낳습니다. 그래서 우리는 우리 자신을 위해서도, 광고주와 소비자를 위해서도 최선의 노력을 다합니다. 치밀하게 전략을 짜고 창의적으로 표현할 수 있는 아이디어를 짜냅니다. 그것이 우리 광고인들의 일이며 소비자를 위한 좋은 선물이라 믿기 때문입니다.

ALL I WANT CHRISTMAS IS YOU
: 가장 중요한 것

크리스마스가 오면 라디오에서 들리는 노래 중 캐럴만큼이나 사랑받는 것이 바로 머라이어 캐리가 부른 'All I Want For Christmas Is You'입니다. 크리스마스가 되면 우리 모두는 각자 소원하는 것들을 하나씩 마음에 품고 있습니다. 어린아이가 가장 원하는 건 근사한 장난감 선물일 것이고 젊은 남녀에게 필요한 건 바로 사랑하는 연인의 존재일 것이며 외로운 어느 노인에게 생각나는 것은 따뜻한 음식을 같이 나눌 가족일 것입니다.

크리스마스는 각각의 기대감이 충족되는 사회적 분위기가 형성되는 행복한 날입니다. 저도 광고를 만들 때마다 소원하는 것이 있습니다. 바로 '크리스마스에 내가 원하는 것은 바로 당신뿐'이란 노래 제목처럼 광고인인 저는 '내가 원하는 것은 최고의 광고를 만드는 것'뿐입니다. 이는 사실 저뿐만 아니라 광고를 업으로 삼고 있는 많은 사람들의 꿈이기도 할 것입니다.

사람마다 회사를 다니는 이유는 많습니다. 큰 이유 중 하나는 돈을 벌기 위함일 것이고 더 나아가서는 자아실현을 하기 위함일 것입니다. 이러한 기준에서 본다면 광고회사에 처음 취직했을 때의 연봉은 만족스럽지 않을 수 있습니다. 더 정확히 말하면 외려 실망스러운 수준일 수도 있습니다. 하지만 광고인으로 최선을 다해 오랜 시간 동안 일을 하게 되면 그만큼 경력에 따라 연봉도 점차 상승할 것입니다. 지금도 광고 일을 하다 보면 사람들은 어떻게 광고를 직업으로 택하게 되었냐고 물어봅니다. 그리고 광고회사에 들어가기 위해서 어떤 노력을 했는지 물어보는 이들도 많습니다. 제 경우에는 '광고가 좋아서', '중요한 메시지를 광고로 세상에 알리고 싶어서'라는 이유로 이것이 인생의 목표와 꿈이 되었다고 말합니다. 광고의 본질은 제품 판매를 증가시키기 위한 것이지만 광고 안에는 사람들을 감동시키는 아이디어가 담겨 있으며 시대의 흐름을 투영하는 메시지가 있고 소비자들을 한눈에 사로잡는 재미도 있으니까요.

하지만 시간이 흘러 제가 정말 광고를 잘해보고 싶다 마음먹은 것은 광고 콘텐츠가 주변에 영향을 미칠 수 있다는 점을 깨달았을 때였습니다. 아주 작은 상업광고라도 제가 만든 광고가 사람들에게 확산되고, 제품의 판매가 증대되는 것을 확인했을 때의 희열은 말로 표현할 수 없을 만큼 기뻤습니다. 매일같이 야근을 하느라 새벽에서야 겨우 집에 들어가고 주말에는 넉다운이 되지만 그래도 친구들이나 가족들이 요즘은 무슨 광고 만드느냐고 물어올 때 자랑스럽게 대답할 수 있는 것으로도 만족감을 느끼곤 했습니다.

제가 취업을 할 무렵에는 온라인 광고 쪽이 발전해가던 때였습니다. 미디어의 흐름이 급격히 변화하고 있는 시점이었지요. TV와 같은 매체에 많은 광고비를 사용하지 않아도 합리적인 광고비로 소셜미디어를 통해 많은 사람들에게 광고가 확산될 수 있는 요즘은 디지털 에이전시의 광고인으로, 카피라이터로 일하길 참 잘했다는 생각이 듭니다. 앞으로 제가 진정 원하는 것이 또 있다면 좋은 재능기부로, 광고의 아이디어를 통해 사회를 좀 더 나은 곳으로 만드는 일입니다. 이를 위해 창업도 하게 되었고 불우이웃들을 위한 재능기부 광고들도 꾸준히 해나가고 있습니다.

정리하자면 사람은 결국 하고 싶은 일을 해야 한다는 것이 제 생각입니다. 그 일을 했을 때 나 자신이 가장 나답게 느껴지는 일이 좋은 일입니다. 자신이 추구하는 철학을 담아 일할 수 있다면 행복할 것입니다. 자신의 기질을 잘 이해하고 광고에 재능을 활용하여 더 큰 만족감을 얻으며 승승장구할 수만 있다면, 이보다 행복한 일은 없을 것입니다. 이런 일상을 살게 되면 반복되는 야근에서도 의미를 찾을 수 있고 시간이 지나 커다란 성취감을 느낄 때마다 비로소 스스로가 납득할 수 있는 시간을 보냈음을 긍정할 수 있을 것입니다. 그리고 그 누구의 기대나 누군가의 이익을 위해 소모되고 있다는 생각에서 벗어나 주체적으로 행복하게 일할 때 우리는 비로소 자기 내면에 있는 재능을 활짝 열어서 만날 수 있고 깊은 성취감과 행복을 느낄 수 있게 될 것입니다. 광고는 분명 그런 일이기에 이에 맞는 사람이 행복한 마음으로 이뤄가야 한다고 생각합니다.

❄ 광고회사의 일이 잘 맞는지 확인하는 체크 리스트

1 조금 힘들어도 보람이 있고 가슴 벅찬 순간이 있음을 안다.

2 광고인이라는 자부심을 가지고 있고 성장하는 기쁨으로 노력하고 있다.

3 매년 성장한다는 생각이 들고 발전하고 있다.

4 노력한 만큼 성취하는 만큼 보상도 뒤따르고 있다.

5 새로운 시도들을 이어가고 싶되 책임감으로 일한다.

6 아이디어를 쥐어짜기보다는 즐거운 마음으로 낼 수 있다.

7 광고업을 하면서 생기는 스트레스를 잘 조절할 수 있다.

8 때때로 소중한 사람들과 가족을 챙기며 일한다.

9 실패나 후회가 되는 상황이 와도, 다음엔 더 잘하고 싶다는 의지가 있다.

Chapter 2

크리스마스처럼 설레는
크리에이티브

크리스마스이브처럼
두근두근

누구나 찬바람이 불고 겨울이 오면 크리스마스를 기다립니다. 거리는 12월이 되기도 전에 크리스마스 장식을 합니다. 그렇기에 크리스마스 전날인 이브의 기대감은 최고조에 달하게 됩니다. 크리스마스가 되면 꿈꾸던 모든 것들이 이뤄질 것 같다는 생각 때문일지 모릅니다. 소풍이나 여행 같은 것도 가는 날보다 그 전날 밤이 더 가슴 뛰고 행복한 것은 바로 이러한 기대감 때문입니다. 그래서 우리는 어쩌면 크리스마스보다 크리스마스이브에 더욱 기분이 설레는지도 모르겠습니다. 이처럼 광고회사에서 일하다 보면 정말 원하던 제품이나 서비스의 광고를 만들게 되는 순간을 꿈꿔볼 수 있을지 모릅니다.

그런 면에서 광고인이 가장 긴장되고 두근거리는 날이란 바로 광고 전략과 크리에이티브를 광고주에게 평가받는 경쟁 P.T를 하는 날이 아닐까 합니다. 광고회사는 기획과 제작, 여기에 프로덕션 등이 붙어 완성도 높은 결과물로 아이디어를 표현하기 위해 애씁니다. 그리고 노력의 결정체가 하나로 완성된 것을 광고주에게 가져가 최선을 다해 프레젠테이션을 하는 날! 그 다음 날부터 우리는 크리스마스를 기다리는 아이처럼 광고주의 전화를 기다립니다. 물론 그 전화는 이런 내용이겠지요.

"축하합니다. 저희 광고를 수주하셨습니다. 저희 광고 캠페인과 아이디어를 실행하기 위한 미팅은…."

들뜬 마음으로 전화를 받은 광고의 책임자는 모두에게 승전보를 울리며 마치 크리스마스 파티를 하듯 감격스러운 회식을 할지도 모릅니다. 하지만 결과가 탈락이라면 산타의 선물을 받지 못한 꼬마처럼 풀이 죽어 한숨을 쉬게 될 수도 있습니다. 우리 광고인들에게 중요한 광고 크리에이티브를 제작할 기회는 이런 식으로 결정됩니다. 최선의 노력을 다해 경쟁하고 그 결과에 따라 희비가 엇갈립니다. 이처럼 우리가 기다리는 크리스마스는 오늘도 치열하게 꿈꾸며 결과를 기다리는 광고 크리에이티브와 크게 다르지 않습니다. 실패가 따르더라도 잠깐의 실망 뒤에 감정을 추스르고 다시금 최선을 다해 다음 광고를 준비하는 자세는 우리가 꿈꾸는 광고 크리에이티브의 방향으로 이끌어줄 것이라 믿습니다.

크리에이티브는 크리스마스처럼

1 경쟁 P.T를 하고 난 뒤에 결과를 기다리는 순간.

2 평소 호감이 있던 연예인이나 아이돌을 촬영장에서 만나는 때.

3 열심히 준비했던 광고 캠페인이 마침내 론칭되는 시점.

4 누군가 내가 만든 광고를 알아봐주고 놀라워할 때.

5 오래 휴가를 못 가고 일하다가 멋진 휴가를 떠나기 전.

6 승진하는 날, 연봉이 오르거나 인센티브 받는 날.

7 원하던 광고회사에 이직하거나 바라던 직무로 변경되는 때.

펑! 하고 폭죽처럼 터지는 순간

크리스마스같이 좋은 날, 빼놓을 수 없는 것이 바로 폭죽일 것입니다. 하늘을 단번에 수놓듯 큰 규모로 진행되는 폭죽놀이도 멋있지만 가족과 함께 케이크를 놓고 소소하게 터트리는 폭죽도 기쁘고 아름다울 것입니다. 폭죽이란 것은 신나고 즐거운 순간을 기념하는 재미있는 퍼포먼스라 할 수 있습니다.

광고회사에서 폭죽을 터트릴 만한 일로 무엇이 있을까 나열해보면 경력과 실력을 인정받는 승진, 한 해의 성과를 인정받는 급여 인상과 인센티브, 그간의 노고를 기리는 의미의 해외워크숍, 즐거운 회식, 성공을 인정받는 어워드 수상 등이 있을 것입니다.

몇 가지 기념일을 예로 들자면, 광고회사의 워크숍은 사막의 오아시스처럼 업무적으로만 마주하던 직원들과 일에 치이는 일상을 벗어나는 하나의 일탈입니다. 특히 국내에서 진행되기도 하지만 해외로 떠나는 경우도 많기에 더욱 즐겁죠. 물론 광고회사에 따라 워크숍 프로그램도 천차만별입니다. 어떤 회사는 특강을 진행하기도 하고 단합을 위해 레크리에이션이나 운동회 같은 것을 하기도 합니다. 밤에는 보통 술자리가 이어지는데, 워크숍에서 술은 빠질 수 없는 것처럼 느껴지기도 하지만 저희처럼 기독교 문화를 가진 회사에서는 공식적으로 술을 제공하지 않기도 합니다. 형태나 방식은 다르겠지만 워크숍은 동료들과 더 가까워질 수 있는 시간임에 분명한 장점이 있을 것입니다.

그리고 대부분의 광고회사가 휴무하는 창립기념일도 있습니다. 휴무가 아닌 특별한 행사를 갖기도 하는데 표창장이나 근속연수가 높은 임직원을 대상으로 포상을 주고는 합니다. 승진이라는 기쁜 소식을 발표하는 자리가 될 때도 있죠. 물론 창립기념일은 그저 기념일일 뿐, 쉬지 않는 회사도 있습니다. 특히 광고회사의 특성상 특정한 날에 쉬지 못하고 일해야 하는 동료들도 존재하기 마련이므로 상황에 따라 달라지기도 합니다.

어쩌면 위와 같은 행사는 일반적인 회사에서도 진행되는지도 모르겠습니다. 하지만 좀 더 창의적인 방식으로 진행하고자 하는 광고회사만의 이벤트 퍼포먼스도 분명 있을 것입니다. 모든 것에 특별한 의미가 부여되는 크리스마스처럼, 크리스마스의 특별행사, 특별 TV편성표와 같이 사람들을 행복하게 해주는 특별한 이벤트. 봄이 되면 벚꽃을 보러 나간다든지 전시회가 있거나 영화가 개봉하면 단체관람을 하는 등 자체적인 프로그램이 이뤄지기도 합니다. 광고회사의 업무가 비교적 딱딱하고 틀에 맞춰져 있지 않기에 '패밀리데이', '시네마데이', '지각데이' 등 다양한 아이디어로 회사의 문화를 만들어갈 수 있습니다.

크리에이티브는 크리스마스처럼

특별한 행사를 통해 광고회사는 기분전환을 합니다. 잠시나마 서로 돌아볼 여유와 즐거운 시간을 가질 수 있어서 좋습니다. 크리스마스에 특집 프로그램이 있어서 크리스마스가 더 즐겁고 기대되는 것처럼, 광고회사에서의 이벤트들은 일상을 좀 더 창의적으로 만들어줍니다.

❄ 광고회사를 다니면서 성취감을 느끼는 순간들

1 내가 만든 광고를 광고주와 소비자들 모두 좋아해줄 때.

2 경쟁 P.T에서 수주하여 성과급을 받을 때.

3 좋은 동료들과 함께 해외워크숍을 떠나게 되었을 때.

4 스트레스 없는 회식 분위기 속에 내가 좋아하는 메뉴를 즐길 때.

5 자유로운 회사 분위기에서 재미있는 이벤트를 할 때.

6 개인적인 재능이 업무적인 성취감과 연결되어 인정받을 때.

7 광고를 만드는 과정에서 즐겁고 행복하다고 느낄 때.

8 고생했던 일이 박수를 받으며 잘 끝났을 때.

9 벼르던 휴가를 잘 다녀올 수 있게 되었을 때.

10 광고가 상을 받거나 좋은 성과로 승진을 하게 되었을 때.

물론 365일 내내 일만 하는 회사도 있어 직원들의 원망을 살 수도 있겠지만 만약 회사 내에 만족스러운 특별 프로그램이나 행사가 없다면 자신만의 특별한 날을 만들어 하루, 한때를 보내는 것도 방법입니다. 누군가 좋은 기회나 환경을 만들어주지 못한다면 스스로의 스케줄 안에서 재미있는 일을 경험해보는 것입니다. 그것은 운동이나 취미생활이 될 수도 있으며 어떤 것을 새롭게 배우는 일이 될 수도 있습니다.

개인적으로 저는 좋은 시나 에세이, 소설을 쓰기 위해 문장력을 기르고 다양한 글쓰기에 도전하고 있습니다. 성과로 나타난다면 더없이 좋겠으나 그렇지 않더라도 꾸준히 작업을 하면서 저만의 글이 늘어가는 것에 기쁨을 느끼고 있습니다. 지속적이진 못했지만 캘리그래피를 몇 개월간 배워서 카피를 캘리그래피로 표현하여 광고물에 사용하기도 했습니다. 언젠가는 캘리그래피로 전시회도 열어보고 싶습니다.

새로운 경험은 닫혀 있던 사고를 넓혀줄 뿐만 아니라 새로운 기분으로 광고를 만들 수 있게 해줄 것입니다. 또한 소소하게 나름대로의 자기계발 계획을 세워 일상의 크고 작은 일들에 목표를 정하고 그것을 꾸준히 성취해나가는 것만으로도 매일매일이 폭죽을 터트려도 좋은 날입니다. 자신에게 주어진 현재는 선물(Present)이니까요.

영혼과 마음을 담은 크리에이티브

광고 카피를 쓴다는 것은 크리스마스 카드를 쓰는 것과 비슷합니다. 광고 카피는 바로 광고의 주체인 기업이나 브랜드, 제품이나 서비스가 소비자에게 전하고 싶은 메시지라 할 수 있습니다. 멋진 카드를 쓰는 것처럼 진실하고 자연스럽게, 그리고 읽는 사람에게 감동이 되도록 써야 합니다. 어떤 디자인으로 카드를 고를 것이냐 하는 것은 바로 소비자에게 어울리는 광고의 비주얼이나 톤앤매너가 무엇일까 고민해보는 것이기도 합니다. 그리고 어떤 형태의 카드냐 하는 것은 어떤 채널을 통해 광고를 전달할 것인가의 문제와 닮아 있습니다. 소비자에게 브랜드의 이름으로 쓰는 대필의 연애편지와 같기에 카피라이터는 많은 것을 이해하려고 노력하고, 함축하여 표현하는 메신저 역할을 할 뿐입니다. 목적에 맞는 메시지를 잘 전달하기 위해 카피라이터는 소비자를 열심히 연구합니다. 소비자 타깃이 무엇을 좋아하는지, 어떤 말에 반응하는지, 제품이나 서비스를 표현하기 위해 가장 중요한 것은 무엇인지 열심히 관찰하고 생각합니다. 어쩌면 그 열정은 사랑에 가까운 것이어야 하기도 합니다. 카피라이터에게 있어서 소비자는 매번 어려운 존재입니다. 수차례 집 앞에 찾아가 기다려도, 문을 두드려 외쳐보아도 마음을 열어주지 않을 때가 더 많습니다. 길거리에서 기다렸다가 용기 내어 인사해도 외면하며 지나가기 일쑤입니다. 그래서 카피라이터는 신중합니다. 마음을 전하기 위해서 필요한 말만 가장 효과적이고 끌리게 전하려 합니다. 혹시라도 스쳐 지나가듯 보았다가 마음을 열어주지 않을까 하면서 말이죠.

광고는 그래서 크리에이티브가 중요합니다. 소비자들의 무관심을 관심으로 돌리고 호감을 쌓기 위해서 창의적인 방법들을 동원해야 하고 마음에 쏙 드는 멘트를 날릴 수도 있어야 합니다. 외로울 때 다가가서 위로해주기도 하고 때론 기쁘게, 때론 웃기게, 때론 감동적인 이야기를 전해야 합니다. 소비자들의 마음을 얻는다는 것은 정말 어렵습니다. 그렇기 때문에 광고 크리에이티브를 위해서는 진심이 담긴 표현이 필요합니다. 진정 사랑하는 마음이 담겨 있어야 합니다. 그래야 본질적으로 소비자의 마음을 사로잡고, 마침내 마음을 열어 당신의 광고를 보고 움직이게 될 것이니까요. 광고 크리에이티브도, 카피 메시지도, 비주얼도 크리스마스 카드를 쓰듯이 진실해야 합니다.

1 모든 카피는 소비자 타깃을 분명히 정해놓을 것. 대상이 불분명하다면 실패에 가깝다.

2 카피에는 제품이나 서비스가 말하고자 하는 핵심이 담겨 있어야 한다. 없다면 찾아야 한다.

3 카피는 언어화된 메시지 그대로 말의 맛과 어감, 산뜻함과 센스가 담겨야 한다.

4 카피의 어휘는 초등학교 4학년~중학교 2학년 정도가 이해할 수 있는 표현이 적당하다.

5 한 사람의 소비자로서 내가 쓴 카피를 봤을 때 울림이 있고 사고 싶어지는지 비춰보라.

6 오탈자 확인과 띄어쓰기는 기본이면서도 매우 충실해야 하는 부분이다.

7 많이 연구하고 고민한 결과로 카피를 결정한다. 어떻게 써봐도 이 카피가 확실한지.

크리스마스 트리를 장식하듯

겨울이 오면 바로 생각나는 것이 어쩌면 크리스마스 트리를 장식하는 일이 아닐까 합니다. 12월의 차가운 바람 속에 크리스마스 트리를 꾸미는 것부터 크리스마스는 이미 시작되는지도 모를 일입니다. 크리스마스 트리는 장식을 어떻게 배치하면서 효과를 주는가에 따라 달라 보이기도 합니다. 거리에 나가 장식된 트리를 유심히 보면 똑같은 것은 없다는 것을 느낄 수 있습니다. 가지각색의 트리들을 보고 있으면 트리를 꾸미는 일도 광고회사에서 크리에이티브를 만드는 일과 비슷해 보입니다. 좋은 광고 크리에이티브도 디테일의 차이로 결정될 수 있기 때문입니다. 아무리 좋은 재료들과 손재주 있는 사람들이 아이디어를 꾸민다고 해도 부분부분 작은 흠이 발견되면 완성도가 무척 떨어져 보이게 됩니다.

다시 말하면 명품과 가짜의 차이로 설명할 수도 있습니다. 명품에 대한 인기가 많아지자 가짜 상품이 우후죽순 생기기 시작했습니다. 그 결과 이제 진짜 명품과 가짜는 아주 미세한 차이밖에 나지 않게 되었지만 그렇다고 명품과 진짜가 동일시되진 않습니다. 오히려 사람들은 아주 미세한 차이로도 명품을 구분할 수 있게 되었다고 합니다. 결국 작은 것의 차이가 큰 차이를 낳는다는 것을 알 수 있습니다. 광고 크리에이티브란 일반적인 패턴을 벗어나 새로운 것을 추구하면서도 세심하게 완성되어야 합니다. 이것이 바로 평범한 아이디어와의 차이를 만드는 것이라 생각합니다.

크리스마스의 장식에도 포인트를 어떻게 두는가에 따라 아름다움이 달라지듯이 광고 크리에이티브도 어떻게 접근하고 다듬었는가에 따라 결과가 달라집니다. 어쩌면 광고회사와 광고인은 꾸미는 것에 대해서는 천재일지도 모릅니다. 콘셉트와 본질이 명확하게 잡혀 있다면 크리에이티브로 120% 빛내줘야 한다는 원칙이 광고인들 사이에서는 흐르고 있습니다. 그 카피 한 줄이, 이미지 한 컷이 기업의 이미지나 제품의 첫인상을 좌우하게 되기 때문입니다.

똑같은 아이디어를 냈다고 해도 누가 어떻게 설명하는가에 따라 아이디어의 가치가 달라지게 됩니다. 실제로 광고 캠페인을 위한 회의 시간에 아이디어를 가지고 모이면 대부분 겹치는 아이디어들도 많이 보입니다. 심지어 사원과 부장의 아이디어가 비슷한 것으로 나오게 되기도 합니다. 하지만 중요한 것은 어떻게 표현하는가에 달려 있습니다. 이에 따라 크리에이티브가 발전되기도 하고 사라지기도 합니다. 또한 표현하는 형식에 따라서도 광고 캠페인의 결과가 달라지는 것을 느낄 수 있습니다. 같은 콘셉트로 광고를 만들어도 그것을 인쇄 광고로 만드느냐, 영상 광고로 만드느냐, 혹은 인터랙티브 광고로 만드느냐에 따라 광고를 접하는 소비자들의 반응은 각각 다를 것이기 때문에 상황적인 측면도 고려해야 합니다.

　모든 브랜드와 제품, 서비스는 광고 크리에이티브라는 화장이 필요한 존재입니다. 그것이 거짓이면 안 되지만 가능한 더 꾸미고 돋보여야만 합니다. 만약 본질 그 자체가 돋보인다고 하면 과감히 화장을 걷어내는 것도 방법이겠지만 그것도 애정 어린 판단이 필요합니다. 마치 크리스마스 트리를 만들기 위해 적당한 크기의 곧고 멋진 나무가 필요한 것처럼 나무 자체도 무척 중요합니다. 장식을 위해 본재료가 있어야 하듯 광고에서도 크리에이티브가 뛰어나기 위해선 좋은 제품이 있어야 하는 것입니다.

　혁신적인 제품은 그 자체로 광고 콘셉트가 되는 경우가 많습니다. 그래서인지 세계적인 광고주들은 대부분 유명한 광고회사들과 일하고 있습니다. 좋은 크리스마스 트리는 좋은 나무가 기본이 되어야 하는 것처럼 광고하는 제품이 좋으면 광고 크리에이티브는 더욱 잘 드러나기 마련이지만, 다양한 소품들을 통해 섬세하게 그것을 돋보이게끔 하는 광고회사의 역할 역시 간과할 수 없습니다. 좋은 광고 크리에이티브는 전체적인 조화이자 하나의 완성입니다. 광고 역시 크리스마스 트리처럼 아름다운 완성을 위해 본질적인 구조와 전체적인 아이템이 함께여야 합니다.

※ 광고 크리에이티브를 꾸미는 방법

1　좋은 아이디어를 발견했다면 다듬고 또 다듬어서 완결성을 더하자.

2　아이디어에 맞는 표현 방법을 더 구체적으로, 더 세밀하게 고민해보자.

3　아이디어를 의사결정자에게 어떻게 하면 완벽히 설득시킬 수 있을지 논리와 전략을 세우자.

4　훌륭한 아이디어라도 예산 범위를 초과해서는 꿈에 불과하다. 어떻게 현실화시킬지 찾자.

5　거의 완성된 아이디어라고 해도 다듬어야 할 부분이 있다. 다듬고, 다듬고 또 다듬자.

가끔은, 한여름의 크리스마스

전혀 다른 계절에서 맞이하는 크리스마스는 어떤 기분일까요? 아직 경험해보지 않아서 모르겠지만 우리나라의 겨울과는 생소한 풍경이 펼쳐질 것 같습니다. 여름이 크리스마스라면 산타 할아버지는 겨울 털옷이 아닌 시원한 반팔과 반바지를 입고 선물을 배달하러 다닐지 모르겠습니다. 썰매도 탈 수 없으니 오토바이를 타고 경쾌하게 선물을 배달하러 다닐 것 같기도 합니다. 선물 배달은 굴뚝으로 다니기 어려울 듯하니 에어컨 환풍구를 타고 들어가야 할까요? 더워서 일을 마치고 난 뒤에는 루돌프와 함께 시원한 콜라를 한잔 하실 것 같습니다.

이처럼 광고도 제품에 따라 다른 계절에 준비해야 하는 경우도 있고 광고를 만드는 광고인 스스로가 브랜드와 어울리지 않는 어색함을 견디며 광고를 제작해야 하는 경우도 있습니다. 우선 전자의 경우에는 특정 계절에 팔리는 제품을 위해 그 계절이 다가오기 전에 광고 크리에이티브를 준비해야 하는 경우입니다. 보통의 광고 캠페인 기획은 한 계절 이상 앞서서 진행됩니다. 여름에 출시되는 제품이라면 겨울부터 봄까지 준비가 마무리되어야 합니다. 그리고 겨울에 출시되는 제품이라면 가을에는 준비가 완료되어야 하죠. 때문에 광고회사에서 일하다 보면 계절을 잊은 광고 제작을 할 때가 많습니다. 그래도 계절은 상상하며 제작할 수 있으니 그나마 나은 편입니다.

사실 더 곤란하고 어색한 제작은 내가 경험할 수 없는 브랜드를 광고해야 하는 상황일 것입니다. 예를 들어 남자 카피라이터로서 여성의 심리를 헤아리면서 화장품 광고를 제작했던 경우가 그랬습니다. 외국계 회사의 제품이라 특히나 어려운 용어들이 많고 특징도 다양했기 때문에 핵심을 잘 이해해야 하는 동시에 여성의 심리에 대해서도 잘 알아야 했습니다. 게다가 여성이 제품을 사용하는 환경에 대해서도 이해해야 했기 때문에 막막한 경우가 많았습니다. 이런 때 다행히도 같은 팀에 여성 동료가 있으면 물어보기도 하고 이성 친구나 누나 동생에게 묻기도 하지만 제품을 써보지 않은 입장에서 소비자에게 뭔가를 설명하고 물어보는 것 자체가 쉽지는 않은 일이죠. 그리고 여성 생리대 광고처럼 도저히 느낌을 알 수 없는 제품도 있기 때문에 그럴 때는 차라리 여자였으면 좋겠다는 생각까지 해봤습니다.

대부분의 제품은 상상해보면 한 사람의 소비자로서 제품을 이해할 수 있지만 위와 같은 경우에는 참으로 난처하곤 합니다. 이런 경우에는 주로 경쟁사의 제품이 어떤 카피를 썼고 어떤 광고 콘셉트를 잡았는지 많이 살펴보는 수밖에 없지만 회사 모니터에 여성의 모습들이 가득 띄워져 있는 것만으로도 어쩐지 참을 수 없는 어색함이 생깁니다. 좋은 카피를 쓰기 위해서는 마치 연기자처럼 브랜드를 잘 이해하고 소비자처럼 느끼고 생각할 줄 알아야 합니다.

※ 제품에 대한 올바른 이해를 위해 선행되는 것들

1 내가 직접 써본다. 직접 쓸 수 없는 제품이면 써본 이에게 물어본다.

2 제품을 구매한 사람들의 이야기를 귀 기울여 들어보고 연구한다.

3 기존 광고의 전략과 아이디어를 분석하고 얼마만큼 효과가 있었는지 따져본다.

4 검색을 통해서 제품의 특징과 입소문에 대해서 살펴본다.

5 제품이 판매되는 접점에서 구매하는 소비자들의 모습과 반응을 관찰한다.

크리에이티브는 크리스마스처럼

6 제품을 기획하고 만든 광고주의 다양한 자료들을 확인한다.

7 경쟁 제품들을 살펴보고 비교해보고 따져본다.

이외에도 다양한 자료들을 찾고, 경험하고, 분석해봐야 합니다. 대머리가 아니지만 발모제 광고를 해야 하거나 비듬약, 변비약 등 특별한 특징을 가지고 있는 제품들의 광고를 맡았을 때, 태어나서 처음 접하는 새로운 제품과의 어색함 등을 이겨내고 집중해야 합니다. 문득 결혼하기 전에 아기용품의 광고를 담당하게 되어 애를 먹었던 기억이 납니다. 그때는 열심히 육아 관련 카페에 들어가서 글을 읽거나 미용실에 있는 여성잡지들을 독파하면서 엄마와 아기에 대해서 열심히 공부했던 기억이 납니다. 그리고 그 생경함을 극복하고 광고주에게 찬사를 들었을 때는 몹시 기뻤고, 결혼을 해서 아기를 낳아 키우는 지금은 많은 도움이 되고 있어서 좋습니다.

광고인으로서 다양한 브랜드를 경험한다는 것은 어려운 일이지만 매번 새로운 광고를 만들 때마다 새로운 지식과 경험을 쌓을 수 있어서 좋은 일이라 생각합니다. 마치 콜럼버스가 신대륙을 발견하는 기분을 자주 느낄 수 있다는 것이죠. 이처럼 새로운 브랜드나 제품을 만나고 이를 위해 학습하는 것은 많은 이득을 안겨줍니다. 그래서 광고인은 치매에 걸릴 확률이 적다고 하는가 봅니다.

창밖을 보라
: 아이디어를 위해 밖을 보라

    매년 크리스마스 즈음에는 따뜻한 차를 마시며 창밖을 수시로 바라보곤 합니다. 그러다 첫눈이 내리는 것을 발견하게 되면 누구나 감탄하며 풍경을 바라봅니다. 우리가 흔히 부르는 〈창밖을 보라〉 캐럴의 노래 가사는 흰 눈이 내리는 것을 바라보고 그것이 사라지기 전에 즐기라고 합니다. 아이디어도 첫눈처럼 갑자기 찾아오는 경우가 많습니다. 그때의 반짝이는 영감을 메모해두지 않으면 햇빛에 사라지고 마는 눈송이처럼 안타까울 때가 많습니다. 광고 크리에이티브도 내리는 눈송이처럼 기분 좋은 감탄과 동시에 사라지기 전에 즐겨야 합니다.

    세계적인 광고회사의 크리에이티브 실무자들에게 크리에이티브가 도출되는 과정을 주제로 인터뷰했던 책을 읽은 적이 있습니다. 그들이 제출한 것의 공통점을 확인해보면 각각 기초 자료와 광고주의 애드 브리프(AD Brief), 시장 상황, 타깃에 대한 이해 등을 면밀히 분석하고 고민하면서 충분한 문제의식에 빠진다는 것이었습니다. 그렇게 정확한 자료들과 미션이 머릿속에 동기화되고 나면 그 이후에는 오히려 문제에서 조금 떨어져 긴장을 이완시키고 자신의 잠재의식을 폭넓게 활용하며 연관이 없는 정보들을 섞어보는 숙성의 시간을 가진다고 합니다. 생각의 환기를 위해 다른 일을 하면서 의식적으로 그것과 멀어지면 잠재의식인 우리의 뇌는 여전히 그 문제를 해결하기 위해서 일한다는 것이죠. 그리고 무의식 속의 자료들이 지금 하고 있는 다른 일, 새로운 생각과 접목되어 아이디어가 창출되기도 합니다.

이 과정이 바로 제가 생각하는 사색하는 과정, '창밖을 보는' 시간이라 할 수 있습니다. 문제에서 조금 떨어져 창밖을 보는 여유를 가지게 되면 생각의 근육이 이완되면서 자연스럽게 아이디어가 하나둘 나오기 시작할 것입니다.

그러나 아이디어를 내기 위해 기계적으로 생각에 빠져 있다 보면 오히려 틀에 박힌 아이디어들이 나오기도 합니다. 또한 그렇게 나온 아이디어들이 객관적으로 좋은 것인지 아닌지 헷갈리기도 합니다. 그럼 다시 문제를 해결하기 위한 아이디어 정리로 돌아와 그간 나온 아이디어들을 모두 뽑아내어 줄 세우는 시간을 가집니다. 그중에서 좋은 아이디어들만 추린 후에 이것을 어떻게 더 멋진 아이디어로 승화시킬 수 있을지를 진득하게 고민하는 시간을 갖습니다. 이 과정에서 상사나 동료, 후배들과 회의를 가져서 더 발전적인 의견과 조언들을 더하여 아이디어를 함께 다듬어나가고 살을 붙여 최종 아이디어를 정할 수 있게 됩니다. 어차피 아이디어는 암기 시험처럼 지식을 외워 되는 것이 아니라 뇌에 새로운 자극을 주고 그 자극을 축적하여 다양한 방식의 결합과 접근을 시도하며 재발견하는 것이기 때문입니다. 여기서 여러 사람들과 아이데이션 프로그램을 도입해보는 것도 생각의 각도를 넓히고 확대시키기 위한 좋은 방법입니다.

창밖에 흩날리는 눈을 보며 기뻐하듯 동료들과 아이디어를 가지고 행복한 눈싸움을 즐기고 회의실에서 의견을 서로에게 던지며 신나게 어울릴 필요가 있습니다. 그렇게 한참을 즐기다 보면 눈덩이를 굴리듯 아이디어의 핵심이 커다랗게 불어나고, 멋진 결과물이 도출될 수 있을 것입니다.

❄ 광고 아이디어를 위한 브레인스토밍 가이드

1 회의 전 아이스 브레이크로 생각을 가볍게 만들기.

2 각자 생각의 시간을 가지고 아이디어를 짜보기.

3 생각한 아이디어를 최대한 많이 뽑아내어 이야기하기.

4 비방하거나 감정소모적으로 아이디어를 평가하지 않기.

5 좋은 아이디어라고 생각되면 의견을 더하여 발전시키기.

6 중간에 잠깐의 휴식을 갖거나 각자 흩어져서 생각해오기.

7 다시 모여 좋은 아이디어들의 우선순위 고르기.

8 그중에서 최고의 아이디어를 선정하고 완벽하게 다듬기.

AE와 광고주,
그 가깝고도 먼 사이

크리스마스는 예수 그리스도가 이 땅의 모든 죄를 대신 담당하시기 위해 낮고 낮은 베들레헴의 한 마구간에서 탄생하셨음을 기념하는 날입니다. 가장 높은 곳에 계셨던 분이 가장 낮은 곳으로 오셨다는 것. 광고에서 크리에이티브가 탄생하는 것도 비슷한 느낌입니다. 가장 위대한 크리에이티브는 가장 낮은 밑바닥에서 탄생하는지도 모르기 때문이죠. 왜냐하면 아이디어는 의견을 나누고 일어나려던 회의실에서 나오기도 하고 어느 인턴의 책상 위에 놓인 메모지의 낙서에서 탄생하기도 합니다. 회사가 아닌 버스나 목욕탕에서 나오기도 하고 때로는 잠을 자려고 누웠다가 탄생하기도 합니다. 아무리 거창한 크리에이티브라 해도 이런 사소해 보이는 과정을 거쳐서 나오는 법입니다. 광고를 만드는 모든 사람들에게는 크리에이티브가 탄생하는 저마다의 마구간이 있을 것입니다.

이번에는 크리에이티브를 실현시키기 위해 열심히 노력하는 사람들의 이야기를 해보려고 합니다. 매체에 노출되는 크리에이티브 성공 사례들에는 어떤 원동력이 있었을 것입니다. 광고는 혼자서 만들 수 없기 때문입니다. 아마 위대한 광고 크리에이티브를 탄생되기까지 보이지 않게 노력한 사람들이 많았을 것이라 생각합니다.

보통 제작물을 총괄하는 CD와 카피라이터, 아트 디렉터, 디자이너들이 한 팀을 이뤄 일합니다. 이들의 역할은 앞서 간략히 설명했었죠. 광고 제작을 위해서 회의하기 전에 모두들 아이디어를 구상하여 회의에 가져오게 됩니다. 유사한 사례들이 될 수도 있고 영감을 떠올려줄 무엇인가가 될 그 무언가를 정리하여 회의실에서 쏟아내게 됩니다. 여기에 좋은 아이디어들이 결합되어 살이 붙기도 하고 과감히 버려지기도 합니다. 이 과정은 정해진 제작 스케줄 안에서 가장 최선의 것이 나올 때까지 반복하게 됩니다.

좋은 아이디어가 초반부터 잘 나와준다면 다행스러운 일이지만 나오지 않을 때는 괴로운 날들이 시작될 수도 있습니다. 새벽 늦은 시간까지 회의를 하다가 헤어지기도 하고 주중에 끝맺지 못한 채 주말 내내 고민하고 새로운 아이디어를 정리해서 의욕과 기대에 차서 출근하기도 합니다. 그러다 그 아이디어들이 형편없는 것임을 자각하게 될 때 다시 사기가 떨어지고 기운이 빠질 것입니다. 광고인들은 이것을 마치 자연스러운 일상으로 받아들이며 삽니다. 하지만 이 과정을 거치다가 아이디어가 고갈되거나 발상법이 제대로 되지 않는 분들이 광고에 대한 적성을 의심하며 떠나기도 합니다. 창의적인 결과물을 위해서는 그만큼 많은 시간 방황하고, 고민

크리에이티브는 크리스마스처럼

하고, 고통스러움이 따르게 될 수도 있는 것입니다.

그럼에도 마감은 다가오고, 광고 크리에이티브는 최종적으로 좁혀져서 결정이 됩니다. CD는 회의를 거친 아이디어를 선별하여 약점을 보완하거나 장점을 확장시키기도 합니다. 오랜 경험에서 나온 통찰력으로 아이디어를 바로잡기도 하고 답이 나오지 않을 땐 직접 구원투수가 되기도 하죠. CD마다 스타일은 다르지만 결국 좋은 광고 크리에이티브를 위해 노력한다는 점에서는 같을 것입니다. 그리고 이러한 점으로 미루어볼 때 아이디어에 대한 제작팀원들의 무수히 많은 노력들이 쌓여야 된다는 것도 확인할 수 있습니다.

✳ 아이디어를 내기 위한 회의 방법

1 주어진 시간 내에 많은 아이디어를 확보하기 위해 회의실에는 각자의 아이디어를 생각해 온다.

2 가져온 아이디어를 각자 발표하고 이를 근거로 자유로운 토론을 한다.

3 불필요한 아이디어는 버리고 유사한 아이디어를 묶는다.

4 그중 공감되지 않거나 임팩트가 약한 아이디어는 삭제한다.

5 좋은 아이디어 방향이라고 생각되는 것은 집중적으로 회의하여 발전시킨다.

6 최종으로 선택된 아이디어의 시안 작업을 구체화하여 완성도를 높인다.

7 모두가 인정하는 아이디어가 나올 때까지 이 과정을 무한 반복한다.

물론 다양한 아이디어 발상법이 존재하지만 현실에서는 대부분 시간 대비 효율성을 위해서 각자의 감각과 아이디어 준비를 기반으로 좋은 아이디어가 될 때까지 노력합니다. 마침내 아이디어의 우선순위가 선별된 제작팀의 결실은 최고 책임자의 리뷰를 통해 최종으로 다듬어지게 됩니다. 그리고 광고 아이디어가 결정되면 이것을 제작하기 위한 다양한 방법들을 고민하게 됩니다.

대한민국의 무수히 많은 광고회사들은 다른 건물들의 불이 꺼진 뒤에도 여전히 책상 앞을 밝히고 있습니다. 크리에이티브를 위한 그들의 열정은 꺼지지 않습니다. 힘들고 졸린 눈을 하고서도 커피를 마시며 아이디어와 씨름하고, 더 나은 크리에이티브를 위해서 많은 희생을 하는 프로들이 있기에 어쩌면 우리나라의 광고계가 더 발전하는지도 모릅니다. 하지만 무엇보다도 이런 것은 자발적인 열의에 의해서 이뤄져야 효과적일 것입니다. 크리에이티브라는 것이 강요하거나 무조건 열심히만 한다고 나오는 건 아니기 때문입니다. 오늘도 광고 크리에이티브를 위해 겸손히, 그리고 묵묵히 노력하는 많은 사람들의 얼굴을 떠올리며 저도 힘을 내봅니다.

최고의 크리에이티브 파트너들

크리스마스가 온다는 것은 사람들에게 많은 기대감을 갖게 합니다. 그 중에서도 가장 큰 의미를 주는 것 중 하나는 특별한 날을 가장 소중한 사람과 함께할 수 있다는 것이죠. 그래서 사람들은 크리스마스가 오는 것을 기대하고 꿈꿉니다.

광고에서도 그런 존재가 있습니다. 큰 의미에서, 그리고 비즈니스적 관점에서 광고주와 광고회사가 그렇습니다. 광고주는 광고라는 특별한 크리스마스를 위해 완벽한 파트너를 찾습니다. 그 완벽한 파트너는 광고주의 이상형에 가까운 광고회사입니다. 흡사 우리가 이상형을 생각할 때 키는 어느 정도에 어떤 성격을 가졌으면 좋겠고 내 부족한 무엇을 채워주는 사람이면 좋겠다는 생각을 갖고 사랑하는 사람을 찾듯이, 광고주도 비슷합니다. 이번 광고 캠페인은 예산이 어느 정도의 규모이고 어떤 캠페인을 할 것이니 이런 캠페인을 잘 수행한 경험이 있는 믿음직한 광고회사가 맡아주었으면 좋겠다는 생각을 할 테니까요. 그리고 경쟁 P.T를 통해서 가장 매력적이고 이상적으로 꿈꿔온 광고회사를 선택하게 되는 것입니다.

1. 서로가 바라는 이상형: 광고주와 AE

우선 가장 첫 번째로 파트너십을 따져봐야 하는 것은 광고주와 AE입니다. 광고주인 마케팅 담당자는 크리스마스에 함께하고 싶은 연인을 찾듯 자사의 제품과 브랜드를 훌륭하게 광고해줄 대행사를 찾을 것입니다. 그리고 그 광고회사에서 만나게 될 이상적인 AE(이야기가 잘 통하고 마케팅 상황을 전략적으로 해결해줄 그런 AE)를 만나고 싶어 합니다.

광고회사의 유능한 AE는 명석한 분석을 바탕으로 광고 캠페인에 대한 전반을 제안하고 이를 든든하게 수행해주는 믿음직한 사람입니다. 이런 AE를 만난 광고주는 좋은 성과를 이어가기 위해서 지속적으로 함께 일하고 싶어 합니다. 또한 그런 AE는 광고회사에서도 중요한 클라이언트를 담당하고 업무를 주도적으로 이끌어가는 매우 중요한 사람일 것입니다. 그렇기에 광고주 입장에서 오래 손발을 맞춰 믿을 수 있고 마음이 잘 통하는 AE가 있을 경우 그가 이직할 때 광고주의 의뢰도 함께 따라가는 경우가 있습니다.

광고는 결국 사람이 만드는 것이고 사람에 의해 실행되기 때문에 신뢰를 바탕으로 형성된 관계가 무척 소중하기 때문입니다. 가까운 예로 광고회사를 다니다가 독립을 하여 광고회사를 차린 사람 중에는 AE의 비율이 높습니다. 광고 캠페인을 기획하고 집행하는 능력이 탁월하고 광고주들의 신뢰를 얻었던 경험이 많다면 자연스럽게 일은 이어지게 될 것입니다. 따라서 광고회사의 훌륭한 AE는 광고주의 가장 행복한 파트너입니다.

2. 협력과 애증의 관계: 기획과 제작

광고회사 안에서는 무엇보다 기획팀과 제작팀의 파트너십이 중요합니다. 유능한 AE는 광고주의 관점을 명확하게 캐치해내고 그것을 소비자들이 원하는 방향으로 좁혀냅니다. 그리고 콘셉트에 맞게 제작팀의 카피라이터와 디자이너에게 설명할 수 있습니다. 이 중간다리 역할을 잘 해내면 제작팀에서도 그에게 보내는 찬사가 쏟아질 것입니다. AE가 일을 잘하면 광고회사의 모두가 편해집니다. 반대로 AE의 역할을 잘 못하는 사람이 일을 맡게 되면 광고주도 제작팀도 모두 혼란 속에서 일을 하게 됩니다.

3. 늘 환상의 콤비를 꿈꾸는: 카피라이터와 아트 디렉터

완성도 높은 광고 제작물이 나오기 위해서는 서로 간의 팀워크가 좋아야 합니다. 호흡이 잘 맞는 제작팀 동료들이 만나 시너지를 이루게 되면 아주 놀라운 아이디어의 광고가 탄생됩니다. 하지만 서로를 믿지 못하고, 책임을 미루고, 열성적이시 않다면 아마도 그저 고만고만한 광고 제작물이 나올 것입니다. 제작팀의 호흡이 얼마나 잘 맞느냐에 따라 광고 제작물의 결과가 달라진다고 생각합니다. 이러한 점에서 이들을 이끄는 크리에이티브 디렉터도 매우 중요하지만 기본적으로 카피와 아트의 행복한 결합이 기본 이상의 성과를 만들어냅니다.

❋ 광고회사의 동료들과 시너지를 내기 위한 노력
....

1 서로의 역할과 애환에 대해 충분히 존중하는 마음을 갖는다.

2 당연한 일일수록 서로에게 감사한 마음을 표현한다.

3 팀과 직급을 떠나 재능을 존중하고 살려준다.

4 작업환경이나 특정한 이슈에 대해서 공감해준다.

5 중요하고 긴급한 일일수록 사적인 감정보다 공적인 업무에 충실한다.

6 인간적인 감정 또한 적정선에서 건드리지 않고 배려한다.

7 하지만 기회가 되는 대로 인간적으로도 친분을 쌓을 기회를 갖는다.

광고주와 광고회사의 담당자 간의 파트너십, 광고회사의 기획과 제작팀 간의 파트너십은 대단히 중요합니다. 멋진 광고 캠페인을 위해서는 서로가 서로에게 믿음직한 파트너가 되어야 합니다. 행복한 크리스마스는 누구와 함께 보내는가에 의해서 분위기와 의미가 달라지기도 하는 것처럼 회사생활도 그렇고 광고 제작도 마찬가지입니다. 어느 일터나 그렇겠지만 결국 누구와 함께 일하느냐가 모든 것을 좌우하기도 합니다. 다양한 사람들의 개성과 여러 감정이 매일 교차하는 광고회사, 그 안에서 우리의 희로애락이 달라지며 광고 크리에이티브의 완성도가 결정됩니다. 광고는 사람이 만들기 때문에 그 과정이 결과물에 영향을 미칠 수밖에 없기 때문입니다. 어떠한 관계라 할지라도 서로를 신뢰하고 협력해야 좋은 작품을 만들 수 있습니다. 서로에게 최상의 파트너가 되기 위해 우리에게는 어떤 것이 필요할까요?

첫 번째, 바로 실력입니다.

　사람과 사람 사이에서도 가장 중요한 것은 그 사람의 진심과 본질일 것입니다. 광고주도 그런 면에서 광고회사의 본질인 실력을 가장 높이 평가할 것입니다. 얼마나 매력적인 행보를 거쳐왔는지 살펴보는 것입니다. 서로를 위한 건강한 탐색전이기도 할 것입니다. 이를 위해서 광고회사는 스스로의 실력을 보여줄 수 있는 포트폴리오를 준비해야 할 것이고 광고회사 내부에서도 동료들 간에 인정할 수 있는 실력을 갖춰야 시너지가 날 것입니다. 서로 발전도, 노력도 하지 않는다면 하향평준화되듯이 도태되기 쉽습니다.

두 번째, 열정은 그 자체로 매력입니다.

　어떤 사이든 서로의 관계를 위한 노력과 열정이 있어야 사랑에도 불이 붙듯이 광고 캠페인도 불이 붙습니다. 아무리 외모가 탁월하고 매력이 넘친다 해도 그 사람이 마음을 적극적으로 열지 않는다면 답답하고 맥이 빠질 것입니다. 사랑은 움직이는 것이라는 옛 광고 카피처럼 지금도 여전히 사랑은 움직이는 것이어야 합니다. 광고인은 실력과 동시에 열정이 있어야 동료도 설득하고 스스로 일할 맛이 나며 새로운 광고주와의 업무도 착착 진행될 수 있고 소비자들에게도 광고를 성공적으로 전달할 수 있습니다. 열정이 없는 사람, 열정이 없는 회사라면 있던 매력도 점점 사라질 것이 분명합니다.

세 번째, 책임감이 있어야 합니다.

　광고 캠페인은 그 나름대로의 리스크를 가지고 있습니다. 좋은 아이디

　　　　　　　　　　　　　　크리에이티브는 크리스마스처럼

어가 나오지 않을 확률이 있고 실행하면서 예산 문제에 부딪칠 수도 있습니다. 또한 촬영 중에 천재지변이 일어날 수도 있고 광고모델 캐스팅이 돌연 불발될 수도 있습니다. 심지어 최선을 다해서 만든 광고 캠페인이 소비자들에게 싸늘한 반응일 수도 있습니다. 광고를 잘 만들었는데도 다른 마케팅 상황의 이슈로 제품이 안 팔릴 수도 있고 기타 엉뚱한 이유들로 꼬일 수도 있습니다. 그때 가장 필요한 것은 광고회사의 순발력과 책임감입니다. 책임감이 강한 회사가 이후에 있을 모든 리스크를 감당할 수 있고 빠른 해결책을 제시할 수도 있습니다. 이 역시 사람에게도 적용되는 것이기에 책임감은 연인 관계에 있어서도 가장 중요한 것 중 하나로 손에 꼽힐 정도입니다. 사람이 그러하듯 광고회사도 광고인도 마찬가지입니다. 책임감이 있다면 진정성 있는 결과가 나오기 마련입니다.

제가 대학생 때 인턴을 했던 회사는 당시 우리나라의 열 손가락 안에 드는 독립광고회사였습니다. 패러디 광고를 통해서 소비자들의 이슈를 이끌어내기도 했고 광고대상에서 그랑프리를 수상하기도 하는 실력 있는 회사였습니다. 하지만 저는 그런 이력보다 회사 소개서를 보고 더욱 감동했던 부분이 있습니다. 바로 광고주와의 오랜 인연이었습니다. 한번 광고주와의 인연이 시작되면 마치 연인처럼 10년이든 15년이든 함께하는 것이었습니다. 아마 그것이 어떤 실력을 갖췄는지 운운하지 않더라도 광고주들의 마음을 사로잡았을 것이 분명합니다. 그 힘은 아마도 책임감과 진심 어린 열정이 아니었을까 싶습니다.

광고회사의 다양한 문제들

광고회사에는 똑똑한 사람들이 아주 많습니다. 자신만의 논리와 감성으로 좋은 아이디어, 색다른 방법을 시도하는 사람들이죠. 반면 업무 처리가 매우 미흡하고 도전에 배타적인 광고인들도 있습니다.

광고회사의 흔한 갈등 중 하나가 바로 광고주를 담당하는 AE와 제작팀 사이의 갈등입니다. 가장 큰 마찰을 일으키는 대표적인 직무가 광고기획인 AE와 광고제작인 카피라이터, 디자이너 간의 마찰일 것입니다. 대부분의 문제는 바로 스케줄입니다. 기본적으로 광고주와 주로 소통해야 하는 AE는 광고의 제작물에 대한 일정이나 수정 일정을 최대한 광고주에게 맞추다 보니 무리한 요청을 매번 거절하기가 힘듭니다. 이때 제작팀과 마찰의 소지가 될 수 있기 때문에 그런 경우에는 최대한 설득해서 무리한 요청이 오지 않도록 해야 하지만 그럼에도 불구하고 상황에 의해 일해야 하는 경우가 있습니다. 광고주의 요구와 광고 집행의 현실성, 제작팀의 업무 리소스 모두를 고려하여 모든 것을 조율하는 일이기 때문에 매우 중요한 자리입니다(반대로 말하면 그래서 무척 피곤한 자리이기도 합니다).

하지만 이렇게 조율이 중요한 자리임에도 불구하고 광고주의 부탁이라면 무조건 할 수 있다고, 거의 불가능한 일을 앞에 놓고도 잘할 수 있다며 소란스럽게 떠드는 광고인이 있습니다. 심지어 무슨 어려운 요청이든 다 잘될 거라며 무책임하게 혼자 북 치고 장구 치며 일을 진행시키는 경우도 더러 있습니다. 광고주의 말이라면 무조건 받아주어 끝없이 반복되는 수정사항에 제작팀은 지치게 되고, 서로 예민해져 언쟁을 벌이게 되는 것입니다. 이런 일이 한두 번 반복되면서 서서히 갈등의 싹이 자라나고, 결국 제작팀장이 담당 AE에게 화를 내며 제작 스케줄 관리 하나 제대로 못하냐고 소리치기도 합니다.

그러나 일부 제작팀에게도 문제는 있을 수 있습니다. 제작팀도 제안 단계에서 확실히 검토하지 않고, 광고주가 준 예산과 아이디어들은 진행이 가능하다고 말해놓고 막상 실행으로 들어가려고 하면 그 예산과 아이디어는 제작이 불가능하다고 말하는 무책임함으로 이어질 때가 있습니다. 또 어떤 경우는 제작 기간만 연기해준다면 작업을 할 수 있다고 장담하고 큰소리쳐놓고 막상 마감일이 다가오자 또다시 일정을 뒤로 미뤄달라며 다른 소리를 하는 경우도 있습니다. 제작 견적이나 모델비를 잘못 체크해서 낭패가 벌어지는 경우가 생기기도 합니다. 제작팀 편에 서서 보면 나름의 고충이 있긴 합니다. 제작팀은 특정 광고주의 전담팀으로 조직되지 않는 한 보통 여러 개의 광고 제작 스케줄이 대부분 밀려 있는 상황입니다. 그래서 예측되지 않은 작업이 들어오면 전체적인 스케줄 관리가 안 될 수 있고 이는 야근으로 이어질 수밖에 없습니다. 그래서 이런 상황에 민감해지는 것이죠. 끝이 보이지 않는 수정 앞에 결국 제작팀은 AE에 대한 신뢰를 잃고, 광고인의 하수인, 일을 몰고 오는 사람으로 인식하면서 점점 갈등이 쌓이기도 합니다.

하지만 반대로 일반적인 AE들의 실상을 보면 또 마음이 아픕니다. 결국 광고 캠페인은 최종적으로 광고주의 의견에 따라 좌우될 수밖에 없는데 매번 광고주가 지시하는 사항에 대해서 제작팀을 감싸느라 일정을 계속 방어하거나 수정사항이 없도록 설득할 수만은 없기 때문입니다. 게다가 잘 진행되던 일들도 광고주 내부에 거쳐야 할 의사결정권자가 많기 때문에 광고주 측 실무담당자의 팀장님이나 부장님, 임원들의 컨펌을 거치면서 방향이 완전히 달라지게 될 수도 있습니다. 그러다 보면 결국 광고 제작의 톤앤매너가 바뀌기도 하고 카피 메시지가 달라지기도 하며 심지어는 광고 캠페인 자체가 전면 수정되는 일들도 발생하곤 합니다. 심한 경우는 광고 자체가 홀딩되거나 다시 기획을 해야 할 수도 있습니다. 이렇게 많은 변수들 사이에서 샌드위치처럼 치여 고군분투하는 것이 AE라는 점을 감안해보면 외로운 싸움으로 보여 마냥 안쓰럽습니다.

광고회사마다 기획이 강한 회사, 제작이 강한 회사가 있기 때문에 이 균형이 묘하게 흩어지면 한 판의 거대한 갈등과 분쟁이 생기기도 합니다. 조직이 클수록, 광고회사 내에 정치적인 분위기가 생성될수록 협업이 잘 되지 않는 부서 간의 기싸움은 모두를 힘들게 만듭니다. 이러한 고통 때문에 광고인들은 극단적으로는 부서를 변경하거나 퇴사, 혹은 이직을 하기도 합니다.

❋ 트러블 메이커가 되는 광고인들의 특징

1 광고주 마케팅 상황이나 애드 브리프는 읽지도 않고 감으로 아이디어를 내며 본인이 답이라 생각하는 자.

2 동료들이 처한 상황이나 환경은 돌보지 않고 맹목적으로 광고주만 떠받드는 자.

3 더 좋은 아이디어가 나와도 무조건 자기 아이디어만 고집하는 자.

4 광고주가 생각해도 어렵지 않을까 하는 제작 업무를 무조건 할 수 있다며 밀어붙이는 자.

5 평소 일 안 하기로 유명하지만 임원들이 지나가면 일하는 척 쇼를 행하는 자.

6 실력 없이 위로는 눈치 보고 아래로는 채찍질하기 바쁜 중간관리자.

7 좋은 광고 캠페인의 진행보다 사내 정치에 민감하며 편 가르기에 집중하는 자.

8 필요 이상의 외부 미팅, 광고주 미팅을 잡고 밖으로만 다니는 자.

9 항상 자기자랑에 우쭐거리고 혹여 실패하면 다른 탓하기 바쁜 자.

크리에이티브는 크리스마스처럼

광고회사에서 AE는 없어서는 안 될 중요한 사람입니다. 많은 어려움을 딛고 상황을 조율하며 광고주에게는 만족을, 광고회사 내부에는 즐겁게 제작물을 만들 수 있는 환경을 만들어주는 역할을 수행하니까요. 그래서 광고회사의 AE는 항상 많은 수요를 필요로 하고 조직 내부에서 더 인정받을 수 있는 직무이기도 합니다. 대신 그 역할을 잘 해내지 못했을 때는 가차 없는 화살이 돌아오는 자리이기도 합니다. 소비자와의 커뮤니케이션을 잘하는 광고인으로 살기 위해서는 먼저 광고주와의 커뮤니케이션이 능통한 AE가 되어야 하고 더 나아가 제작팀, 외주처와의 커뮤니케이션 또한 잘 되는 사람이어야 합니다. 이렇게 사람과 사람 사이의 소통에 능한 사람이 좋은 AE가 되어 끝까지 살아남을 확률이 높다고 생각합니다.

그래서 저는 카피라이터로 일할 때 훌륭한 AE와 함께 일하는 것이 무척 즐거웠습니다. 믿을 수 있는 실력의 AE와 함께 광고 캠페인을 만들게 되면 기획 방향이 명료하고 인사이트(Insight)가 있기 때문에 짧은 시간 대비 양질의 카피를 뽑아내기도 쉽고 콘셉트도 명확해지곤 했습니다. 게다가 광고 제작물을 만들 때도 스토리를 잘 붙일 수 있게 되고 전략적으로도 훌륭한 광고 캠페인이 탄생되곤 했습니다. 하지만 말만 앞선 AE, 그리고 실력을 감추기 위해 교묘히 말을 바꾸거나 잘못된 방향을 고집하며 이것을 맞다 우기는 독단적인 AE와 일하는 것은 싫었습니다. 아무리 생각해도 방향이 불분명한, 모호한 광고 제안서를 써놓고도 무조건 잘될 것이라 큰소리치고 고집을 부리거나 실행 가능성도 없는 아이디어를 가지고 광고주를 설득하겠다며 우기는 AE는 같이 일하기가 힘들었습니다. 주먹구구식이 한두 번은 잘될지 몰라도 계속 결과가 좋으리란 보장이 없고, 결국 그런 업무 방식에서 결과가 좋지 못했을 때 이를 책임져야 하는 어려움을 많이 경험했기 때문입니다. 북과 장구를 치기 전에 동료들에게 객관적으로 귀를 기울이고 광고 아이디어를 전략적으로 볼 줄 아는 AE가 필요합니다. 저뿐 아니라 모두가 그런 AE와 멋지고 즐겁게 일하고 싶은 마음일 것입니다.

기쁘다 구주 오셨네
: 광고주가 회사에 오신 날

'기쁘다 구주 오셨네! 만백성 맞으라~'

광고회사에서는 흔히 광고주를 '주님'이라 표현하기도 합니다. 광고의 비용을 지불하는 분이니 광고의 주인이라고 생각해서 광고주라 부르는 것이지요. 또 제작물의 최종 결정과 밀접한 연관이 있다 보니 제작자의 입장에선 주님처럼 전지전능해 보이기도 합니다. 사실 광고주와 대행사의 사이는 갑을관계라는 형태로 묶여 있기 때문에 생각보다 쉽고 편한 사이는 아닙니다. 업무에선 파트너십을 발휘해야 하지만 결과와 책임에 있어서는 갑을관계가 되기 때문입니다. 그래서 광고회사 입장에서는 늘 배려하면서도 친절하고 웃으며 대하는 분위기이지만 한편으론 긴장을 놓칠 수 없는 관계일 수밖에 없습니다.

앞서 AE의 업무 관계에 대한 이야기를 풀었던 것과 같이 AE는 조율자로서 광고주의 의도를 풀어내야 하는데, 광고주가 현명한 선택을 내려주고 신뢰를 기반으로 대행사를 대한다면 좋은 광고로 보답하고 싶어지고 더 최선을 다하게 되겠지만 광고주가 우유부단하거나 말을 번복하고 업무에 대한 방향성이 올바르지 못할 때는 AE만큼 답답함과 부담을 느끼는 존재가 없을 것입니다. 광고주와 담당 AE는 긴밀한 사이이고 일의 시작과 중간, 그리고 끝을 함께하는 동반자 관계입니다. 하루에도 수십 건의 메일을 주고받고 끊임없이 전화를 주고받아야 합니다. 때로 급박한 건이 많은 경우는 개인 휴대전화, 문자, 메신저까지 모든 채널을 다 열어놓고 일하기도 합니다.

　그렇게 일을 하다 보면 때로 얼굴을 붉힐 때도 있지만 나름 정도 들게 되어 일이 잘 마무리되면 서로 고생 많았다고 위로해주기도 합니다. 매우 드문 경우지만 광고주와 광고회사의 담당자로 만나서 연애를 하고 결혼까지 이어진 사례도 있다고 합니다. 아무튼 긴밀한 소통이 이뤄지는 것은 광고 캠페인을 진행하기 위해서는 어쩌면 당연한 과정일 것입니다.

　치열하게 광고 캠페인을 진행하다 보면 연락 수단을 통해서가 아니라 아예 직접 미팅을 할 일도 많아지게 됩니다. 광고 기획안을 프레젠테이션하기 위한 미팅, 제작 시안을 컨펌받기 위해 설명하러 가는 미팅, 진행 상황을 보고하는 미팅, 혹은 여러 문제들을 해결하기 위해서 보고하는 미팅 등 수많은 만남을 가지게 되는데, 이것은 보통 광고회사 담당 AE가 광고주의 회사로 찾아가서 진행하게 됩니다. 광고주 회사의 회의실이 남의 회사인데도 점점 익숙해지고… 그래도 광고 캠페인이 성공적으로 마무리되어갈수록 웃는 얼굴로 회의할 가능성이 높아집니다. 그러면서 더 파트너십이 쌓이게 되고 결국 광고주에게 칭찬을 들으며 고생 많았다는 이야기를 듣게 됩니다. 그러면 AE 역시도 광고주께서 고생이 많으셨다고 웃으면서 이야기를 나누는 훈훈한 자리가 펼쳐지게 되죠.

　만약 광고 캠페인으로 상을 받게 되면 이를 기점으로 광고주 쪽에서 먼저 회식 참여를 제안하기도 합니다. 그러면 AE는 광고주의 스케줄에 맞춰

회식 장소로 가게 됩니다. 초대받는 상황의 예를 들자면, 광고 캠페인이 매우 성공적이었기 때문에 광고 담당자들을 모두 초대해서 저녁을 대접하고 싶다는 말을 하거나 담당 AE들을 주축으로 저녁식사 자리가 생기는 경우가 있습니다. 이럴 때는 광고주와 함께하는 저녁식사라서 대부분 긴장하는 편입니다.

저도 신입 시절 담당했던 광고 캠페인이 큰 상을 받게 되어서 모두 함께 광고주의 저녁식사에 초대되었던 추억이 떠오릅니다. 광고주분들은 10명 남짓, 광고대행사의 인원은 15명쯤 되었던 것 같습니다. 광고 제작팀까지 모두 불렀으니까요. 광고 캠페인을 진행하라고 하셨던 광고주의 상무님은 저희의 광고 성과를 계기로 본사에 발령이 났다며 기뻐하셨고, 광고 캠페인에 대한 감회를 밝히시며 모두에게 건배 제의를 했습니다. 광고회사의 담당 AE는 기뻐하며 분위기를 더 좋게 만들어주었고 떠들썩하게 박수를 치며 자리를 즐겼습니다. 제작팀으로서는 처음 보는 광고주의 모습이었기에 반갑게 인사를 나누고 웃으며 식사를 시작했죠.

처음 분위기는 화기애애하고 좋았지만 시간이 지날수록 조금씩 어색해질 수밖에 없었습니다. 그래도 광고주들과 함께하는 식사 자리인데, 행여 실수는 하지 않을까, 말에는 흐트러짐이 없을까 고민하기 시작한 것입니다. 신입인 저는 광고주의 모든 이야기들에 웃으며 대답하고 때로 추임새를 넣으며 분위기를 살리려 노력했던 기억이 납니다. 이런 광고주와의 저녁식사는 이후에도 여러 번 있었습니다. 그런 과정에서 정말 가까워진 광고주도 있었고, 혹은 매너 없는 말과 행동에 약간의 상처를 받았던 자리도 있습니다. 어쨌든 광고주도 광고회사의 담당자도 모두 사람입니다. 서로 소통을 통해 더 효율적으로, 좋은 성과를 내기 위해서 최선을 다합니다. 재미 삼아 한 가지 덧붙이자면, 광고회사 입장에서 광고주는 시어머니처럼 생각되는 느낌이 있어 공통점을 한번 뽑아봤습니다.

❋ 광고주와 시어머니의 공통점

1 좋은 분인 것을 알지만 항상 만나면 긴장되고 마음이 편치 않다.

2 그분이 낳아준 광고 예산과 브랜드, 제품은 너무 좋지만 막상 광고 목표는 언제나 어렵다.

3 참 좋은 관계 같지만 조금만 실수하면 눈치가 보이고 뜨끔한다.

4 광고회사 담당으로서 업무가 늦어지거나 착오가 생기면 걱정되고 긴장된다.

5 성공적인 결과물을 낳았을 때 행복해하시는 것을 보면 함께 기쁜 마음이 든다.

6 가끔 힘들 때마다 진심으로 걱정과 위로를 해주고 도움도 주신다.

7 좋은 광고주에 대한 소문을 들으면 정말 훌륭해서 과연 그런 광고주가 계시는지 궁금해하기도 한다.

8 비슷한 처지의 광고대행사 사람들과 광고주 이야기로 시간 가는 줄 모를 정도로 대화가 통한다.

9 남들이 대부분 쉬는 명절 때 광고 제안 요청이 오면 명절스트레스처럼 힘들게 느껴진다.

가장 기억에 남는 것은 외국계 회사의 광고주로부터 점심식사 초대를 받아서 함께했던 것입니다. 카피라이터로서 제작에 참여했었는데, 열심히 일해줘서 고맙다고 점심을 대접해주신 자리였습니다. 스테이크를 먹었던 걸로 기억하는데 먹다가 중간에 머리카락이 나왔습니다. 종업원을 불러서 이야기했더니 레스토랑 측에서 정중히 사과한 뒤 정성껏 다시 서비스를 해주셨습니다. 심지어 제 몫의 식사 비용은 받지 않고 다시 새것으로 내어 주시고 불편하게 해드렸으니 후식은 전원에게 무료로 제공해주는 것입니다. 저는 어쩐지 머쓱하여 광고주님이 드시고 싶어 하는 것으로 후식을 정했습니다. 이후 맛있는 후식까지 먹고 나오며, 점심식사를 계산하신 광고주님이 '점심은 우리가 샀지만 후식은 대리님 머리카락 발견한 것으로 사주셔서 맛있게 먹었어요' 하는 말에 모두 함께 웃음을 터뜨렸던 일화가 기억납니다. 이때를 계기로 광고주님과 더욱 친밀한 관계를 형성해 열심히 일할 수 있었던 것 같습니다.

광고는 소비자라는 사람에게 보여주기 위해 만들 듯, 광고 자체도 사람이 만들기 때문에 모든 관계는 소중하다고 생각합니다. 그것이 광고회사 내 동료와 동료 간의 관계를 넘어 광고주와 광고회사의 파트너십으로까지 이어지듯 말입니다. 기분 좋은 과정으로, 광고 제작을 할 수 있는 사이로

함께 일할 수 있는 광고주라면 저는 언제나 기쁘게 모시고 싶습니다.

❋ 광고주와의 미팅 전에 점검해야 할 사항들

1 우리가 준비한 제안서와 시안은 광고주의 미션과 목표를 달성하는 데 부합하는가?

2 오늘 설명할 제안서, 혹은 제작물은 광고주의 과제를 완벽히 해결하는 것인가?

3 광고주와의 미팅 시간에 늦지 않기 위해서 언제 출발해야 하는가?

4 제안서나 제작물은 광고주를 이해시키기에 적합한가?

5 프레젠테이션을 위한 빔프로젝트나 모니터 연결잭 등을 준비해야 하는가?

6 광고주가 보고 의문을 가질 사항이나 예상 질문은 무엇이며 답할 수 있는가?

7 오늘의 제안은 예산 안에서 실행이 가능한 것이며 스케줄상의 문제는 없는가?

8 역으로 광고주에게 질문하고 체크해봐야 할 것은 무엇이 있는가?

크리스마스의 축제를
준비하는 마음

승리와 영광의 순간을 노래하자

크리스마스는 당연 축제입니다. 크게는 전 세계적으로 축제가 열리고 작게는 가족 단위, 혹은 연인이나 친구들끼리 모여서 파티를 합니다. 이처럼 크리스마스 축제에는 남녀노소 누구나 크리스마스를 기쁘게 맞이하고 축하합니다.

또한 크리스마스는 성탄절이라고도 불립니다. 인류의 모든 죄를 용서하기 위해 이 땅에 인간으로 오신 예수님의 탄생을 기념하는 것이 본래의 의미이기 때문입니다. 이 위대한 탄생을 기쁨의 축제로 표현하는 것은 연말이라는 이슈와 맞물려 더 큰 기쁨을 나누게 합니다. 그래서 사람들은 한 해가 가는 것을 아쉬워하면서도 크리스마스가 다가오는 것은 기뻐하는 것인지 모릅니다.

그렇다면 광고회사의 큰 축제날은 언제일까요? 아마 광고주의 경쟁 P.T를 치른 뒤 광고를 수주했다는 소식을 들었을 때일 것입니다. 함께 고생했던 동료들과 긴장을 풀고 기쁨을 나눌 수 있는 행복한 날이기 때문입니다. 회사는 큰 수익을 올릴 기회가 되어 기쁘고 광고인들은 자신의 전략과 아이디어가 통했다는 것이 기쁨이 될 것입니다. 모두 환호하고 기뻐하는 순간을 맞이합니다.

경쟁 P.T 승리 소식이 들리면 경쟁 P.T를 준비한 모든 사람들이 회식을 하기도 합니다. 그동안 집에도 매일 늦게 들어갔을 것이고 때론 주말에도 피로와 스트레스를 견디며 광고 제안서와 제작물을 만들었을 모두를 회사가 격려해주기 위해 법인카드로 회식을 합니다. 콘셉트가 나오지 않는다며 팀원들을 다그치던 기획팀의 팀장님도, 카피를 쓰느라 머리가 더 빠진 것 같은 카피라이터도, 디자인 제작물에 대한 완성도를 높이기 위해서 밤낮으로 수정하며 다듬고 고생한 아트 디렉터도, 그리고 모든 제작물의 방향에 대해 날카로운 채찍질을 하던 크리에이티브 디렉터도, 모두 축제의 순간만큼은 행복한 얼굴로 그 순간을 즐기게 됩니다.

하지만 광고를 수주했다는 소식은 동시에 새로운 광고 캠페인 제작의 길이 눈앞에 열렸음을 알리는 신호이기도 합니다. 모두 밤새 회의를 하며 만든 광고 캠페인의 방향이 틀리지 않았음을 확인하는 것이며 동시에 이제 이것을 어떻게 실행할 것인가에 대한 고민이 시작됩니다. 아마도 광고주의 수정사항과 더불어 바로 실행 가능한 아이디어로 한 번 더 다듬어야 하기 때문에 여러 가지를 점검하며 실행 제안을 하게 됩니다. 막상 그러다 보면 제안서를 준비할 땐 생각지 못했던 변수들이 생기고, 될 것 같은 일들이 안 되는 경우도 허다하게 발생하기 때문에 긴장을 하게 됩니다. 그리고 여기서 생각지 못한 변수가 아닌, 일단 광고 수주를 위해 애초에 불가능한 제안을 하는 곳도 있습니다. 그런 광고회사는 없어야 하겠지만, 극단적인 경우 광고주에게 무리한 환상을 심어주며 광고를 먼저 따내고 보자는 심보로 제안하는 것입니다. 하지만 이런 것은 궁극적으로 추후 광고회사의 평판과 신뢰도에 큰 영향을 미쳐 장기적으로는 소탐대실(小貪大失)하게 되는 경우입니다.

❋ **광고 경쟁 P.T의 크리에이티브에 체크해야 할 사항들**

1 현실적으로 실현 가능한 아이디어인가?

2 예산 안에서 작업될 수 있는 것인가?

3 광고주가 준 미션과 목표를 충족시킬 수 있는 것인가?

4 우리만의 논리에 빠져서 잘못된 답을 미화시킨 것은 아닌가?

5 프레젠테이션 준비와 인쇄물 등 모든 것이 잘 갖춰져 있는가?

6 제안서의 전체적인 흐름은 매끄러우며 제작물과 잘 연결이 되는가?

7 견적서는 타당하고 합리적으로 책정되어 있는가?

광고회사는 경쟁 P.T를 위해 신중에 신중을 기하고 노력에 노력을 더합니다. 필수적으로 많은 고민과 노력을 요하게 되므로 경쟁 P.T의 결과가 좋은 날은 당연히 모두의 축제가 될 수밖에 없습니다. 광고를 준비한 사람들도, 광고회사도, 그리고 참여하지 않았지만 옆에서 지켜보는 사람들도

모두 기쁨에 박수를 칠 것입니다. 새로운 광고주, 혹은 광고 캠페인의 탄생에 기뻐하며 이를 위해 희생한 모두가 하나 되는 날. 이것은 힘들고 어려운 일이지만 광고를 만드는 광고인으로서 기쁨을 느끼게 하는 큰 힘이 아닐까 생각합니다.

이스라엘 사람들은 하나님께 '선택받은 민족'이라는 선민의식을 가지고 있었습니다. 그리고 아주 오래전부터 이 땅에는 메시아가 올 것이라 믿었습니다. 이집트의 지배를 받아야 했던 구약시대에도, 로마의 지배를 받아야 했던 신약시대에도 그들은 이 어려운 현실을 완전히 바꿔줄 하나님의 아들이 와서 모두를 구원해줄 것이라 믿고 견뎠습니다.

그들이 원하는 것은 이 땅의 통치자들을 몰아내고 자신들을 구원해줄 메시아였고, 그 메시아는 가난한 목수의 아들이라는 신분으로 초라한 마구간에서 태어났습니다. 그리고 아주 낮고 연약한 자들의 친구가 되었고 그들을 살리며 섬겼습니다. 하지만 그는 자신의 몸을 내어주어 십자가에 피 흘리며 죽는 방법으로 이 땅의 죄를 용서하였고 다시 3일 만에 부활하여 인류와 하나님 사이의 죄를 해결하였습니다. 그러한 방법으로 구원을 받을 줄은 누구도 몰랐습니다. 그것이 나를 위한 사랑이요, 희생과 용서였음을 뒤늦게 깨닫고 이를 믿는 사람은 누구나 구원을 얻을 수 있게 한 것입니다. 하지만 세상은 여전히 그가 메시아라 믿지 않는 사람들도 있습니다.

이처럼 믿음을 어디에 두는가에 따라 인생의 관점도 달라집니다. 크리스마스에 메시아가 태어남을 기뻐하는 사람들은 이러한 믿음을 기반으로 사랑과 화평에 대해서 생각하게 될 것이지만 믿지 않는 사람에게는 어떤 의미보다는 단순히 즐거운 파티만 있을 것이기 때문입니다.

　광고인들도 믿음을 어디에 두는가에 따라 경쟁 P.T를 대하는 태도가 달라집니다. 어느 제작팀의 광고인은 느낌을 믿습니다. 저 광고주는 내가 잘 안다면서 평소에 흥미가 있었던 브랜드나 제품이라면 소비자의 입장에서 분석하기 더 좋기 때문에 느낌대로 추구하고 아이디어를 뽑아냅니다. 어느 기획팀의 광고인은 철저한 분석을 중심으로 준비합니다. 광고주가 제시한 자료와 제품의 특성, 시장 상황을 확인합니다. 이를 토대로 해결해야 할 문제를 찾으려 하고 해답을 찾을 새로운 기회가 있는지 찾고 다시 또 살펴봅니다. 또한 누군가는 광고주와의 관계를 믿습니다. 벌써 몇 년째 대행을 하고 있고 관계도 좋은 상황인데 설마 안 뽑아주겠냐는 생각입니다. 그래서 오히려 광고주와 식사, 술자리, 접대를 중심으로 관계를 다지고 새로운 비즈니스 기회에 대해서 이야기를 하기도 합니다.

　이처럼 광고인들은 일의 진행에 있어서 자신의 믿음에 따라 일을 합니다. 각자마다 자신이 쌓아온 비즈니스의 경험대로 최선의 길을 추구합니다. 경쟁 P.T에서 항상 이길 수는 없지만 그래도 몇 번의 승리를 통해 자신의 방식이 옳음을 증명해 보입니다. 그리고 만약 패배한다면 부족함을 깊이 인정하기도 하고, 다른 변수와 이유들을 핑계 삼기도 합니다.

....

1 좋은 전략과 아이디어는 광고주에게 하는 진심 어린 설득이다.

2 경쟁 P.T 의뢰가 들어오면 공정한 경쟁인지 정확히 판단하는 것이 더 중요하다.

3 최대한 정보망을 이용하여 광고주의 기존 대행사와의 관계, 업계 평판을 참고한다.

4 첫 번째 순서라면 임팩트 있게, 나중 순서라면 논리적으로 준비한다.

5 혹여 결과가 좋지 않더라도 광고주에게 깊은 인상을 남겨 훗날을 기약하고 준비한 동료들도

   좋은 경험치를 얻었음에 감사한다.

6 승리했다면 승리의 이유를, 패배했다면 패배한 이유를 복기하여 다음 제안의 밑거름으로 삼는다.

7 준비하면서 부족한 점이라 생각되는 것을 꾸준히 보완한다.

광고 선배들의 조언과 경험을 토대로 정리해본 것입니다. 경쟁 P.T는 규모가 큰 만큼 참여하는 회사의 막대한 에너지가 들어가기 때문에 만약 참여하기로 마음먹었다면 성공할 수 있도록 완벽하게 준비를 해야 한다고 합니다. 그리고 이 모든 것이 광고주와 브랜드를 위한 진심 어린 설득이라는 것을 깨닫게 해주는 것이 승리의 비결이라 했습니다.

제가 좋아하는 손자병법의 구절에 이런 말이 있습니다. '패병선전 이후 구승, 승병선승 이후구전' 패배하는 병사는 먼저 싸우고 난 뒤에 이기길 바라지만 승리하는 병사는 먼저 승리할 조건을 만들고 난 뒤에 싸움을 하

여 승리한다는 말입니다. 마치 낚시를 하듯 경쟁 P.T를 많이 참여해서 그 중에 몇 개라도 걸리겠지 하는 마음으로 진행한다면 운 좋게 한두 번 얻어 걸릴 수는 있겠으나 그 외 여러 번의 패배도 거치기 마련이며 그 과정에서 팀원들은 사기가 떨어질 것이고 현업과 병행하는 소모적인 일들 때문에 의욕과 체력이 떨어질 것입니다.

경쟁 P.T는 충분한 실력을 갖춘 대행사가 회사와 꼭 맞는 브랜드, 일해 보고 싶은 광고주에게 실력으로 제안하여 경쟁사들과 진검승부를 해볼 수 있는 기회를 선택해 최선을 다해 참여한다면 좋은 성과가 있을 것이라 믿습니다. 그렇게 승리한 경쟁 P.T는 팀원들의 사기를 높여주어 무슨 일을 하든 점차 자신 있게 만들어주고 또 최선을 다해서 경쟁하면 이길 수 있을 것이라는 믿음을 쌓아주게 됩니다. 그것이 잘 반복되면 신앙처럼 견고한 믿음이 쌓이게 됩니다. 서로를 믿고 싸우며 더 큰 성취감을 맛보게 될 것입니다. 그러므로 우리에게는 믿음에 가까운 절실함이 꼭 필요합니다.

크리에이티브는
24시 연중무휴

아름다운 야경, 깊어가는 야근

크리스마스 특선 영화 하면 떠오르는 1순위는 바로 〈나 홀로 집에〉입니다. 맥컬리 컬킨 주연으로 세계적인 인기를 얻은 이 영화는 주로 크리스마스에 혼자 있는 사람이 TV를 볼 때 보기 때문에 이중적인 의미로 사용됩니다. 크리스마스에 홀로 집에 있다는 것은 그 자체로 무척이나 슬픈 일입니다. 크리스마스에 홀로 집에 있어본 사람은 알게 됩니다. 혼자 있는 이 현실이 얼마나 고독한 것인지. 365일 모태 솔로로 지냈던 사람도 크리스마스에 유독 큰 외로움을 느끼는 것은 바로 상대적인 고독 때문입니다. 모두가 기쁜 얼굴로 들떠 있고 세상이 행복해 보이는데, 그것에 대비되는 자신의 외롭고 초라한 모습이 상대적으로 더 크게 와닿는 까닭입니다. 광고회사에서도 〈나 홀로 집에〉와 같은 기분으로 광고를 만들 때가 더러 있습니다.

가장 대표적인 경우는 명절, 공휴일, 혹은 크리스마스에 일을 해야 하는 경우입니다. 모두가 크리스마스를 가족과 함께하거나 연인과 즐기고 있을 때도 급히 제작되어야 하는 광고물의 일정이 있다면 어쩔 수 없이 사무실에 나와서 광고를 만들거나 카피를 쓸 때가 있습니다. 이런 때는 아무리 평소에 하는 일이라지만 상대적인 허전함과 상실감이 밀려듭니다. 물론 광고업을 무척 사랑하는 분들은 그것 역시 대수롭지 않게 생각할 수 있겠지만 가족과 친구, 연인이 있는 대부분의 사람들은 그렇지 않을 것이니까요. 이런 경우가 꼭 공휴일에만 있는 것은 아닙니다. 오랫동안 기다려왔던 약속이 있는 주말에 갑작스레 업무가 발생하는 경우도 있습니다. 갑작스러운 광고주의 요청이나 미뤄져서 어쩔 수 없이 닥쳐온 광고 제작물 작업으로 인해 회사에 나오는 경우가 그렇습니다. 이런 일들이 반복되면서 연차가 쌓여가면 광고는 점점 더 능숙해질 수 있을지 모릅니다. 하지만 돌아보면 친구들의 모임에도 자주 나가지 못해서 어색해진 자신을 깨닫게 되거나 가족에게 소홀해져서 미안함이 쌓여가는 경우가 많아질 것입니다. 광고회사를 다닌다는 것은 어쩌면 고독한 인생이 되는 것인지도 모를 일입니다.

크리스마스와 같은 크리에이티브를 만나는 과정이 항상 즐거운 일만 있는 것은 아닙니다. 그리고 열심히 일한다고 해서 탁! 답이 나오는 것도 아닙니다. 때로는 악몽처럼 일에 매달릴 때도 있습니다. 일을 하고 밤이 깊어갈수록 크리에이티브한 아이디어가 나오지 않아 일에 진척이 없을 때 고민이 많아질 수도 있습니다. 풀릴 듯 풀리지 않는 광고에 대한 고민을 하

크리에이티브는 크리스마스처럼

다 보면 어느 순간 회사에는 아무도 없고 불을 끈 뒤에 스스로 회사 문을 닫고 보안을 걸어야 하는 날이 있습니다. 집으로 떠난 동료들의 책상 위에는 잠시 휴전 중인 문서들이 지원병을 기다리며 누워 있는 것처럼 느껴집니다. 때로 포화 속에 있는 것처럼 혼돈 그 자체인 책상도 보입니다.

열심히는 노력했지만 과연 이게 맞는 것인지 스스로의 결과물에 확신을 가지지 못한 채로 고민할 때 깊은 적막감을 느끼곤 합니다. 최선을 다한 시안들 중에서 A보다 B안이 더 좋기 때문에 최선을 다해 B안에 힘을 줘서 만들었더니 광고주가 허무하게 A안을 선택해버리는 경우도 가끔 허탈하기도 합니다. 하지만 이건 채택이 되었으니 그나마 나은 경우입니다. 보름 가까이 경쟁 P.T 준비를 하고 최선을 다했지만 광고를 수주하지 못한 경우가 가장 허탈합니다. 그리고 그런 때에 광고적 사춘기에 빠지기도 합니다. 과연 내가 이 일이 맞는 것일까, 앞으로 잘할 수 있을까, 무엇이 잘못되었던 것일까 고민하며 적지 않은 책임감을 느끼고 좌절하기도 합니다. 이처럼 광고회사에서 새로운 것을 창조를 한다는 것은 고독한 부담감을 기반으로 하고 있습니다.

그리고 광고인이기 이전에 직장인으로서 느낄 수밖에 없는 고독함이 있는데, 그건 바로 월급날 느끼는 감정입니다. 자동이체를 걸어놓은 월급통장은 들어오자마자 카드값으로 흩어져 쥐꼬리 같은 금액이 되는 것을 볼 때 고독해집니다. 이건 꼭 광고회사에서 일하지 않아도 모두가 느끼는 것일지 모르겠습니다.

❋ 광고인이 공허함을 느끼는 순간들
....
1 모두가 쉬는 휴일에 홀로 사무실에 나와서 일할 때.

2 야근하던 동료들이 하나둘 집에 가고 결국 나 혼자 남았을 때.

3 오랫동안 함께 일했던 동료가 이직하거나 퇴사해서 빈자리가 보일 때.

4 월급을 받았지만 통장을 확인해보니 자동이체로 빠져나가고 남은 게 없을 때.

5 광고주에게 최선을 다해 제안했지만 단박에 재미없다는 소리를 들을 때.

6 모처럼 친구나 애인과 약속을 잡아서 퇴근하려던 차에 갑자기 업무 요청이 왔을 때.

7 열심히 만든 광고 영상의 반응을 보기 위해서 댓글을 확인한 순간 악플을 봤을 때.

우리가 오늘도 야근하는 이유

광고 일을 하다 보면 후배들에게 항상 듣는 질문 중에 하나가 광고회사는 왜 그토록 야근이 많은가 하는 질문입니다. 그러면 저는 항상 이렇게 대답합니다. '창의적인 일에는 본디 답이 없기 때문에 고민이 많을 수밖에 없다. 그래서 최종적으로 답에 가까운 결과를 이끌어내기 위해서 시간이 오래 걸리게 된다'고 말이죠. 물론 광고회사에서 일하는 사람들의 크리에이티브에 대한 고민을 중점으로 이야기한 것이지만 이를 비롯하여 다른 야근의 이유를 말하자면 이와 같습니다.

1. 광고 업무가 능숙하지 않기 때문에

광고회사에 입사하면 일을 잘하지 못하기 때문에 야근을 하는 경우도 많고 더 잘하기 위해서 야근하는 경우도 많습니다. 신입사원인 경우는 대부분 일을 제대로 처리하지 못해서 발생하는 경우가 많습니다. 대리급 사수가 한 명이라도 일을 도와준다면 쉽게 처리할 수 있는 일도 이제 막 들어온 사원으로선 업무에 익숙하지 않으니 길어질 수밖에 없습니다. 누군가 한마디 조언이라도 해줬다면 하지 않아도 될 일을 책임감에 사로잡혀 답답한 방식으로 끙끙거리며 처리하기도 합니다.

광고 업무는 효율성과 판단 능력이 야근을 줄여주게 됩니다. 이것을 위해서는 경험 많은 선배의 조언이 가장 효과적일 것입니다. 그러다가 연차가 높아지면서 경험을 통해 능숙해지면 자신의 업무는 스스로 효율적으로 진행할 수 있겠죠. 하지만 간혹 모두가 야근하는 분위기의 회사라면 눈치를 보느라 일이 없는데도 야근을 하거나 습관적으로 야근을 지속하기도 합니다. 그 분위기라는 것은 회사마다 다르기 때문에 이런 야근을 해야 하는 상황은 참으로 안쓰럽습니다.

2. 광고주의 갑작스러운 요청으로 인해

광고를 제작하는 것에는 늘 일정이 있습니다. 이건 비즈니스적으로 대단히 중요한 일입니다. 중요한 미팅이 생기기도 하고 때로 광고안이 컨펌되지 않아서 다시 회의를 거듭하고 작업하기도 합니다. 그리 급한 일이 아니었는데도 광고주의 내부 사정으로 인해서 광고 컨펌이 연기되었다가 뒤늦게 부랴부랴 수정사항이 돌아오기도 합니다. 퇴근할 즈음 광고주가 전화를 걸어서 작업을 요청하기도 합니다. 그러다 보면 개인적인 스케줄을 잡았다 할지라도 결국 친구나 애인에게 미안하다는 전화를 하고 다시 일을 하는 경우가 발생합니다. 어쩔 수 없는 야근은 대부분 이렇게 시작됩니다.

3. 스스로가 느슨하게 일하는 경우

때론 겉으로 봐서는 판단할 수 없는 것이 크리에이티브에 대한 고민입니다. 10시간을 일해도 나오지 않는 아이디어를 누군가는 불과 1시간 만에 반짝이는 아이디어를 내는 경우가 허다합니다. 아이디어에 관련된 일은 열심히 하는 것이 본질이 아니라 결론적으로 잘해야 되는 일이기 때문입니다. 땀 흘려서 하는 육체노동이 아닌 아이디어를 짜내어 일하는 지식노동의 특성상, 눈에 보이지 않는 고민에 한없이 사로잡혀 시간을 소모하는 경우도 제법 있습니다. 따라서 광고 일을 하는 본인 스스로가 긴장감을 가져야 합니다. 몸이 야근에 익숙해져서 정시에 퇴근할 수도 있는 일을 새벽까지 끌고 가는 경우도 제법 있습니다. 습관처럼 회사에서 제공하는 저녁식사를 하고 자정이 넘으면 나오는 택시비를 활용해 집에 가려고 야근하는 경우도 생깁니다. 그리고 이것이 열심히 일하는 것처럼 보이기도 하므로 자연스레 습관이 되기도 합니다.

4. 경쟁 P.T를 앞두고 준비하는 경우

광고회사들이 한판 승부를 벌이는 경쟁 P.T는 광고주의 광고를 수주하여 일감을 가져오는 것이기에 가장 중요한 일입니다. 그리고 또 한편으로는 논리적인 기획력과 참신한 크리에이티브로 회사의 자존심을 걸고 벌이는 승부이기도 합니다. 보통은 광고주의 경쟁 P.T에 최소 3~4개의 업체가 참여하여 광고 캠페인 승부를 벌입니다. 이를 준비할 수 있는 기간은 무척 짧지만 다른 광고회사들과 경쟁하여 이기고 승리해야 하므로 혼신의 힘을 다해 많은 에너지를 소모하게 됩니다. 특히 P.T 시간은 다가오는데 정리된 전략이나 크리에이티브가 없는 상황이라면 집에 가기를 포기하고 광고 크리에이티브에 매달리게 됩니다. 물론 시간을 오래 사용한다고 더 좋은 것이 나온다는 보장은 없지만 확률은 그만큼 높아지기 때문에 어쩔 수 없이 야근과 주말 근무로 최선을 다하는 것입니다. 그러다 보면 경쟁 P.T 기간에 평일 야근은 물론이고 주말에도 회사에 나와서 일하는 것을 당연시 여기게 됩니다. 그만큼 경쟁 P.T는 광고인들의 전쟁이라고 설명할 수 있을 정도로 중요합니다.

광고의 결과물만 놓고 보면 광고인이란 참 재미있는 직업이구나 생각하겠지만 그 과정이 결코 만만치 않은 직업이라는 것은 경험해보면 알게 됩니다. 늘 머릿속에는 해야 할 일들과 크리에이티브에 대한 고민이 떠나지 않아서 회사에서도 고민을 해야 하고, 집에서도 피곤한 게 일상입니다. 광고 아이디어를 내는 것에 흥미가 있고 적성에 맞는 경우는 괜찮지만, 그렇지 않은 경우에는 직업적 혼란이 생겨서 회사를 오래 다니지 못하고 관두거나 다른 직종으로 이직하기도 합니다.

그럼에도 한 가지는 말하고 싶습니다. 광고가 좋고, 광고 크리에이티브를 만드는 일에서 재미와 보람을 느낀다면, 그것 하나로도 당신은 충분히 광고인이 될 자질이 있는 것입니다. 적어도 즐거운 일은 오랜 경험과 노력이 합쳐지면 더 잘하게 되는 것이니까요. 조금 더 끈기를 가지고 노력한다면 언젠가 당신도 크리스마스처럼 행복한 크리에이티브를 만들고 있을지 모릅니다.

광고인의 간식과 야근에 관하여

크리스마스가 되면 수많은 사람들이 케이크를 사들고 집으로 향합니다. 여기에 커피나 차를 곁들이면 아주 훌륭한 크리스마스 간식이 되죠. 눈 내리는 창가에서 가족, 혹은 연인과 함께 예쁜 케이크에 불을 붙이고 끄는 것만으로도 행복한 크리스마스를 보내는 것이 될 수 있습니다.

광고회사에서도 아이디어에 쫓기거나 힘이 들 때는 커피와 케이크 같은 간식을 먹습니다. 광고인들에게 어쩌면 커피는 자동차로 치면 기름과 같다고 말할 수 있습니다. 우린 커피를 마신 만큼 정신적으로 각성하게 되고 졸음을 깨고 맑은 정신으로 일을 할 수 있습니다. 아마 누군가는 커피가 아니라 술이라고 할 수도 있습니다만 개인적으로는 커피가 우리의 일상에 더 밀접하게 함께한다고 생각합니다. 특히나 여성의 비율이 다른 직종보다 높은 광고회사의 경우에는 더더욱 그렇습니다. 사회생활이 고된 이들에게 커피와 달콤한 케이크 한 조각은 천상의 위로와 휴식을 가져다줄 것이 분명합니다. 그리고 잠시나마 재미있게 수다를 떨어줄 마음 맞는 직장 동료가 맞은편에 있다면 완벽하겠지요.

저도 커피를 정말 좋아합니다. 다녔던 회사 중에는 바리스타가 있어서 매일 그분이 만들어준 아메리카노와 라테로 하루하루를 보내기도 했습니다. 커피 이야기를 하니 아주 오래전 광고회사를 배경으로 한 한국영화 〈카피, 커피, 코피〉가 기억납니다. 아마도 완벽한 카피를 쓰기 위해 무수히 많은 커피를 마시며 때로는 코피를 흘린다는 말이 아닐까 싶습니다. 이 영화가 1994년도 작품이라고 하니 광고인과 커피의 상관관계는 그 이전부터 긴밀했다고 생각됩니다.

일하면서 마시는 커피 한 잔에는 우리가 고민해도 풀리지 않던 문제의 해답이 스며 있기도 하고 긴 시간 일하느라 집중력이 흩어질 때 초점을 모아주기도 합니다. 나른한 오후에 졸음이 쏟아진다거나 절대로 졸면 안 되는 회의를 앞두고 긴장될 때 도움이 되기도 합니다. 비단 광고인들뿐만 아

크리에이티브는 크리스마스처럼

니라 직장인이라면 누구나 공감하고 필요로 하는 상황일 것입니다. 그렇기 때문에 맛있는 커피 한 잔이 가져다주는 행복은 일상의 어떤 것과도 바꿀 수 없는 소중한 것입니다. 이것은 힘든 아이디어 회의를 위한 위로이기도 하고 편안한 휴식이기도 합니다. 또한 무언가 속상한 일이 생겼을 때, 며칠을 열심히 준비한 제안서가 떨어졌을 때, 한없이 자신의 존재가 작고 약하게 느껴질 때, 몸과 맘이 지쳐서 힘이 없을 때 케이크와 커피가 주는 위안은 광고인에게 큰 에너지입니다. 여름날의 열기를 식혀주는 아이스 아메리카노, 추운 가을과 겨울에 우리의 손과 마음을 녹여주는 따뜻한 라테 한 잔이 얼마나 힘이 되는지 모릅니다. 언제 마셔도, 어떤 때에 마셔도 커피는 진리입니다.

커피 이외에 광고인들이 좋아하는 간식은 어떤 것이 더 있을까요? 저의 경우에는 아몬드, 호두, 땅콩과 같은 견과류가 큰 힘이 됩니다. 생각을 곱씹는다는 말처럼 뭔가를 씹을 때 차분해지고 머리가 맑아지는 편입니다. 그래서 아이디어가 잘 나오지 않아서 답답할 때는 호두나 아몬드를 놓고 씹으면서 생각을 풀어나가기도 합니다. 그러다 보면 어느덧 생각이 잘 정리되고 좋은 아이디어가 연결됩니다. 제 주변 동료들의 사례로 들면 초콜릿을 먹는 것도 많이 볼 수 있었습니다. 단것을 먹으면 기분이 좋아진다는 지론과 함께 언제나 책상 위, 서랍 곳곳에 달달한 간식을 잔뜩 채워놓습니다. 풀리지 않는 일에 매달려야 하거나 오후에 활력이 떨어졌을 때 주섬주섬 꺼내어 먹는 간식으로 다시 힘을 내기에 좋습니다. 초콜릿 창고가 풍성할 때는 주변 동료들에게 나눠주기도 하고 말이죠. 크리에이티브마스를 창업하고 나서는 간식을 상시적으로 준비해서 무한으로 공급하고 있습니다.

간혹 몸에 좋지 않은 습관으로 간식을 찾는 경우도 있습니다. 저희 팀원이었던 분은 강력한 각성 효과가 있는 에너지 드링크를 습관처럼 마셨습니다. 그리고 빈 캔을 책상 뒤편에 쌓아두는 습관이 있었는데 한 캔, 두 캔 마셔가던 것이 벽면을 가득 덮을 정도로 쌓였을 땐 건강이 걱정되었습니다. 아주 강력한 에너지 드링크인데 그것을 마셔야 기분이 나아진다고 하니 옆에서 보기에는 중독처럼 보이기도 했습니다. 어느 부장님의 경우 담배가 최고의 간식이었습니다. 뭔가 새로운 일을 시작하기 전에 한 개비, 점심 후에도 한 개비, 아이디어가 떠오를 듯 말 듯 할 때도 한 개비…. 이런 식으로 모든 일의 마디마다 담배타임을 가지곤 했습니다. 그로써 나름대로의 휴식과 에너지를 얻기도 하는 듯합니다.

업무 중 간식은 때로 누군가에게 없어서는 안 될 것처럼 보이기도 합니다. 광고인은 업무 특성상 일상적인 업무 분위기는 자유롭지만 때로는 마감에 쫓겨서 무리하게 일해야 할 때도 있고 불가능해 보이는 일을 창의적으로 해결해야 할 때도 많기 때문에 취미나 식습관도 특이하고 불규칙한 경우가 많습니다. 하지만 중요한 것은 어떤 꿈을 이뤘느냐가 아니라 그 꿈을 건강하게 이뤘는가에 있다고 생각합니다. 그래야 더 오래오래 즐겁게 광고를 만들 수 있기 때문입니다.

❋ 광고인의 건강에 좋지 않은 대표적 식습관
....

1 과도한 술과 습관적인 담배.

2 비만을 부르는 철야 중 야식(치킨과 피자, 족발 등).

3 늦잠을 자고 매일 아침을 거르는 습관.

4 습관일 정도로 과도한 카페인 드링크 섭취.

5 바쁜 업무로 자주 건너뛰는 식사 시간.

크리에이티브는 크리스마스처럼

첫째가 건강, 둘째가 재능

세상에서 가장 많은 사람들이 읽은 책이 성경이기 때문인지 성경을 읽고 나누는 교회에서는 성경과 관련된 난센스 퀴즈가 많습니다. 특히 구약성서는 이스라엘을 배경으로 하고 있기 때문에 이스라엘의 지명, 인물 이름으로 난센스 퀴즈들이 많습니다. 그중에 어릴 적 교회에서 인상 깊게 들었던 몇 가지 난센스 퀴즈를 소개하고 싶습니다.

"주고 또 주고 아무리 줘도 자꾸 달라고 하는 사람은? 막달라 마리아."
"손이 두 개인데도 손이 세 개라고 불리는 사람은? 삼손."
"복부 비만인 사람들이 많이 사는 이스라엘 지명은? 베들레헴."

이런 난센스 퀴즈들은 조금 유치하긴 하지만 다 같이 재미있게 즐길 수 있는 것들인데, 그중에서도 저는 베들레헴이 인상 깊었습니다. 사실 베들레헴은 이스라엘의 지명이며 예수 그리스도가 탄생한 곳입니다. 하지만 한국말로 들으면 왠지 배가 나온 사람들이 살 것 같은 느낌을 줍니다. 별 연관성 없는 이야기일지도 모르지만 광고회사에 대입해도 재미있는 이야기가 떠오릅니다.

크리에이티브가 탄생하는 곳은 광고회사입니다. 대부분 짧은 시간 안에 최고의 크리에이티브를 만들기 위해서 야근을 많이 합니다. 그 야근은 자연스럽게 야식을 부릅니다. 오랜 시간 이어지는 회의의 지루함과 야근으로 인한 피로를 벗어나고자 야식을 먹는 일이 많습니다. 그렇다 보니 연차가 쌓일수록 저녁식사와 야식을 먹는 횟수도 쌓여만 가고, 그 누적은 복부비만이 되어 돌아옵니다. 식사량을 잘 조절하고 운동을 하는 부지런한 광고인과 동료들은 그나마 날씬한 몸을 유지하지만 그렇지 않은 동료들은 매년 살이 찌고 몸무게가 늘어갑니다. 입사 초기에는 날씬했던 사람이 점차 건장한 체격으로 바뀐다거나, 앉아서 회의할 때는 스마트한 인상을 주었던 동료가 자리에서 일어나니 텔레토비의 몸매를 하고 있는 경우가 많습니다.

이처럼 크리에이티브를 위해 애쓰던 우리 광고인들은 챔피언의 타이틀처럼 뱃살을 두르기도 합니다. 크리에이티브에 대한 내공이 쌓이면 쌓일수록 우리의 복부에도 지방이 쌓여가는 것 아닐까 생각하며 스스로를 위로해봅니다. 하지만 오랜 야근의 부작용이라 느껴질 정도로 스트레스를 먹는 것으로 푸는 사람은 더욱 '배둘레햄'이 될 가능성이 높습니다. 결혼을 한 사람들 같은 경우는 그래도 조금 나은 편입니다. 연애도 못 하고 살만 늘어가면 어느 순간 자신의 삶에 대해서 한탄할 가능성이 높기 때문에 광고회사에서의 솔로들은 좀 더 자기관리에 신경을 쓰곤 합니다.

또한 오랜 광고 경력을 갖고 일하는 분들일수록 건강을 잘 챙겨야 합니다. 복부비만에서 전신비만으로 이어지고 성인병으로 이어지는 경우도 있기 때문입니다. 오랜 세월 야식으로 보내온 분들의 건강은 그다지 좋지 않습니다. 야식 메뉴는 보통 피자나 치킨같이 기름기가 많은 음식이 대부분입니다. 그래서 더욱 체중관리, 건강관리에 신경을 써야 합니다. 비만과 관련이 높은 성인병인 고혈압, 당뇨, 위 관리는 물론 경우에 따라 술을 지나치게 좋아하는 광고인은 간의 건강도 챙겨야 합니다. 광고회사에서는 심지어 술을 마시는 만큼 아이디어가 나온다고 생각하는 애주가들도 있습니다. 낮술도 아이디어의 윤활유 역할을 한다고 말하거나 심한 경우, 모든 광고 프로젝트를 술로 시작해서 술로 끝날 정도인 만큼 술을 좋아하는 분들이 있습니다.

어쩌면 이 모든 게 아이디어를 내야만 하는 이들의 고뇌가 후유증처럼 발생되는 건 아닐까 생각도 해봅니다. 야식이나 술이 아닌 다른 방법으로 조금 덜 스트레스 받는 방법을 찾는다면 좋을 것입니다. 그리고 자신의 삶을 더 풍성하게 가꿀 수 있다면 더 재미있고 오래 광고 일을 할 수 있지 않을까 생각합니다. 무라카미 하루키의 수필에서 나온 '첫째가 건강, 둘째가 재능'이라는 말은 광고라는 업에도 적용될 수 있는 것 같습니다. 좋아하는 일을 더 즐겁게 오래 할 수 있는 방법은 좋아하는 일에만 몰입하는 것이 아니라 그 일을 오래 할 수 있는 환경을 갖추는 일이라 생각합니다. 그런 의미에서 광고인들의 건강관리는 무척 중요한 일이라 할 수 있습니다.

우리가 생각해야 하는 아이디어는 결국 우리의 몸을 바탕으로 나오는 것입니다. 크리에이티브를 위해서라도 우리는 더 건강해야 합니다. 그래야 건강한 크리에이티브가 나올 수 있다고 믿습니다. 쉽게, 지치지 않고 더 즐겁게 일하기 위해, 복부 배둘레햄을 체크해보고 벗어나고 싶습니다.

고요한 밤 거룩한 밤
: 그리고 야근에 묻힌 밤

새벽은 하루가 시작되는 순간이며 새로운 날에 대한 기대감을 주는 때입니다. 광고인들에게도 새벽은 야근의 연장이기도 하지만 영감이 쏟아지는 시간이기도 하고 열정의 연장전이기도 합니다. 세상에 없던 새로운 것에 대한 도전은 고요하고 거룩한 밤에 찾아오곤 했습니다. 카피라이터로 일할 때도 동료들이 모두 떠난 새벽에 사무실에 홀로 연필을 쥐고 카피를 쓰거나 스토리를 만드는 일은 고요하고 거룩한 느낌을 주곤 했습니다. 비록 어둠에 묻혀 야근하는 밤이지만 만족스러운 결과물이 나올 때는 확고한 성취감이 느껴졌습니다.

모든 야근이 다 거룩한 것은 아닙니다. 한창 새내기 광고인일 때는 저 역시 미숙해서, 혹은 잘못된 일을 수습하느라 새벽까지 남아서 일을 하기도 했습니다. 행여 선배들에게 혼날까 봐, 혹은 광고주가 나의 서비스에 실망할까 봐 마음을 졸이며 야근을 했던 기억이 납니다. 더구나 광고회사는 기본적으로 야근이 많기 때문에 야근수당이 없습니다. 일부 좋은 광고회사에서는 있다고 하지만 그것도 제한적이거나 많은 비중을 차지하지는 않는다고 합니다. 이것을 법적으로 '포괄임금제'라고 합니다. 모든 업무의 비용이 연봉에 포괄되어 있다는 뜻입니다. 광고인은 워낙 야근이 생활화되기 때문에 이를 수당으로 충당하기에는 막대한 비용이 지불될 것이긴 합니다. 이제는 법적으로도 개선되고 있는 추세지만 아직까지 광고세계는 야근을 권하는 사회일지도 모르겠습니다.

　업무가 불규칙하게 많은 만큼 야근을 무조건 피하기란 어렵습니다. 그래서 현실적으로는 야근을 얼마나 효율적으로 다스릴 것인가가 필요하다고 생각합니다. 저도 한 명의 광고인으로서, 어쨌든 크리에이티브에 대한 완성도를 위해서 임하는 자발적이고 의욕적인 야근은 신성한 것이라 생각합니다. 자기 자신의 크리에이티브에 대한 욕심에서 기인한 야근은 더할 나위 없이 거룩한 밤이 되겠지요. 그러나 주의해야 할 것은 의미도 없이 습관적인, 강요에 의한 야근 등에 휩쓸리는 일입니다. 그렇게 되면 가장 중요한 '건강'을 잃기 쉽습니다. 체력이 좋은 신입사원 때라면 괜찮을 수도 있겠지만 매해 야근이 반복되고 쌓이게 되면 체력적으로 많이 지치게 되고, 업무 저하로 연결될 뿐만 아니라 정기적으로 병원에서 관리받아야 하는 몸이 될 수도 있습니다. 자기 몸을 자기가 잘 챙기고 돌보는 것 또한 프로의 길이라 생각이 됩니다.

　아무리 광고업에 야근이 불가결하다 하여 야근에 대해 좋게 이야기해보려 해도, 야근은 결국 효율적으로 줄이는 것만 못하단 생각입니다. 아이디어를 정복하고 다스릴 수 있게 되는 경지에 이른다면 꼭 필요한 만큼만 야근할 수 있으면 좋겠습니다. 고요한 밤, 거룩한 밤, 어둠에 묻힌 밤은 가족이 있는 집에서 편안하게 잠드는 밤이어야 합니다.

Chapter 3

크리스마스의 악몽같이 끝없는 크리에이티브

화려한 군중 속의
외로움

언젠가 TV를 보니 북극에 산타가 살고 있다는 취재 프로그램을 본 적이 있습니다. 그 추운 북극에서 1년간 착한 아이들의 데이터를 모아서 선물을 전할 곳을 정리하나 봅니다. 그러면서 문득 북극에서의 삶은 어떨까 생각해봤습니다. 가끔 세종기지의 모습이 보일 때면 호기심 어린 시선으로 바라보기도 했으니까요.

하얀 눈으로 가득한 북극의 풍경. 어렸을 때, 눈이 내리기 시작하면 거리로 뛰쳐나갔던 기억이 납니다. 막 내린 눈길은 신나게 썰매를 타는 아이들 차지였습니다. 어른들이 오면 그 놀이도 금방 끝나버려, 아쉬운 마음에 눈을 치워버리는 어른들이 밉기도 했습니다. 어른들은 곧 연탄재를 뿌리거나 눈을 치워버렸고 우리의 쓸매도 끝이 났으니까요. 어른이 된 지금은 왜 어른들이 눈길을 치우는지, 왜 눈이 오면 좋아하다가도 걱정하는지 알게 되는 나이가 되었지만 어린 시절에는 특히나 펭귄과 북극곰들이 뛰노는 북극을 동경했습니다. 그곳은 항상 겨울이면서도 깨끗해 보였고 우리의 겨울 놀이를 방해하는 어른도 없을 테니까요.

『반지의 제왕』이라는 소설로 유명한 J.R.R 톨킨은 4명의 자녀들을 위해 매년 겨울마다 북극에 사는 산타의 콘셉트로 크리스마스 카드를 보내줬다고 합니다. 아이들이 사춘기가 될 때까지 산타 할아버지의 카드를 보내서 동심과 상상력을 키워준 것이죠. 판타지 소설의 대가다우면서도 아버지로서의 따뜻한 마음이 훌륭하고 존경스러웠습니다.

광고를 하면서도 북극을 경험하는 순간이 있습니다. 가슴 시리고, 춥고, 외로운 순간이지요. 무수히 많은 고민과 어려움, 그리고 야근도 있습니다. 번뜩이는 아이디어를 내기 위해 해야 하는 수많은 한숨들, 그리고 광고업이라는 자체가 가지는 내 것이 아닌 일에 대한 아쉬움 등, 각양각색의 애로사항이 존재합니다. 광고회사에서 일하면서 어떤 것이 가장 힘들었냐고 하면 바로 '사람' 때문이라 말할 것입니다. 일 자체는 죄가 없습니다. 일은 하라고 있는 것이고 어려움을 통해 성과를 내는 것이므로 잘하려는 만큼 힘들어지는 것이 당연합니다. 하지만 쉬운 일도 어렵게 만드는 것이 바로 사람입니다. 그 사람이라는 속성 안에는 자기 방식과 고집, 경쟁심, 이기적인 생각, 자존감, 교만함, 성공에 대한 맹목적인 집착, 교묘한 말 바꾸기 등이 존재합니다. 그래서 재미있어 보이던 일도 때로는 사람 때문에 스트레스 덩어리가 되기도 하고 쉬워 보이던 일도 무척이나 돌고 돌아서 어렵게 하게 되는 경우가 있습니다. 혹은 일 자체는 누군가 해냈다 하더라도 그것으로 파생되는 이익과 명성을 다른 이가 가로채 간다는 생각을 하게 되기도 합니다. 이 모든 것이 사람 때문에 발생하는 일입니다. 사람과 사람이 일을 하기 때문에 때로 스트레스를 받기도 하는 것입니다.

눈처럼 얼어붙어버린 순간들

저 역시 광고 일을 하면서 겨울처럼 얼어붙은 시린 기억들이 있습니다. 그 기억들은 아마도 광고를 하면서 평생 잊히지 않을 것입니다. 누군가는 그런 기억을 추억이라고 하겠지만 현업에 있는 한은 그러지 못할 것 같습니다. 마음속에 얼어붙은 기억들을 몇 개 꺼내봅니다.

사회초년생으로 회사에 입사해서 인턴부터 시작했습니다. 광고회사에는 쟁쟁한 선배들이 있고, 함께 일하다 보면 감탄을 하기도 하고 마음속으로 '저분처럼 되고 싶다'는 생각이 들기도 합니다. 하지만 모두가 보이는 것처럼 친절하지만은 않았습니다. 때로 무시를 당하기도 하고, 저는 그냥 힘들고 귀찮은 일을 도맡아서 해주는 존재처럼 생각되기도 했습니다. 잘 가르쳐주지 않는 일들도 스스로 해내느라 밤을 지새운 적도 많았습니다.

"그건 당신의 일이니까 당신이 알아서 하세요."

그런 이야기도 참 많이 들었던 말 중 하나입니다. 인턴에서 사원으로 전환되고 겨우 2개월째에 들었던 이야기라서 당시에는 야속한 마음도 있었죠. 시간은 부족하고 일은 많이 몰려서 노력했음에도 혼난 기억들도 많이 있습니다. 저만의 일은 아니었던지 여자 동기들 이야기로는 화장실에 가서 울고 오는 일도 더러 있었다고 들었습니다.

아직도 잊지 못하는 것은 제가 광고회사에 막 입사해서 AE를 할 때였습니다. 그때 모 광고주의 언어폭력이 시린 기억으로 떠오르네요. 일에 서툴기도 했겠지만 그 광고주는 자신이 이른바 '갑'의 위치에 있음을 여러 채널을 통해서 의도적으로 이야기했던 기억이 납니다. 파트너십까지는 기대하지 않더라도 사회적인 존중이 필요했다는 생각은 변함이 없습니다.

"광고주가 하라면 무조건 하세요. 무슨 말이 그렇게 많아요?"
"이런 실수라면 앞으로 회사에 무릎으로 기어 들어와야죠!"
"광고주도 휴가를 안 갔는데 도대체 누가 감히 휴가를 갔나요?"

비용 대비 불가능한 요청사항이나 수정사항을 늘어놓고 오탈자만 보여도 무서운 장난을 치던 분이었습니다. 개발자가 휴가 중이라 내일 수정할 수밖에 없다는 이야기에 저렇게 험악한 말까지 들었던 것이 기억납니다. 여러 가지로 상처받았던 기억이죠. 어마어마한 비용이 걸린 큰 광고주가 아닌, 회사 차원에서는 이익이 거의 없는 적은 비용으로 광고 프로모션을 진행하는 광고주의 폭언이란 점도 더 마음이 얼어붙는 이유 중 하나였습니다. 많은 광고주분들이 스마트하고 파트너십을 중요하게 생각합니다만 간혹 그렇게 일하는 분도 있긴 했습니다. 어느 광고주가 물병을 던지며 폭언을 하여 뉴스에 떠들썩했던 사건도 문득 떠오릅니다.

어떤 사람이든 상처받지 않는 이가 어디 있을까 싶습니다. 제가 겪은 것은 오히려 작은 일이었다고 생각합니다. 어떤 어려움이나 서러움이 있어

크리에이티브는 크리스마스처럼

도 신입사원 시절에는 가슴 한편에 꿈이 있었고 앞날에 대한 믿음이 있었기에 견딜 수 있었습니다. 하지만 가끔 마음속에 얼어붙어 있던 시린 기억들이 문득문득 생각날 때가 있습니다. 그럴 때는 따뜻하고 감동적이었던 광고주와의 일들을 떠올려보곤 합니다. 진심으로 같이 고민해주고 선물을 전해줬던 분도, 함께 식사를 하며 고생을 알아주고 위로해주던 분도 기억도 납니다. 마음의 상처도, 속상했던 기억도 지나고 나면 성장통이었다는 생각이 듭니다. 한동안은 시린 가슴으로 하소연도 해보고 스스로에게 문제가 있는 건 아닐까 고민도 해봤지만 몇 해가 지나면서 저의 역할도 바뀌게 되었고, 후배 사원들을 챙기기 시작하면서 이해되는 부분들도 생겼습니다. 그리고 경력이 쌓이면서 창업을 하고, 더 좋은 문화를 고민하고 만들어가면서 제 기억 속 북극의 얼음이 녹아갑니다.

광고회사, 접대의 끝은 어디인가

크리스마스 파티에서 쓰는 액세서리 중 빨간 코 장식이 있습니다. 빨갛고 동그란 스펀지에 칼집을 낸 이것은 사람의 코에 끼우기 좋습니다. 빨간 코에 고깔모자를 쓰고, 케이크에 촛불을 켜는 것으로 파티가 시작되기도 합니다. 이렇게 파티를 할 때 우스꽝스럽지만 즐거운 기분을 만들어주는 빨간 코 액세서리는 즐거운 자리에 좋은 소품이 되기도 합니다.

그러나 빨간 코 장식은 꼭 누군가 코에 끼워서 볼 수 있는 것만은 아닙니다. 때때로 광고주와의 저녁식사에서 술자리가 이어지게 될 때면 누군가는 액세서리 없이도 술에 취해 빨간 코로 변하기도 합니다. 광고 업무를 진행하면서 AE는 광고주와 소통할 일이 많기 때문에 한번씩 식사 기회를 갖는데, 광고 역시 비즈니스의 현장이기 때문에 사람 대 사람의 정서적 연결이 매우 중요합니다. 보기에 따라서 그 자리는 접대가 되기도 하고 그냥 간편한 인사를 나누는 식사 자리가 되기도 합니다. 이 상황을 결정하는 것은 광고회사를 경영하는 CEO의 판단에 의해 좌우됩니다. 광고회사의 경영철학과도 같은 것이죠. 제가 다녔던 광고회사의 대부분은 접대가 아닌 실력으로 승부를 보는 곳들이었습니다. 하지만 주변 광고회사들의 이야기를 들어보면 참으로 다양한 광고주 접대 이야기가 들려옵니다. 더러 소문에는 정말일까 의심도 되는 경우가 많습니다. 회사마다 접대의 기준이 다르기 때문이겠고 광고주가 생각하는 것에 따라 다를 것입니다.

과거에 제가 들었던 심각한 광고주 접대 괴담은 바로 이러한 이야기들이었습니다. 주로 광고주와 커뮤니케이션해야 하는 AE 쪽에서 들은 이야기입니다. 새벽에 자고 있는데 광고주가 전화를 해서 술집으로 불러내는 경우가 있었다고 합니다. 이것은 바로 본인들의 술값을 대신 내라는 행위라고 합니다. 그렇게 몇 번씩 불려 다니는 경우가 있다고 하더군요. 또는 노골적으로 접대를 요구해서 이에 응해야 하는 경우도 있다고 합니다. 이런 경우는 갑이라는 역할을 남용하여 생기는 일이라 생각됩니다. 그 외에도 업무상 발생하는 광고 비용 후려치기, 혹은 스케줄에 압박을 가하며 무리한 업무 요구하기, 폭언이나 희롱에 가까운 말하기, 잘못된 지시를 하고도 결과에 따른 책임을 회피하기 등 다양한 일이 발생한다고 합니다. 하지만 이런 경우의 대부분은 광고주 담당자들이 어떤 직업윤리로 일하는가의 차이라 생각됩니다.

최근엔 광고주들의 기업윤리에 대한 기준이 높아졌을 뿐만 아니라 김영

크리에이티브는 크리스마스처럼

란법 실시 이후로 많이 개선되었는데, 회사마다 접대에 대한 가이드가 다르지만 일반적인 접대의 상황에 대해서 살펴보겠습니다.

1. 광고주 내부 지침으로 인해 아무것도 받을 수 없는 경우

간단한 식사나 간식, 명절 선물을 보내도 거절하는 경우입니다. 아주 사소한 것이지만 받아서 문제가 발생할 수 있다고 판단되는 경우에는 어떤 것도 받지 않는 식입니다. 앞선 사례처럼 부담스럽거나 부도덕한 경우로 연결되는 것을 애초에 차단하기 때문에 좋다고 생각되지만 때로는 너무 엄격한 가이드에 따른 원칙만 지키게 되면 담당자끼리 좀처럼 편안하게 이야기를 나누거나 마음과 정성을 표현하는 데 한계가 있을 수 있다는 단점도 존재합니다.

2. 담당자와 가볍게 점심을 함께 먹거나 차를 마시는 경우

서로 부담 없는 자리에서 업무에 대해 효율적으로 대화할 수 있기에 대부분 이 정도로 자리를 만드는 것이 보통입니다. 늦은 오후 시간에 미팅으로 광고주를 방문할 때는 커피를 준비하거나 간단한 케이크를 사가기도 합니다. 역시 과도하지 않은 범위 내에서 이뤄지는 것들이고 제가 생각할 때 가장 일반적인 경우라 할 수 있습니다. 주거나 받아서 대가를 바라지 않는 것이 접대의 기준이 되어야 하지 않을까 합니다.

3. 오히려 광고주가 광고회사에 대접을 하는 경우

바로 광고회사에서 기대 이상의 성과를 만들어 매출을 높이거나 성공적인 캠페인 사례를 만들어준 것에 감사하는 경우입니다. 이런 때는 광고주를 위해서 최선을 다해준 광고회사 담당자 및 광고제작팀에게 저녁식사를 제공하거나 피자 등을 배달해주기도 합니다. 혹은 자사의 제품을 광고회사에 보내어 샘플로 맛보거나 사용하도록 제공해주기도 합니다. 광고회사 입장에서는 광고주가 격려를 해주는 것에 대해 무척 감사하게 생각합니다. 같은 회사는 아니지만 같은 고민을 하고 같이 제품의 판매를 위해 노력하는 파트너이므로 이에 대한 동질감과 열정이 상승하게 되어 있습니다. 서로에게 느낀 고마움은 각자의 일에서 더 좋은 퍼포먼스로 드러나기도 합니다. 여러 번 이야기하지만 광고는 사람이 만들기 때문입니다.

한때 사회적으로 논란이 끊이지 않았던 '갑질'과 그로 인한 폐해가 뉴스에도 심심찮게 등장하곤 했습니다. 어쩌면 광고회사만큼 갑과 을의 구분이 명확한 곳도 없을 것입니다. 하지만 그럼에도 불구하고 광고주와 광고회사는 더욱 긴밀하게 호흡을 맞춰야 합니다. 광고주는 광고회사를 진정한 파트너로 인식하고 광고회사는 광고주의 마케팅과 제품에 대해 더 큰 애정을 가지고 업무에 임할 때 성공적인 광고가 만들어진다고 생각합니다. 그리고 이를 이루기 위한 가장 좋은 해답은 광고회사가 가지고 있습니다. 그것은 바로 광고주가 흡족할 만큼 놀랍고 멋진 광고 크리에이티브를 선사하는 것입니다.

한 번 더 강조하지만, 광고회사가 할 수 있는 최고의 접대는 바로 최고의 광고를 만드는 것입니다. 그리고 진심으로 서로 소통한다면 인간적인 부분에 있어서도 서로를 존중하게 될 것입니다.

스크루지식 광고비 삭감

크리스마스가 되면 기념일의 기대감을 마케팅으로 활용한 세일이 대거 열리기도 합니다. 사람들도 다양한 선물을 사기 위해 줄을 잇게 되죠. 세일 은 소비자들을 즐겁게 해주고 동시에 백화점 매출을 높일 수 있어서 좋을 것입니다. 하지만 소비자들이 세일을 하고 있는 백화점을 상대로 무조건 적인 할인을 강요한다면 어떻게 될까요? 할인도 나름이라서 어느 정도는 더 네고(negotiation)를 해줄지도 모릅니다만 지나치게 할인을 강요하면 아마 판매하지 않겠다는 말을 듣게 될 것입니다. 소비자는 왕이고 절대적인 갑 이라고 할 수 있지만, 그래도 판매하는 쪽의 입장도 생각을 해줘야 할 것 입니다.

앞서 예시에서 광고 서비스를 판매하는 쪽을 백화점이라고 하면 소비자 가 광고주라고 생각할 수 있을 것입니다. 광고 제안이 채택되어 광고주와 본격적으로 일을 시작할 때 전체 비용이 정리된 견적서를 전달하는데, 경 우에 따라 약간의 네고 요청이 들어오기도 합니다. 하지만 가끔 너무 많은 비용을 깎으려 할 때가 있습니다. 특별한 사정과 관계가 있는 경우 협의하 는 것이 보통이지만 이유가 없이 요청한다고 느껴질 때는 향후 제작될 광 고 캠페인의 품질에 지장이 생길 것 같아 걱정이 되기도 합니다. 적절한 세일이 크리스마스를 기념하고 기뻐할 수 있듯이 부당한 네고는 아이디어 를 반감시킬 수 있음도 생각해보아야 합니다.

다음은 견적서를 보고 네고를 요청하는 경우를 정리해보았습니다.

1. 광고주의 갑작스런 광고비 네고

광고회사에서 일하다 보면 AE들이 겪는 애환은 바로 광고주의 광고비 네고입니다. 광고 캠페인은 최대한 크고 다양하게 준비해달라고 하면서도 정작 이를 금액으로 환산한 광고비를 청구할 때면 비용을 네고하는 것이죠. 쿨하게 광고비를 지불하는 광고주도 분명 있지만 대체로 비용에 대해선 민감한 반응이 나오기 마련입니다. 처음에는 서비스 차원에서 네고해주기도 하지만 이후로는 광고비 네고가 하나의 절차가 되어 당연한 듯 요구하는 경우도 있습니다. 때론 광고주의 사정을 구체적으로 설명해주며 양해를 구하는 경우도 있습니다. 그럼 그동안의 관계를 고려하여 광고회사에서도 어떻게든 비용을 네고해보려고 노력해보기도 합니다. 하지만 갑작스럽고 이유도 불분명한 네고 요청에는 난처해지는 경우가 많습니다. 그런 식으로 막무가내로 비용을 절감하려는 광고주와의 파트너십은 아마도 오래가지 못할 가능성이 높습니다.

2. 무리한 업무 분량을 강요하는 상황

광고회사의 정당한 수익은 광고주에게 꼭 필요한 서비스를 제공하고 이를 통해서 얻는 것입니다. 노동력에 관한 것도 아이디어에 관한 것도 이를 시간과 비용으로 환산해서 청구를 하기도 합니다. 하지만 이를 무시하고 무조건적인 업무를 강요한 뒤에 이를 비용으로 청구하지 못하게 만드는 경우가 있습니다. 광고회사에서는 이 일을 하기 위해서 포기하게 된 시간들로 기회비용이 발생하는데도 말이죠. 광고회사의 자원이 인건비와 시간임에도 견적 이상의 노력과 시간을 계속적으로 요청하여 광고회사는 다른 일을 할 수가 없어서 운영에 무리가 따르기도 합니다. 처음 시작할 때

크리에이티브는 크리스마스처럼

의 광고 비용은 인력 투입 대비 적절해 보이지만 항상 그 이상의 퍼포먼스와 노동력을 과도하게 요구하기 때문이라고 합니다. 담당 AE의 말을 들어보면 시도 때도 없는 전화에, 벼락같은 업무 지시에, 스케줄대로 진행되는 일이 없어서 견딜 수 없었다고 합니다. 이런 경우는 지나친 비용 네고가 아닌 비용 대비 지나친 업무 요구라고 할 수 있겠습니다.

3. 광고회사의 지나친 견적 부풀리기

한편 광고주의 네고에만 문제가 있는 것은 아닐 것입니다. 일부 광고회사에서는 한 일보다도 더 많은 비용을 청구하여 광고주를 놀라게 하는 경우도 있습니다. 광고주 역시 다양한 광고회사들을 경험해보았을 것이고 이를 통해서 얼마만큼의 비용이 나가는지 가늠해볼 수 있을 것인데 이를 무시하고 절대적으로 높은 비용을 청구하는 것도 문제가 될 것입니다. 이는 어디까지나 광고주의 담당자가 얼마만큼의 경험을 가지고 있는가에 따라 광고회사와 네고를 할 수 있기 때문에 이것도 능력으로 보는 광고주들이 많습니다. 이런 과정을 통해서 크리에이티브에 대한 서비스를 적정 견적의 비용으로 처리하게 될 것이기도 합니다. 이에 광고주 담당자분들도 견적에 대한 상세 내용을 살펴보아야 하며 과도한 범위가 있다면 협의해 나가야 할 것입니다.

4. 일부 광고주의 습관적인 단가 후려치기

아무리 유명한 브랜드의 광고주라고 해도 터무니없이 낮은 견적을 요청해서 이를 대행하려는 회사가 곤란해지기도 합니다. 이런 경우에는 작은 규모의 광고회사가 광고의 포트폴리오를 만들기 위해서 적은 수익을 감수하고 광고 캠페인 집행을 하는 경우도 더러 있습니다. 이런 경우 광고대행사가 크게 성장하면 아마도 이렇게 적은 비용을 받고 일했던 광고주를 가장 1순위로 드롭할 가능성이 높아집니다. 결국 광고회사도 수익을 내야 하는 조직이기 때문에 자연스럽게 그런 결정을 하는 것입니다. 그래서 일한 만큼의 비용을 지불하는 것은 언제나 좋은 광고 크리에이티브 서비스를 제공받을 수 있는 가장 좋은 길입니다. 이런 법칙은 음식점이든, 백화점이든 어떤 곳에서도 보편적으로 적용되는 진리입니다. 비싼 만큼 좋은 서비스를 받게 되는 것은 광고회사도 마찬가지입니다. 비싸지만 서비스가 형편없을 경우 손님은 다시 그곳에 가지 않는 것처럼 광고주의 기준도 같을 것입니다. 때문에 광고회사는 최고의 서비스를 준비하여 그에 맞는 비용을 청구해야 하고, 광고주 역시 이를 가늠하여 정당한 대가를 지불하는 것이 가장 이상적인 형태의 크리에이티브 세일이라 할 수 있겠습니다.

광고회사를 다니면서 이러한 분쟁이 제법 있었습니다. 좋은 광고는 파트너십에 의해서 이뤄진다고 생각하며 그 시작은 적정한 견적에 있다고 봅니다.

탁월한 광고주를 연속해서 대행하는 경우에는 광고회사에서 다양한 서비스를 제공하기도 합니다. 견적도 일정 부분 서비스를 해주기도 하고요. 이러한 관계를 만들어나갈 수 있는 좋은 광고주와 광고회사 간의 파트너십이 있다면 멋진 광고 캠페인이 탄생하는 것은 아마도 시간문제일 것입니다.

어디론가 떠나는 광고인들

　업무가 몰릴 때의 광고인들의 모습을 보면 목자와 같다는 생각을 합니다. '양'과 같은 브랜드와 제품을 지키고 돌보는 '목자'처럼 광고인들은 업무에 대한 책임감, 아이디어에 대한 부담으로 양 틈에 껴서 새우잠을 자는 모습과 묘하게 닮아 있다고 느껴서입니다. 늦은 시간까지 회사에 남아 일하는 모습, 언제 어디서라도 광고주 혹은 팀장님이나 이사님이 부르면 회사로 출동하는 모습, 나오지 않는 아이디어를 마치 잃어버린 양을 찾듯이 헤매는 모습이 그렇습니다. 이렇게 여러 해를 일하다 보면 직업적으로 진로에 대한 고민에 잠기기도 합니다.

　광고업은 좋아서 해야 하는 일이어야 합니다. 그렇지 않으면 긴장감과 순발력이 기반되어야 하는 업무의 반복 속에서 더 빨리 지치고 힘들어질 수밖에 없으며 대기업에 취업했다는 친구의 연봉과 인센티브, 일찍 귀가하고, 주말엔 여가를 즐기는 등 다른 사람의 근무환경들이 마냥 부러워지곤 합니다. 그러다가 결국, 내가 생각했던 광고인의 모습은 이게 아닌데 하는 생각을 하게 될 수 있기 때문입니다. 사실 영화나 드라마에서 광고인들은 세련되고 멋지게 자신의 일을 착착 처리하는 프로의 모습으로 보입니다. 이렇게 환상에 도취되어 광고인이 된 경우에는 성취감보다는 그저 현실이 힘들게만 느껴지기에 나는 과연 광고에 맞는 사람인지 심각하게 고민하기도 합니다. 그리고 이런 고민이 피로감과 쌓이고 쌓여 결국 진로를 틀어서 다른 길을 가기도 합니다.

　저는 여기서 대학생 연합 광고 동아리 '애드파워'에서 활동할 때 이야기를 하고 싶습니다. 그때 제 나이는 26살이었고 군대를 전역한 후였습니다. 광고에 대한 열정과 간절함이 깊었던 때였습니다. 학교에서 하는 광고 동아리 활동은 물론이고 대기업에서 대학생들을 대상으로 진행하는 대학생 마케터 활동과 광고회사 인턴십 프로그램 등 어떤 일이든 광고인이 되기 위한 과정이라면 무엇도 해낼 수 있었고 광고가 전부였던 시간이었습니다. 한마디로 광고인이 되기 위해 몸부림쳤던 시기였습니다.

당시 K기업에서 진행했던 마케팅스쿨 수업을 지원해서 듣고 있었는데 강사님이 대한민국 최초의 대학생 연합광고동아리를 만드신 '고(故) 정인보(정재윤)'라는 분이었습니다. 존경하는 그분이 대학생 때 만드신 광고동아리라는 호기심에 계속 정보를 알아보다가 결국 그곳에서 제 대학생 시절의 마지막 열정을 태워보기로 마음먹었습니다.

뒤늦게 새내기가 된 만큼 한참 어린 동기와 선배들과의 관계가 쉽지 않았지만 광고인이 되려는 생각이 무엇보다 강했기 때문에 첫 자기소개 때 선배들 앞에서 무릎을 꿇고는, 나이를 초월해 겸손하게 광고를 배우고 활동하겠다며 다짐했던 기억도 납니다. 아무튼 그렇게 시작된 동아리생활에서 많은 자극을 받고 배우기도 하면서 2년간의 시간을 지냈습니다. 잊지 못할 추억과 기쁨도 있었습니다. 그 당시 어린 동기들은 저처럼 나이 든 오빠, 형이 있다는 것이 제법 든든했나 봅니다. 이런저런 이야기들을 호기심 있게 듣기도 하고 광고와 적성, 그리고 진로에 대한 상담을 요청하는 친구들도 있었지요.

지금도 그렇지만 애드파워 첫 학기에는 무시무시한 경쟁 P.T가 전통으로 내려오고 있습니다. 광고인들이 프레젠테이션을 하듯 광고 과제에 맞춰서 자신의 팀이 준비한 광고 제안과 제작물을 발표하는 자리였습니다. 오랜 역사와 전통을 이어온 광고 동아리답게 기업에서 후원을 해주어 상금도 있었고 광고주 담당자도 평가 자리에 참석하여 각각 팀의 발표에 피드백을 주기도 했습니다.

크리에이티브는 크리스마스처럼

그 정도로 격식이 갖춰진 자리였기에 모두가 준비하면서 부담이 컸던 것도 사실이고 아직 광고를 알아가는 중이었기 때문에 지식적으로나 경험적으로 부족해서 힘들고 막막하기도 했습니다. 잘하고 싶은 맘에 모두 한번 모이면 집에 들어가지도 않고 밤샘회의를 하곤 했습니다. 중간고사 기간과 겹치기도 했지만 학점보다는 경쟁 P.T가 중요하다는 생각에 모든 에너지를 쏟아내는 시간이었습니다. 물론 가끔은 아이디어가 잘 나오지 않는다는 핑계로 같이 놀면서 시간을 보내기도 했죠.

하지만 시간이 지날수록 불안해지는 마음은 점점 커지고 서로 예민해지다 보니 팀원들과 다투게 되기도 했습니다. 그리고 마침내 대망의 발표날. 모든 팀이 한자리에 모이고 현업의 기라성 같은 선배들이 와서 날카로운 질문을 쏟아내니 모두가 안절부절 끙끙거리며 발표를 마쳤죠. 그리고 결과 발표. 최선을 다했지만 아쉬운 생각도 들고 상을 받지 못해 우울한 기분이 감돌기도 했습니다. 아마도 이런 경험을 통해 광고라는 환상을 벗겨내고 광고업의 실체를 이해하게 되지 않았을까 싶습니다.

경쟁 P.T가 끝나자 많은 친구들이 동아리를 떠났습니다. 자신이 생각한 것과 다른 차원의 어려움을 경험했기 때문에, 학업에 충실하고 싶다는 이유로, 그리고 광고에 맞지 않는 것 같다는 이유들로 동아리를 떠나갔습니다. 그중 대부분은 대학교 1학년 신입생 시절, 광고에 환상을 품고 동아리에 왔다가 치열하고 막막한 실체를 마주하자 자신이 없어진 이들도 있었을 것입니다. 최선을 다해도 1등이 아니면 아이디어를 만들고, 제안서를 작성하고, 프레젠테이션을 하는 일련의 과정이 아무것도 아니게 되어버리는 승자독식의 현실이 삭막하고 두렵게 느껴졌을 수도 있습니다. 하지만 이 경험조차도 매우 고마워했던 친구들이 기억납니다. 미리 경험해본 작은 광고회사처럼 노력해본 시간들이 이것이 내길은 아니구나 하는 것을 정확히 알려주었다는 것에 말이지요. 동아리를 떠나는 건 아쉬운 일이지만 자신의 진로를 선택하는 데 도움이 되어 다행인 것입니다. 제게도 무척이나 큰 경험이었고 저의 부족함에 대해서 깊이 돌아볼 수 있는 중요한 시간이었습니다.

애드파워는 광고회사에 다니는 선배들이 토요일마다 스터디를 해주러 오면 야근과 스트레스에 대해서도 한결같이 이야기를 들려주었고, 모두가 겪는 어려움에 대해 진솔한 이야기를 들을 때면 광고업이라는 것에 위축이 되었던 것도 사실입니다. 하지만 그것을 넘어 정말 광고를 잘해보고 싶다는 의지가 생기게 된 시간이었고 직접 경험해보지 않고는 정확히 알 수 없는 것이 광고라는 것을 깨닫게 되었습니다. 현재의 후배들도 같은 시스템 안에서 노력하고 울고 웃으며 진로에 대해 고민하고, 또한 일부는 동아리를 떠나기도 하지만 과거의 부족하고 절실하기만 했던 제 모습을 떠올리며 선배로서 최대한 후배들을 도와주고 싶은 마음으로 지내고 있습니다.

동아리에서 겪은 일만으로 광고회사의 어려움을 경험했다고 볼 수는 없습니다. 왜냐하면 어느 회사에서 어떤 광고 일을 하는지, 업무환경은 어떠한지, 동료들과 호흡이 잘 맞는지, 나의 역할이 적합한 것인지 등에 따라 체감되는 어려움이 다르기 때문입니다. 그래서 열심히 해봐야 제대로 알 수 있는 것이 바로 광고업이라 생각합니다. 하지만 실제로 광고회사 신입사원들이 어려움을 겪고 있으며 많은 이들이 퇴사, 혹은 이직을 하고 있습니다. 게다가 요즘 사회 트렌드인 워라밸(Work & Life Balance)에 아직은 부합되지 않는 업종이기도 합니다.

❋ 광고계를 떠나는 다양한 이유들
....

1 지치고 힘들고 반복되는 야근과 철야로 인해.

크리에이티브는 크리스마스처럼

2 더 나은 연봉과 혜택을 누리는 광고주가 되고 싶어서.

3 할수록 적성에 맞지 않는다는 생각이 들어서.

4 나이가 먹을수록 가족들과 보내는 시간이 중요하단 생각이 들어서.

5 오래 광고 일을 했지만 노후 준비와 커리어를 위해.

6 일은 좋지만 회사 시스템. 혹은 직장상사나 동료가 싫어서.

7 그 외에 다양한 개인 사유로 인한 선택들.

광고회사에서 일하다 보면 많은 사람들과 만나고 이별하게 됩니다. 우리의 곁을 지켜주던 든든한 동료들이 더 좋은 회사, 자신에게 맞는 회사를 찾아서 이직을 하기도 합니다. 초봉이 너무 낮아서 일하기가 힘들다며 대기업이나 금융권으로 재취업을 한 동기도 있었습니다. 또한 광고주와 대행사의 갑을관계에서 오는 스트레스를 견디지 못하고 자신도 차라리 광고주가 되겠다고 떠나는 사람도 있습니다. 적성에 맞지 않지만 열심히 해서 살아남으려고 노력했지만 결국 능력의 한계를 느끼고 업계를 떠나는 사람도 있습니다.

유독 이직이 많은 광고회사를 보고 있으면 적성이란 것이 참 중요하다는 생각을 하게 됩니다. 그리고 결국 광고란 것과 마주하고 계속 함께 갈 자신이 있는지 끊임없이 테스트를 해야 한다는 생각이 듭니다. 광고라는 업무는 결국 잘하는 사람이 해야 합니다. 잘하기 위해서 열심히 해야 합니다. 그리고 가급적 열심히 하는 동안 성취감에서 오는 즐거움이 있어야 하고 그 즐거움 속에서 실력이 축적되고 쌓여야 합니다. 그렇지 않으면 과정이 무척 힘든 직업입니다. 좋은 광고인이 되는 방법은 오늘도 주어진 일에 최선을 다해 광고를 만드는 것밖에는 없다고 느낍니다.

울면 안 돼
: 광고인은 울면 안 돼

　어떤 이들도 크리스마스에는 울면 안 된다는 사실은 기본적으로 알고 있습니다. 어릴 적부터 우리는 '울면 안 돼'라는 캐럴을 불러왔고 가사에서 말하듯 우는 아이에게는 산타 할아버지가 선물을 안 준다고 했으니까요. 하지만 때때로 광고회사에서 일하다 보면 우는 일이 벌어지기도 합니다. 신입사원 때 특히 많이 울게 되는데요, 남자 광고인인 저는 그다지 눈물 흘릴 일이 없었지만 여성 동기들에게는 우는 일이 심심치 않게 발생했다고 합니다. 특히 사회초년생 때는 무서운 상사나 깐깐한 광고주로부터 실수를 지적받았을 때 창피해서 울기도 하거나 스스로 분해서 울기도 하고, 부당한 대우를 받았을 때나 큰 오해를 받았을 때 등 여러 가지 상황에서 울었다고 합니다.

　눈물 흘리게 되는 상황들을 보면 굳이 사회초년생이 아니더라도 광고업에 몸담고 있는 한 누구나 겪을 수 있는 일인 것 같습니다. 겉으로는 울지 않았다고는 해도 속으로 우는 일이 많았을 수도 있고, 눈물의 종류는 여러 가지가 있겠습니다. 어쨌든 광고 일을 포기하지 않는 한 우리는 계속 광고를 만들게 될 것이고 기쁘든 슬프든 잊지 못할 에피소드가 계속 발생할 것입니다. 예측하기 어려운 다양한 변수들 사이에서 우리는 때로 웃고 울 수밖에 없기 때문입니다.

❄ 광고회사에서 슬픔을 털어내는 생각법

1 모든 것은 지나가리라 생각하고 마음을 반쯤 내려놓는다.

2 항상 다음 기회가 있음을 알고 지나치게 자책하지 않는다.

3 실패해도 배울 점을 찾아 스스로의 발전에 밑거름이 되도록 한다.

4 믿을 수 있는 동료에게 털어놓고 업무적으로 위로를 나눈다.

5 큰 기회를 놓쳐서 아쉬울 때는 아직 때가 아니라고 생각한다.

6 오해를 받거나 실수를 해도 진심은 통할 것이라 믿고 다시 노력한다.

7 모든 어려움은 큰 비전을 이루기 위한 과정이라고 생각한다.

8 내가 해결할 수 없는 문제는 반드시 상담과 도움을 요청한다.

지금은 광고회사의 상하관계가 예전만큼은 아니겠지만 선배들 이야기를 들어보면 정말 궂은일, 어렵고 힘든 일이 많았던 것 같습니다. 옛날 카피 인턴으로 입사해서 처음 몇 년간은 사수 앞에서 꼼짝 못했다며 카피 뽑는 일은커녕, 복사에 심부름에 문장 오탈자 검수만 수두룩하게 했다는 이야기부터 처음 신입 AE로 일할 때 선배 AE로부터 받았던 갖은 고난들, 광고주에게 큰 실수를 해서 무릎 꿇고 빌기까지 했다는 에피소드까지, 다양한 일들을 들었습니다. 이처럼 다양한 종류의 눈물 나는 일들을 겪고 지금도 현업에서 왕성하게 활동하고 계시는 분들을 보면 그때의 실수나 경험이 모두 자산이 되었다는 것을 알 수 있습니다. 어떤 일이 벌어져도 포기하지 않고 자신만의 목표를 생각하며 이겨낸다면 모든 일은 과정일 뿐이고 더 나아가 미래를 위한 자양분이 된다는 생각입니다. 그런 면에서 때로 서글퍼지고 우는 날들도 있겠지만 잘 이겨내야 하겠습니다.

또 광고 일을 하다 보면 내가 최선을 다해 만든 제안서나 광고 아이디어가 평가절하되고 무시당하는 경우도 많습니다. 자신이 낸 아이디어에 대해 확신이 생기면 누구든 자신 있게 그것을 설득해서 실행하고 싶은 욕심이 들겠지만 자기 아이디어에 갇혀 있을 가능성도 크고 아이디어의 장단점을 확실하게 구분하기 어려워 현실적인 면에서 탈락되기도 합니다. 연차가 낮을수록 자기객관화도 부족할 수밖에 없고, 설령 객관적으로 확신을 갖는다 해도 선배들에 비해서 발언권이나 아이디어를 어필할 기회가 적은 것도 사실입니다.

자신의 아이디어가 부정당하는 참담함, 말하고 싶어도 말하기 어려운 답답함. 이런 기분이 우리 광고인들을 울컥 눈물 나게 할 것입니다. 크리에이티브는 언뜻 광고를 제작하는 과정에 있어, 그리고 최종 결정권자가 상사, 혹은 광고주에게 있어 외부적인 환경 요인이 많은 영향을 미치는 것 같지만 그 환경 또한 실은 사람마다 다른 관점에 의한 것입니다. 만약 다른 사람들이 자신의 아이디어를 알아봐주지 않는다 해도 스스로 떨쳐내고 마음을 추스르려는 노력이 꽤 중요합니다. 자기 자신과의 싸움을 통해 우리는 더 성숙할 수 있습니다.

하지만 말해야 할 것은 말할 줄도 알아야 하는 법입니다. 제가 회사를 창업하고 인적관리를 하는 자리에 있다 보니 새롭게 느끼는 고충이 있습니다. 직원들은 어려움에 대해서 견디고 참기만 하지, 정작 해결을 위해서 회사나 직장 상사에게 올바로 이야기를 해주지 않는 경우가 그렇습니다. 개인의 노력과 인내는 개인의 몫이라 하겠지만 그 이상의 감당하기 힘든 일이나 조직적인 측면에서 개선이 필요할 때는 회사의 상사나 관리자에게 반드시 이야기하는 것이 좋습니다. 이 과정을 거치지 않게 되면 아쉽게도 간단한 조정을 통해서 해결될 수 있는 일들이 악화되기도 하고 개인이 감당하다 못해서 결국 퇴사하는 결론으로 향하기 때문입니다. 함께 해결하기 위해서는 지혜로운 대화가 필요하겠습니다.

눈물이 언젠가 웃음이 되듯이 우리의 하루하루가 멋지게 쌓이고 쌓여서 크리스마스처럼 기쁜 일들이 가득할 것이라는 희망적인 생각을 해봅니다.

따뜻한 위로가
필요한 순간들

이직하고 싶은 맘이 굴뚝같을 때

어떤 일이든 힘들지 않은 일은 없을 것입니다. 직장인이라면 누구나 한번쯤 사표를 쓰고 싶은 마음으로 회사를 다니게 될 때가 있습니다. 그런 마음은 광고회사를 다니면서도 갖게 되는데요, 특히 광고회사에서 일을 하다 보면 생각지 못했던 스트레스를 받기도 합니다. 한숨이 들리는 쪽으로 고개를 돌려보면 책상에 앉아 일하는 동료의 얼굴에서 초조함이 느껴질 때가 있습니다. 가끔 어떤 분은 마치 시한부 직장생활을 하듯 불안해 보이는 분도 있습니다. 일이 터진 것을 급하게 수습하기 위해 전화통화를 하는 동료의 탄식에 걱정이 되어 함께 커피를 마시면 복잡한 상황에 하소연을 늘어놓고 결론적으로 퇴사하고 싶은 마음이 굴뚝같다고 합니다.

일을 해보지 않으면 알 수 없는 복잡 미묘한 일들의 연속, 그리고 문제 해결의 릴레이. 실험적이고 새로운 것을 한다는 것은 설레는 일이지만 언제나 문제가 앞을 턱턱 가로막을 때가 많습니다. 그래서 광고업계가 이직이 잦은 것인지도 모르겠습니다. 평생직장이라는 개념이 없어진 지 오래라고는 하지만 광고 업계에서 한 회사를 오래 다니는 것은 참으로 보기 드뭅니다. 바꿔 말하면 그렇기에 광고회사는 이직이 자유롭고 또 잦은 편입니다. 그렇다면 이직은 어떤 이유로 인해 그렇게도 많이 발생하는 걸까요? 광고인의 이직을 유발시키는 스트레스를 한번 살펴보고자 합니다. 스트레스의 종류는 무수히 다양할 것이지만 크게 몇 가지로 구분할 수 있습니다.

1. 직장상사나 동료와의 여러 가지 마찰로 인해

어디나 조직생활을 한다면 내 마음에 맞는 사람들만 있는 것이 아닐 것입니다. 실력도 천차만별이고 일하는 방식과 커뮤니케이션 스타일, 스케줄 관리, 태도와 열정이 모두 제각각입니다. 그렇기 때문에 훌륭한 동료들과 마음을 맞춰 일할 수 있다는 건 분명 행복한 일일 것입니다. 보통 일이 힘들어서 이직한다기보다는 직장상사나 동료와의 마찰로 인해서 회사를 옮기는 경우가 많습니다. 예를 들어 회의를 하면 내는 아이디어마다 무엇이 문제인지 알려주지도 않으면서 그와 상관없는 인격 비하 발언을 하거나 폭언을 하는 상사가 있거나, 좋은 아이디어에 대한 욕심보다는 일을 하기 싫어서 정치적으로 생활하는 동료가 있거나, 자신의 아이디어만 살리려고 집착하거나, 일부 팀원을 차별하고 따돌리는 일들, 혹은 열심히 일한

공로를 가로채는 경우 등 예측할 수 없는 다양한 모습의 상사나 동료들이 한 광고회사에서 일하고 있을 것입니다. 혹은 낙하산으로 입사를 해서 일을 못하는 사람과 한 팀이 되는 경우도 힘이 듭니다. 하지만 이것이 꼭 광고회사만의 문제는 아닐 것입니다.

2. 광고가 나와 맞지 않는 일임을 알아도 억지로 일할 때

사람에게 일이란 궁극적으로 자아실현의 수단이어야 합니다. 광고의 반짝이고 환상적인 겉모습에 매료되어, 혹은 돈과 명예가 있는 직업이라 생각하여(꼭 그렇지는 않습니다만) 선택하고 정작 자신의 적성이나 재능은 따지지 않는 경우가 있는데, 사실 광고를 만드는 과정은 험난하기 때문에 이것을 즐길 수 있는 사람이 광고인이 되어야 합니다. 그래서 광고회사는 창의적인 일을 즐길 줄 아는 사람들이 많은 곳이어야 합니다. 기본적으로 문제를 해결하는 여정이기 때문입니다. 하지만 잘 맞는다고 생각된다면 보람도 있고 성취감도 있는 좋은 직업이라 생각합니다.

어쩌면 그렇기 때문에 대기업만 못한 연봉과 복지혜택에도 불구하고 야근을 하며 광고 쪽에서 일하는 사람들이 많은 것 같습니다. 제대로 광고를 만들어보고 싶은 사람들에게 최고의 복지제도는 어쩌면 바로 개인의 역량에 맞게 원하는 일을 할 수 있도록 해주는 것이 아닐까 생각해봅니다. 그러니 광고 일을 하면서 원치 않는 직무를 해야 하는 것처럼 고달픈 일도 없을 것이란 생각이 듭니다. 저 역시 카피라이터를 하기 위해 많은 시간을 다양한 경험 속에서 고민해왔었습니다. 돈을 아주 많이 버는 것이 목표가 아닌 이상 결국 원하는 일을 해야 즐거움과 자부심으로 행복할 수 있다는 것을 알게 되었습니다.

크리에이티브는 크리스마스처럼

3. 광고가 적성에 맞지 않는다는 것을 알았을 때

광고회사에서 일하는 사람들은 모두 멋있어 보입니다. 영화나 드라마에 나오는 광고인들은 모두 전문가다운 열정을 가지고 광고주의 문제를 해결하는 천재들 같습니다. AE가 폼나게 프레젠테이션을 하는 모습과 광고주를 설득해서 캠페인을 진두지휘하는 모습은 정말 훌륭해 보입니다. 디자이너들은 예술적인 감각을 광고에 넣으며 자신의 스타일을 드러내는 것 같고 카피라이터는 고뇌에 찬 모습으로 멋진 카피를 뽑아내어 번뜩이는 아이디어로 광고를 즐기는 듯 보입니다. 현실에서도 과연 그럴까요? 그런 모습의 이면에는 생각지 못한 문제들을 겪으며 가혹한 현실을 견뎌내는 경우가 많습니다. 영화나 드라마에서 나오는 광고인의 모습은 고통과 고뇌의 과정이 생략되어 있거나 아주 작은 일부분을 보여주고 대부분 모든 고생이 끝난 뒤의 화려한 성과와 박수갈채만 중점적으로 보여주기 때문에 문제인 것 같습니다. 많은 청소년들이 그것만 보고 광고에 대한 환상을 품게 되는 것이죠.

무슨 일이든 즐겁게 일할 수 있으려면 실력이 탄탄해야 합니다. 그리고 그것은 광고에 있어서도 마찬가지일 것입니다. 아무런 준비 없이 광고 일을 하겠다고 입사하고는 불과 1~2개월 만에 자신의 적성과 맞지 않는다고 하는 경우도 많이 보게 됩니다. 퇴사하는 이유에는 말 못할 사연들도 물론 있겠지만 적어도 광고에 대한 환상을 품고 와서 실망한 사례들이 적지 않을 것입니다.

4. 광고주와의 트러블로 인해 상처를 받은 경우

드문 경우지만 광고주에게 상처를 받고 이직을 결심하는 경우가 있습니다. 과도한 업무 스트레스를 안겨주고, 말을 바꾸기도 하고, 무리한 접대를 요구하는 광고주를 만나는 경우 받는 스트레스는 생각보다 큽니다. 거의 대부분의 광고주들이 파트너십을 중요시 생각하며 광고회사의 담당자와 일하는 반면 일부 광고주는 광고회사를 절대 '을'로 치부하며 무례한 행동을 하거나 부당한 요구를 하기도 합니다. 이런 경우는 상식적인 수준을 넘는 때가 있기에 스트레스의 정도는 매우 크다고 볼 수 있습니다. 광고회사 내부에서 담당자를 조정해주거나 부당함에 대해 이야기하기도 하지만 담당자 본인은 극단적인 경우 견디다 못해 이직을 하기도 합니다. 요즘은 과거에 비해서 서로 존중해주는 분위기, 갑질에 저항하는 사회 분위기가 생겼지만 과거엔 정말 말 못할 어려움도 많았을 것이라 생각합니다.

모든 직종에 스트레스가 있겠지만 특히 광고회사에서 일하다 보면 하루에도 몇 번씩 마음속으로 사직서를 쓰고 지우고를 반복하게 되기도 합니다. 어찌 보면 갑과 을로 나뉜 사회에서 을의 위치를 자처하며 일해야 하는 것이 광고인이기 때문에 상황에 따라 스트레스는 더욱 클 수밖에 없을 것입니다. 퇴사하고 싶은 마음이 굴뚝같지만 저마다의 이유로 참고 미루기도 합니다.

그럼에도 결국 퇴사를 하게 되었을 때, 퇴사하고 이직하는 모습들도 제각기 다릅니다. 퇴사를 하는 순간까지도 프로라는 의식을 가지고 최선을 다하는 사람이 있는 반면 마지막이니까 대충 마무리하는 사람이 있습니다. 어디서든 떠나는 사람의 뒷모습은 아름다워야 할 것이라 생각이 됩니다. 그리고 아름답게 떠난 사람에게 업계의 평판도 좋을 것이기에 이직을 하는 데 큰 도움이 될 것이라 생각합니다.

재미있는 에피소드 하나가 떠오릅니다. 지인이 광고회사에 다닐 때, 자신을 너무 힘들게 한 광고주가 있어서 이직을 했다고 합니다. 이직한 새로운 회사에서 광고를 맡게 되어 광고주 미팅에 갔는데, 그는 크게 놀라고 말았습니다. 그곳에도 자신이 싫어했던 광고주가 있었기 때문이죠. 그 광고주도 이직을 했다고 하는데 놀랍게도 광고주가 이직한 회사의 브랜드를 광고회사를 이직한 그가 담당하게 되어 다시 만나게 되었다는 것입니다. 사람의 미래는 알 수가 없는 일입니다. 마음속에 이직하고 싶은 생각이 굴뚝같아도 우선 상황을 바꿔보거나 자신의 변화를 통해서 어려움을 헤쳐 나갈 수는 없는지도 생각해볼 필요가 있겠습니다.

누구라도 이해해줬으면 하는 순간

광고의 치열함과 일이 끝난 후의 적막함을 눈보라 치는 겨울과 눈 내리고 난 후의 적막한 거리에 비교하고 싶습니다. 여러 번 언급한 것처럼 광고 일을 하게 되면 기쁨과 보람을 느끼는 상황도 있지만 반대로 왠지 속상하고 서러운 상황도 많이 생기기 때문입니다. 반복되는 야근으로 인해서 지치기도 하고 광고주의 성향마다 다른 업무 형태들을 맞춰주다 보면 피로감 또한 쌓이기 마련입니다. 게다가 직장상사나 동료와 잘 지내면 문제가 없겠지만 마찰이 생기는 경우도 있고 기질이 맞지 않는 사람들도 있으니 스트레스 받을 일들도 제법 생기죠.

이럴 때에 누군가에게 위로받고 싶은 것이 바로 광고인입니다. 말할 수 없이 억울한 일을 당했을 때 하소연도 하고 싶고 기분 나빴던 일들에 누군가의 품에 안겨 울고 싶은 날도 있습니다. 외주처에서 내 맘처럼 일해주지 않을 때는 정서적으로 지치고 다운되기도 합니다. 열심히 준비했던 경쟁 P.T에서 떨어졌다는 소식을 들었을 때, 최선을 다해서 준비한 광고 캠페인이 소비자들에게 큰 호응을 이끌어내지 못했을 때, 정말 팀워크 하나만큼은 최고라고 생각했던 동료가 이직을 해서 떠나버릴 때 등 광고를 만들다 보면 철저히 혼자라고 느껴질 때도 있을 것이고 설명할 수 없을 정도로 지칠 때도 있을 것입니다. 이런 슬럼프를 극복하는 방법은 사람마다 다릅니다. 가장 흔한 것이 바로 술을 마시면서 풀어내는 것이겠죠. 술을 마시지 않는다면 다른 방법으로 풉니다. 여행을 떠난다거나 잠을 늘어지게 자는 등 각자의 방법으로 울적한 기분을 풀어내기도 합니다.

추운 거리에 온기를 나눠주는 프리허그처럼, 광고인들이 지쳐 위로가 필요한 순간이 있습니다.

1. 체력적으로 고갈되었을 때

주로 경쟁 P.T에 대한 부담이 야근으로 이어지고 야근으로 이어진 신체적 피로는 누적이 됩니다. 그리고 P.T를 준비하면서 현업도 챙겨야 하는 것이 현실이기 때문에 체력 또한 쉽게 소진될 수 있습니다. 이런 때일수록 우선 건강관리를 잘해야 합니다. 혼자서 일하지 않는 이상 도움을 청할 누군가가 있어야 하고 인력이 없다면 요청을 해봐야 합니다. 그리고 스스로 운동을 하고 식단을 조절하는 등 건강을 위한 노력이 꾸준히 필요합니다. 어떠한 것이든 건강에 도움이 되는 것이라면 그것을 꼭 해야 합니다. 건강만큼 중요한 것은 없으니까요.

2. 정신적으로 고갈되었을 때

다른 분야도 그렇겠지만 특히 카피라이터는 정신적인 에너지를 꽉 채우지 않으면 바닥이 금방 드러나는 직업이라 생각합니다. 어떤 직무보다도 아이디어가 중요한 역할이기 때문입니다. 이를 위해서는 다양한 문화, 예술, 인문학, 다양한 콘텐츠들로 자신을 채워나가는 작업이 필요합니다. 책도 많이 읽어야 하고 영화도 많이 봐야 합니다. 과거의 광고는 통찰력과 아이디어를 표현하는 것으로만 완성이 되었다면 지금의 광고는 테크놀로지 또한 중요합니다. 디지털 미디어의 흐름을 파악하고 이를 통해서 광고와 접목될 수 있는 것은 무엇이 있는지 확인하는 등 시대의 흐름에도 관심을 가지고 넓은 시야를 가져야 합니다. 새로움을 채워나가는 것이 정기적으로 이뤄져야 일을 하면서 고갈되지 않고 생동감을 갖고 일할 수 있게 됩니다.

3. 위로와 칭찬이 필요할 때

직장생활은 직급으로 나뉘어져 있고 처세술로 연결됩니다. 하지만 광고회사는 그것이 본질이 되어서는 안 된다고 생각합니다. 편 가르기보다는 동료들과 호흡을 맞추며 완성도 높은 광고 캠페인을 만들어 광고주의 목표를 달성하기 위해 힘을 모으는 것이 무엇보다도 중요하다고 생각합니다. 단순히 업무를 쉽고 편하게 하기 위해서 서로를 견제하고 비협조적인 태도로 일관한다면 당장은 일을 편하게 할지 몰라도 그 사람의 평판은 좋지 않게 굳어질 것이고 장기적으로는 스스로가 힘든 환경들을 견디게 될 것이라 생각합니다. 좋은 인성은 동료와의 팀워크를 완성하는 중요한 요소입니다. 좋은 팀워크는 광고를 만드는 원동력이 됩니다. 좋은 광고를 만드는 것은 본인 스스로가 오래 광고를 해나갈 수 있도록 개인과 회사에 안정감과 활력을 주게 됩니다.

이와 같은 선순환을 위해서 우리는 마치 프리허그를 하듯 동료를 안아주고 동료의 아이디어를 안아줄 필요가 있습니다. 서로에게 좋은 사람이 되려는 노력을 해야 합니다. 마치 프리허그를 해주려는 따뜻한 마음으로 상대를 대하고 일을 한다면 어떤 상황이든 힘들지 않게 광고를 만들 수 있을 것이라 생각합니다. 당신이 메마른 광고회사의 오아시스 같은 존재가 되어준다면 당신의 주변에는 활력이 넘치고, 모두가 따를 것이며 함께 더 좋은 광고 캠페인을 만들 수 있는 계기가 되어줄 것입니다. 저 역시 그러한 노력을 하며 일하는 동안은 저 스스로 지치지 않고 서로 힘내서 일할 수 있어서 좋았습니다. 창업을 한 이후로도 이 노력은 계속되고 있으며 업무 또한 매우 효율적일 수 있다는 것을 경험하고 있습니다.

광고인이라는 것이 미안한 순간

크리스마스는 신이 인간을 사랑하기에 이 땅에 태어나 그들과 더불어 살고 희생으로 그들을 구원하기 위해 태어난 날을 기념하는 것입니다. 하나님의 아들, 예수 그리스도가 이 땅에 와서 온 인류의 죄를 대신하여 십자가에 죽으시고 3일 만에 부활하셔서 모두의 죄를 용서하고 영생을 얻게 하신 날이라고도 합니다. 크리스마스는 이런 인류의 구원자로서 존재한 예수님의 탄생을 기념하는 날입니다. 이에 빗대어 보면 인간의 죄를 용서하는 방법에는 신의 절대적인 능력이 아닌 희생이 큰 의미를 갖는 것 같습니다. 그래서 진정한 크리스천은 사랑을 위해 희생할 줄 아는 사람들이며 그것이 진정한 사랑의 방법이라 믿습니다.

이처럼 광고 크리에이티브도 희생을 통해서 만들어집니다. (그래서 저는 광고회사를 창업할 때 이러한 철학을 담아 '크리에이티브마스'라는 명칭으로 창업하게 되었습니다.)

광고인들의 숭고한 희생을 통해서 광고주의 브랜드는 새롭게 거듭나기도 합니다. 우리 광고인들은 이것을 위해 모든 것을 아끼지 않습니다. 절대적인 시간과 노력, 그리고 땀과 눈물로 크리에이티브를 만들기도 합니다. 그렇기 때문에 광고인이 항상 미안해하는 사람들은 누구일지 생각해봅니다.

광고 일은 언제 어떤 일이 급하게 진행될지 모르는 특성을 가지고 있기 때문에 남들이 쉬어야 하는 날에도 일을 하게 되는 경우가 있습니다. 다시 말하면 광고인으로 산다는 것은 언제든지 일을 해야 한다는 것을 내포합니다. 어쩌면 모든 사람들의 휴일이 광고주에게는 마케팅의 기회이기 때문에 광고, 프로모션 등으로 휴일을 겨냥하여 일을 할 수밖에 없는 것입니다. 결국 가족들과 함께 보내야 할 날들과 곁에 꼭 있어줘야 하는 날을 함께해주지 못해서 미안함에 고개를 들 수 없는 것이 광고인의 삶이기도 합니다. 생일날에도 경쟁 P.T 준비를 위해서 회사 동료들과 케이크를 자르고 종일 회의실에서 보내야 하는 그런 것입니다.

저 역시 야근 때문에 가족에게 가장 미안했던 사례를 떠올려보면 크게 두 가지 정도가 떠오릅니다. 바로 2대 명절 모두 출근을 했던 기억과 결혼식날 새벽 한 시까지 일을 해야 했던 안타까운 경험입니다. 명절은 경쟁 P.T를 준비하느라 출근했던 경우입니다. 광고주가 요청한 경쟁 P.T나 중요한 제안 일정이 명절 연휴가 끝난 직후라고 하면 준비할 시간이 부족하기 때문에 대부분의 광고회사가 휴일에도 출근을 감행하게 됩니다. 결혼식 전날은 급한 일정으로 광고 촬영이 잡혀 있었기 때문이었습니다. 물론 결혼식 전에 여유 있게 인수인계를 해두었다면 좋았겠지만 혼자 진행했던 일이었기에 누군가에게 부탁할 수도 없고 모든 업무의 맥락과 스케줄을 직접 진행해야 했습니다. 결혼식 직전까지 손에서 업무를 뗄 수 없었지만 다행히도 제가 식을 올리는 사이 광고 촬영이 잘 마무리되었다는 연락이 왔고, 신혼여행만은 아무 걱정 없이 안도의 한숨을 쉬며 무사히 떠났던 것 같습니다.

바쁜 광고인의 일상을 이야기하다 보니 첫 직장에서 들었던 사장님의 에피소드가 기억납니다. 사업이 많이 바빴던 탓에 집에 돌아와서 아이하고 놀아준 기억이 많이 없으셨던 것 같습니다. 그래서 어느 날은 아이가 사장님 출근길에 손을 흔들며 이렇게 인사를 했다고 합니다.

"아빠~ 우리 집에 또 놀러 오세요!"

이야기를 들은 분들은 한바탕 웃지만 생각해보면 웃지만은 못할 이야기입니다. 저 또한 비슷한 이야기를 딸에게 들었으니까요. 이처럼 가장 사랑해주고 챙겨줘야 할 자녀와 함께할 시간이 적다는 것은 슬픈 일입니다. 세상의 모든 직장을 가진 아버지들이 그렇게 살아간다고 해도 광고회사에서 일하는 아빠들은 조금 더 심한 것 같습니다. 그 외에도 결혼기념일, 아내의 생일, 자녀의 생일 등 함께하지 못함에 광고인들은 슬픈 표정으로 일하곤 합니다.

구체적으로 추려보면 우리가 느끼는 미안함의 종류는 다음과 같을 것입니다.

1. 사랑하는 가족들을 향한 미안함

광고인이 희생하는 것 중에서 가장 큰 것은 바로 가족과 함께하는 시간 아닐까 합니다. 그들은 늘 가족들에 대한 미안함을 바탕으로 일합니다. 보통 광고인들의 퇴근 시간은 늦습니다. 느닷없이 야근을 하는 경우도 많고

크리에이티브는 크리스마스처럼

갑자기 주말에 출근을 하는 일도 비일비재합니다. 큰 경쟁 P.T를 앞두고 집에 들어가지 못하는 경우도 생기고 명절 출근도 불사합니다. 한 가정의 가장의 관점에서 보면 참으로 안쓰럽고 불쌍한 존재가 광고인입니다. 광고주의 스케줄, 광고 캠페인의 스케줄에 맞춰서 살아야 하는 것이 광고인이다 보니 우리 광고인은 오래전부터 잡아둔 약속일지라도 어떤 일이 생기거나 언제 무엇이 터질지 모르는 환경 속에 살고 있습니다. 그래서 가족과의 기념일에 함께하지 못할 때는 더더욱 미안해집니다.

2. 내가 만든 부족한 광고를 향한 미안함

광고인은 자신이 만든 광고 크리에이티브에 책임을 지기 위해 희생합니다. 광고 제작물은 광고주의 것이지만 업계에서 광고 캠페인은 어느 광고 회사의 누가 만든 것인지 소문이 납니다. 자신 스스로가 부끄럽지 않기 위해서는 광고 제작물에 최선을 다하고 그 결과에 책임을 질 줄 알아야 합니다. 그래서 때로 광고인은 무기력해지고 슬퍼질 때가 있습니다. 최선을 다하는 것이 꼭 좋은 결과로 이어지지 않을 때도 있습니다. 그리고 최선을 다하는 것 같지 않아 보였던 동료가 최고의 결과물을 만들어냈을 때 느끼는 상대적 박탈감이 그렇습니다. 광고는 결과가 중요하고, 열심히 하는 것보다는 잘하는 것이 중요하기 때문입니다. 이런 환경에서 일을 하는 광고인들은 광고 때문에 울고 웃고 합니다.

3. 경조사 혹은 약속을 챙기지 못한 미안함

앞서 말한 가족들에 대한 미안함과 연결되는 것이기도 합니다. 광고인들은 대소사를 잘 챙기지 못하는 경우가 많습니다. 중요한 경쟁 P.T를 앞두고 풀리지 않는 광고 아이디어에 몰입하고 있다 보면 연인과의 기념일이나 친구의 생일도 지나쳐버립니다. 달력에 표시된 기념일을 지나치고 '아차!' 하는 경우죠. 친구들의 모임이나 축하 파티 등에 가기로 해놓고 당일에 미안하다며 못 가게 되는 경우도 비일비재합니다. 결혼을 한 경우라면 장인 장모님의 생일을 비롯해서 아내와의 결혼기념일, 자녀의 중요한 일들을 놓치지 않도록 주의해야 합니다.

훌륭한 광고인이 되는 것도 어렵지만 좋은 가장, 친구, 남편, 아빠의 역할을 하는 것 역시 무척 어려운 일처럼 느껴집니다. 대부분 이런 약속과 행사가 있다는 것을 알면서도 못 가게 되는 경우가 있으니 미안하다, 죄송하다, 다음에 보자는 말을 습관처럼 반복하게 되는 것도 사실입니다. 모두 광고 일이 우선인 광고인들이 광고를 위해 희생하는 것들입니다. 이것이 슬프고 힘들어서 자괴감에 빠지는 경우도 종종 있습니다. 물론 모든 걸 착착 잘 챙기는 사람도 있긴 하겠지만요.

4. 자기 자신, 스스로에 대한 미안함

치열한 야근과 철야에 빠져 지내는 익숙해지면 막상 휴일이 되어도 수면 부족으로 잠에 빠지기 일쑤입니다. 넘치던 에너지를 다 써버리고 방전된 배터리처럼 소파나 방에 누워서 몸을 충전하는 것이 보통입니다. 술을 좋아하는 사람들은 술을 마시고, 수다를 떨어야 하는 사람은 친구와 만나 수다를 떨고 백화점에서 쇼핑을 하거나 밀린 책과 영화를 보는 것으로 스트레스를 해소하기도 하지만 그것은 역시 일시적인 방법이란 것을 잘 압니다. 왜냐하면 다시 업무가 바빠지는 순간 일상이 무척 숨 가쁘게 돌아가기 때문입니다.

크리에이티브는 크리스마스처럼

이때 우리 자신에게 필요한 일은 스스로에게 선물과 여유를 주는 것입니다. 셀프 힐링을 통해서 누구도 채워주지 못하거나 시간에 쫓겨 하지 못했던 일들을 스스로 갖는다는 것은 불규칙한 시간 속에서 크리에이티브를 위해 몰입하느라 주변은 물론 스스로도 잘 돌아보지 못하는 좁은 시야 속에 사는 광고인에게 무척 중요한 일이라 생각됩니다. 광고 선배들 중에서는 자신에게 주는 선물, 자신에게 주는 휴식을 정기적으로 제공하는 지혜로운 분들이 계십니다. 하지만 혼자만의 시간에만 집중하다 보니 누군가와 어울리는 것에 생소해지고 점점 혼자가 좋아져서 결국 결혼을 안 하거나 늦어지는 분들도 제법 많습니다.

애석한 일이지만 광고회사를 유심히 관찰해보면 입사하기 전 커플이었던 사람들은 연인과 깨지는 경우가 많고 솔로였던 사람은 바빠서 솔로인 채로 계속 연인이 없는 경우가 많습니다. 이렇게 사랑에서도 희생하며 사는 광고인들을 보면 참으로 안타깝습니다. 외로움에 차오른 광고인들은 어쩌다 회사 내에서 짝을 찾는 경우도 생깁니다. 아무튼 광고회사의 특성상 규칙적인 생활리듬으로 살지 못하는 광고인들이지만 그럼에도 내가 만든 광고가 훗날 멋진 모습으로 세상에 공개될 것을 꿈꿉니다. 다르게 생각하면 광고인들의 크리에이티브를 위한 희생은 행복한 십자가인지도 모르겠습니다. 행복하게 몰입하며 최고의 크리에이티브를 완성할 수 있다면 그 순간만큼은 순수한 행복에 사로잡힐 것이라 생각하기 때문입니다. 결국 광고 일 자체에 대한 애착이 어떤 희생을 감수하고서도 크리에이티브를 할 수 있는 원동력이 되어주는 것이라 생각합니다.

그 고요하고 쓸쓸한
: 아이디어에 시린 바람이 불 때

　겨울은 그 자체로 많은 의미를 내포하고 있지만 고통스런 의미를 찾아보자고 하면 아마도 '시리고 아픈 추위'일 것입니다. 크리스마스는 강렬한 추위의 한복판에 있습니다. 광고를 만들 때 가장 추운 날은 스스로 자괴감에 빠질 때, 이 일이 과연 나와 맞는 일인지 의심이 들 때, 즉 슬럼프에 빠졌을 때가 아닐까 합니다. 벼락이 번쩍이듯 아이디어가 떠오르는 사람도 있지만 대부분 늘 새로운 것을 해야 한다는 압박감에 시달리기 쉽습니다. 반복되는 광고주의 수정사항이나 풀리지 않는 크리에이티브에 대한 고민은 마치 겨울 한복판에서 떨고 있는 듯한 긴장감을 줄 때가 있습니다. 이럴 때는 어떻게 해야 할까요.

　마음이 추우면 생각이 굳고 경직되어 좋은 아이디어가 나오기 어려워집니다. 야구에서도 경직된 어깨로 던지는 투수의 볼이 좋을 수 없듯이 경직된 마음으로는 훌륭한 아이디어를 내놓기가 어려워집니다. 스스로가 마음을 따뜻하게 만들고 좋은 아이디어를 낼 수 있는 환경을 만드는 것이 필요합니다. 이는 광고회사의 사무실 풍경만 봐도 알 수 있습니다. 제가 일하는 제작팀에는 기본적으로 파티션이 쳐져 있습니다. 아이디어에 대한 몰입을 위해 주변의 시선이나 잡음으로부터 차단해주는 효과가 있습니다. 반면 AE들의 책상을 보면 파티션을 걷어내고 주변 사람과 소통하기 쉽게 개방적인 분위기의 업무 환경이 갖춰져 있습니다. 이것을 보면 직무의 특성에 맞게 환경도 적절한 조정이 필요하다는 것을 볼 수 있습니다.

　그리고 공통점이라면, 광고인은 정신을 각성해야 하는 순간이 많기 때문에 커피는 우리에게 기호품이 아닌 필수품입니다. 그래서 보통 탕비실에는 다양한 커피가 준비되어 있습니다. 회사마다 존재하는 다양한 복지제도 또한 주로 지친 몸과 마음을 달래줄 휴가나 문화적인 방면이 주류를 이루는 걸 보면 아마도 우리의 얼어붙은 아이디어를 적절히 녹여주기 위한 것 같습니다. 이런 것들이 얼어붙은 생각을 녹이기 위한 환경입니다.

　아이디어를 내고서도 가슴이 얼어붙는 경우가 있습니다. 정말 자신 있다고 생각한 아이디어를 즐거운 마음으로 팀원들에게 이야기했지만 반응이 냉담한 경우입니다. 그런 때는 들떴던 만큼 더욱 시린 얼음이 가슴에 쌓이는 것처럼 싸늘한 느낌을 받을 때가 있습니다. 게다가 함께 일하는 상사가 매서운 바람 같은 성격이라면 혹독한 비판을 당하기도 합니다. 그것이 정말 잘못된 것이고 바로잡기 위함이면 좋겠지만 필요 이상의 냉담한 반응은 크리에이티브를 자유롭게 낼 수 없는 분위기를 만들기도 합니다. 그렇게 얼어붙은 마음으로 여러 차례의 회의 분위기를 겪게 되면 모두가 위축되고 서로 눈치만 보며 굳어버리게 되어 누구도 회의실에서 쉽게 나서서 의견을 말하지 못하게 됩니다.

　무엇보다 상시 아이디어를 내야 하는 광고인들은 얼어붙은 마음의 슬럼프를 극복해야 합니다. 굳어버린 마음을 추스를 수 있는 자신만의 방법이 필요할 것이며 때론 휴식을 통해서 호흡을 가다듬고 최선의 컨디션을 유지할 수 있는 자신만의 요령이 있어야 합니다. 그렇게 될 때, 주변 환경에 휘둘리지 않고 자신의 기량을 계속 끌어올릴 수 있게 됩니다.

❄ 어느 광고인의 슬럼프 극복 방법

1 우선 체력적으로나 정신적으로 지쳤다면 충분한 휴식 시간을 가집니다.

2 심각한 고민에서 잠시 벗어나 가볍게 즐길 수 있는 취미생활에 빠집니다.

3 관성처럼 일해왔던 것들을 떠올려보고 어떤 것이 문제였는지 생각해봅니다.

4 문제로 발견된 점들을 놓고 어떻게 해결할 수 있는지 고민합니다.

5 중요한 건 스스로가 해낼 수 있는 자신감을 되찾는 것입니다.

6 해결할 수 없는 문제는 빠르게 마음에서 놓아버립니다.

7 고민 해결을 위한 방법을 찾았다면 몇 가지 규칙이나 목표를 설정합니다.

8 긍정적인 마음으로 분위기 전환에 도움이 되는 것들을 해봅니다.

9 초심을 떠올려보고 내가 왜 이 일을 하는지 마음을 다잡아봅니다.

10 아무리 노력해도 내가 해결할 수 없는 일은 서둘러 정리합니다.

Merry Creative

이제까지 크리스마스는 단 한 번밖에 없었다.
나머지는 다 기념일뿐.

- W.J. 카메론

Chapter 4

크리스마스를 즐기듯
좋은 광고 만들기

크리스마스의
기적처럼
끙끙거리다 탁!

크리스마스 트리의 지팡이를 보다가

크리스마스 하면 떠오르는 것 중 하나로 알록달록한 사탕 지팡이
가 있습니다. 하얀색과 빨간색이 어우러진 딱딱한 지팡이를 크리스마스
트리에 장식하게 된 건 어떤 이유일까요?

기원을 찾아보니 1800년대 후반, 미국 인디애나주의 어느 사탕 제조업
자가 크리스마스를 위해 의미를 담은 사탕을 만들게 되었다는 설이 있습
니다. 흰색의 박하사탕은 순결과 죄 없는 예수 그리스도를 상징하고, 빨간
색 굵은 줄은 그가 인류를 위해서 십자가에 못 박혀 피 흘리심을 상징하며

가는 세 줄은 성부와 성자, 성령을 상징한다고 하네요. 또 그 형태는 인간을 위한 목자로서 지팡이의 모양을 본뜨고 예수 그리스도를 상징하는 알파벳 J를 형상화한 것이라 합니다.

이외에도 19세기 오하이오에서 만들어졌다는 설도 있습니다. 유럽에서 건너온 어떤 사람이 크리스마스 트리에 캔디지팡이를 달아서 장식했는데 이를 보고 점차 주변으로 퍼졌다는 말이 있습니다. 그리고 20세기에 들어와서 한 가톨릭 신부가 이 캔디지팡이를 자동으로 만드는 기계를 개발하여 곧 대량생산에 들어갔다고 합니다. 아무튼 작은 장식품 하나에도 많은 의미가 깃들어 있음을 알 수 있습니다.

저는 이러한 지팡이 본연의 의미들 중 목자의 상징을 주제로 '광고 길잡이'로서의 광고인에 대해 이야기해보려 합니다. 새로운 길을 제시한다는 것은 광고주의 브랜드를 양처럼 생각하고 멋진 방향으로 안내하는 목자와 같은 역할은 광고인들의 몫이라고 생각합니다. 그렇다면 광고인들이 브랜드를 이끌 지팡이격인 아이디어는 어떻게 나오는 것일까요? 저는 이를 위해 몇 가지 구분하여 설명하려고 합니다.

1. 연관성: 흔들리지 않는 방향성을 위한 지식

크리에이티브를 위해선 기본적으로 마케팅을 기반으로 해야 합니다. 올바른 방향, 브랜드와의 연관성, 소비자에게 실행할 전략적 방향이 맞아야 그 속에서 나온 콘셉트가 힘을 발휘할 수 있고 뿌리가 든든한 크리에이티브가 나올 수 있기 때문입니다. 단순히 자극적이고 재미있는 것만 추구한다면 소비자들의 이목을 사로잡을 수는 있을지 몰라도 광고의 본질인 제품과 브랜드를 알리고 그것을 판매하는 것에는 영향을 미치지 못할 것입

크리에이티브는 크리스마스처럼

니다. 그런 면에서 마케팅과 광고의 지식을 단단한 지팡이 삼아 나아갈 수 있어야 합니다. 아주 오래전 브라질어인 따봉(아주 좋다는 의미)을 아이디어로 만든 주스 광고가 있었습니다. 따봉! 이라는 표현이 광고에 노출된 후 대한민국은 따봉 유행어로 열풍이 불었습니다만 그만큼 주스 제품이 판매되지는 않았습니다. 유행어에 브랜드가 묻혀버린 사례입니다. 아무리 기발한 광고 아이디어라고 해도 제품과의 연관성이 없으면 광고의 목적을 상실한 광고가 제작될 확률이 높습니다.

2. 주목성: 양들의 시선을 사로잡는 색다름

기본적으로 광고인이 단단한 마케팅, 광고 지식으로 올바른 크리에이티브 방향을 짚어간다면 이후에 중요한 것은 소비자들의 시선을 확실히 사로잡을 수 있는 색다른 아이디어를 만드는 것입니다. 아무리 광고가 좋은 의미를 내포하고 철학적으로 좋은 말을 담았다 할지라도 소비자가 흥미를 갖지 못해 외면한다면 광고 메시지의 전달은 물론, 어떤 이벤트를 해도 인지도와 참여율이 떨어지게 될 것입니다. 전략이 확실할수록 크리에이티브는 다채롭게 흥미를 줄 수 있어야 할 것입니다. 누구나 재미있는 것, 흥미 있는 것에 관심을 갖게 되기 때문에 우리는 전달해야 할 메시지에 주목할 수밖에 없는 아이디어를 묶어내어 표현해야 합니다. 그러나 그 두 가지를 공존케 하는 일이 쉽지 않기 때문에 광고인들이 힘들게 야근하며 고민하는 것입니다.

3. 목적성: 지팡이의 끝이 지향하는 광고의 목적

지팡이는 때로 그 끝을 통해 어느 방향을 제시하고 목표를 이끌어주는

역할을 합니다. 탄탄한 기획 논리와 알록달록한 크리에이티브로 소비자의
이목을 끄는 데 성공했다면, 좀 더 본질적인 것에 주목해야 합니다. 결론적
으로 광고의 본질은 판매에 있습니다. 제품과 서비스를 인지시키고 호감
도를 높여서 매출에 기여해야 합니다. 그러므로 광고 크리에이티브의 끝
이 가리키는 곳은 언제나 제품, 혹은 브랜드가 되어야 합니다. 전하고 싶은
메시지를 담되 소비자의 주의를 끌어야 하며 광고주가 예상하는 기대치를
결과에서 이끌어내야 합니다. 많은 광고비를 사용하는 만큼 광고의 목적
을 달성하는 것은 대단히 중요한 일입니다.

제품과 서비스와의 연관성, 아이디어의 흥미에서 오는 주목성, 그리고
광고의 판매를 중심으로 한 목적성은 광고를 만드는 사람이라면 누구든지
잊지 말아야 할 요소들입니다. 이 중에서 하나라도 놓치게 되면 좋은 광고
라 할 수 없습니다. 이처럼 나열해놓으니 어려울 것 같지만 막상 실전에
대입해보면 너무나 당연한 이야기라 생각되실 것입니다. 다시 한번 정리
하자면 연관성을 바탕으로 주목성을 이끌어내며 궁극적으로 판매 목적을
추구하는 것이 우리 광고인의 지향입니다.

아이디어의 압박처럼 울리는 종소리

카피라이터로 산다는 건 머리가 지끈거리는 일이었습니다. 기획을 하는
AE들은 광고주와 회의를 하고 부지런하게 스케줄을 잡고 회의를 준비하
면서 제안서를 작업하는 등 여러 가지 챙길 일이 많아 보입니다. 디자이너

들은 자신의 생각대로 디자인 제작 프로그램을 사용하며 고민합니다. 모두 나름의 고민들로 머리가 아파 보입니다. 하지만 카피라이터는 일하는 것이 다이내믹해 보이지 않습니다. 그저 종이와 펜을 들고 있거나 노트북을 열어봐도 커서가 깜빡이는 워드 화면이 있을 뿐입니다. 하지만 사실 머릿속은 다양한 생각과 개념들에 복잡하고 어지러워하고 있을 것입니다.

이제 막 카피라이터로 시작한 신입사원은 특히 크리에이티브에 대한 압박이 심합니다. 무에서 유를 탄생시켜야 할 것 같은 두려움에 마음은 급한데 시간은 계속 흐르고, 선배들은 재촉합니다. 광고주는 이번에는 카피가 정말 중요하다며 기대하고 무서운 선배는 잡아먹을 것처럼 '이번엔 확실하게 쓰라'고 합니다. 이때 어디선가 종소리가 들려오죠. 땡~ 땡~ 하지만 크리스마스의 맑고 청아한 종소리와는 달리 마음의 종소리는 머리가 지끈거려서 두통약을 찾게끔 할 때도 있습니다. 그러다가 늦게라도 뭔가 탁! 떠오르면 그나마 다행이지만 종소리만 울리다가 시간이 흘러버리면 이제 심판의 순간이 찾아옵니다. 예상대로 카피에 맥이 없다, 중요한 것이 빠져 있다, 참신하지가 않다, 새 날아가는 소리라는 등 다양한 이야기가 머리를 아프게 합니다. 자신의 나약함과 부족함을 다시 한번 확인시켜줍니다.

비단 신입 카피라이터에게만 있는 경우는 아닐 것입니다. 자신의 이름을 걸고 크리에이티브 아웃풋을 만들어야 하는 모든 광고인들이 유사한 경우를 겪어봤을 것입니다. 때로는 서로를 탓하기도 할 것이고 이런 스케줄이나 이런 수정사항이 말이 되냐며 누군가를 윽박지르고 때로는 못하겠다며 자리를 박차기도 할 것입니다. 하지만 우리의 시계는 초침이 돌아가고 있고, 그 누군가는 어려움을 극복하고 성공적인 광고를 만들어야 합니다. 월급을 받는 이상 최선을 다해야 하고요. 때론 조급해지기도 하고 화도 나지만, 우리는 어쨌든 시간 대비 최대의 성과를 내야 하는 사람들입니다. 어떠한 상황에서든 자신을 잃지 않고 최선을 다하는 것이 프로이기에 이를 위한 흉내라도 내려고 최선을 다해야 할 것입니다.

※ 아이디어를 잘 내기 위한 평소 습관

1 좋은 광고와 아이디어는 규칙적으로 스크랩해 놓는다.

2 무조건 메모하고 기록하는 습관을 기른다.

3 시간이 날 때마다 가상의 제품을 정해놓고 셀프 아이디어 회의를 해본다.

4 정기적으로 다양한 아이디어들을 정리, 취합해놓는다.

5 잘하는 선배 광고인들의 일하는 노하우를 관찰, 연구한다.

6 국내, 해외 광고 수상작은 매년 빠짐없이 살펴본다.

7 업계에서 구할 수 있는 양질의 자료는 꼭 습득하여 학습한다.

8 좋은 광고는 왜 그렇게 만들었는지 역으로 분석해본다.

9 채택되는 아이디어와 그렇지 못한 아이디어의 차이를 비교하여 연구한다.

10 채택된 아이디어는 무엇이 좋았는지 정확히 확인한다.

반면 어려운 일이었는데도 불구하고 착착 일이 잘 풀리고 아이디어도 잘 나와 광고주도 만족하는 해피엔딩으로 끝나기도 합니다. 마치 고등학교 때 지루한 수업이 끝나고 들려오는 종소리처럼 '끝났다!'라고 외치며 행복하게 매점으로 달려가는 기분을 느끼게 합니다. 이처럼 광고를 만들며 느끼는 마음의 종소리는 편두통을 유발하는 것인지 해방감을 느끼게 하는 것인지 상황에 따라 다를 것입니다. 어찌 되었든 광고의 본질은, 잘해야 끝난다는 것입니다. 어렵게 느껴질수록 정면돌파를 해볼 것을 권합니

　　　　　　　　　　　　크리에이티브는 크리스마스처럼

다. 아마도 잘 이겨낼 수 있을 것입니다. 늘 어렵게 느껴지던 일들은 상상한 것보다 실체가 작으니까요.

크리에이티브에 불을 지펴줄 장작 패기

추운 크리스마스를 따뜻하게 보내기 위해서는 장작이 필요합니다. 비단 벽난로를 위한 장작뿐만 아니라 모닥불이든 캠프파이어에 필요한 것이든 불을 붙여 따뜻하게 하려면 장작이 필요합니다. 불이 붙게 만드는 원동력이자 재료들이죠. 따라서 큰 불이 붙게 하려면 그만큼 장작도 많이 필요한 법입니다. 광고인도 크리에이티브를 위해 많은 장작을 준비해야 합니다. 여기서 장작은 광고 크리에이티브를 위한 다양한 경험이 될 수도 있고 아이디어에 대한 정리일 수도 있고 혹은 스스로 메모해놓은 자료일 수도 있습니다.

광고는 무에서 유를 창조하는 아주 새로운 일은 아니라 생각합니다. 창조란 것도 낡은 것들을 통한 새로운 조합입니다. 광고는 특히 그러하죠. 따라서 아는 만큼, 경험한 만큼, 그래서 축적된 만큼 자신의 아이디어로 변형되어 밖으로 나올 확률이 높습니다. 따라서 광고 크리에이티브를 많이, 그리고 좋은 것을 내기 위해서는 아이디어의 장작을 되도록 많이 준비해야 합니다.

창의적인 생각을 위해서는 창의적인 자료들을 많이 보고 그것에 익숙해져야 합니다. 우리는 누군가 만들어놓은 입이 딱 벌어지는 창작물을 보고 그 수준과 안목을 기억해야 하고 왜 그것이 놀라운지 분석해야 합니다. 혹은 더 나은 창작물이 되려면 무엇을 어떻게 바꾸면 좋을지 생각해볼 수도 있습니다. 좋은 작품을 통해 감동받고, 감탄하며 좋은 자극들을 받으며 살아야 합니다. 그래야 그 수준에 맞는 것을 만들기 위해 우리의 눈높이가 변화할 것입니다. 또한 보고 느끼는 것에서 그치면 안 됩니다. 그것을 내 것으로 기록해야 합니다. 이를 위해서는 메모하는 습관을 가지는 것이 좋습니다. 시시때때로 생각나는 좋은 것, 좋은 이미지, 좋은 아이디어 등을 정리해두었다가 그에 걸맞는 광고 캠페인 과제가 떨어졌을 때 이를 접목시켜보는 것입니다. 간접경험들을 잘 정리하고 축적해두었다가 크리에이티브에 불을 붙일 땔감으로 쓰는 것입니다. 이러한 습관은 향후에 많은 일을 해나갈 자신감이 되고 에너지가 되어줄 것입니다. 그런 의미에서 제가 곁에서 지켜본, 경험해본 창의적인 광고인들의 발상법을 몇 가지 정리해보았습니다.

☀ 창의적인 광고인들의 발상법

1 항상 좋은 광고 캠페인에는 'Why?'라는 질문을 적용하여 핵심을 짚어본다.

2 멋진 아이디어는 일상과 공감에서 시작된다고 생각하며 찾는다.

3 좋은 아이디어와 더 위대한 아이디어를 구별한다.

4 모든 아이디어는 현실 가능성에 대해 구체적으로 따져본다.

5 같은 아이디어라도 시기적으로, 실행적으로 더 나은 방법을 찾는다.

6 아이디어의 약점을 구체적으로 찾아내어 끊임없이 보완한다.

7 최고의 광고 캠페인은 다음 캠페인이란 생각으로 겸손하게 열심히 임한다.

사실 아이디어는 일상 곳곳에 숨어 있습니다. 그렇기 때문에 즉각적으로 아이디어가 떠오를 때마다 정리해놓아야 합니다. 요즘은 스마트폰을 활용하여 속히 정리할 수 있습니다. 메모는 물론이고 사진이나 영상을 통

크리에이티브는 크리스마스처럼

해서 기록으로 남겨둘 수 있을 것입니다. 이를 위해 다양한 어플이 개발되어 있으니 잘 사용한다면 아마 활용도 높게 크리에이티브를 기록하고 정리해나갈 수 있을 것입니다.

처음부터 창의적인 사람은 많지 않을 것입니다. 하지만 노력을 통해, 점차 많은 경험과 고민을 해나가면서 더 창의적인 사람이 될 수 있다고 믿습니다. 창작을 위해 관찰하고 기록하는 습관이 없었다면 바로 지금, 오늘부터 시도해보는 것은 어떨까요. 가장 필요한 것은 새로운 것을 발견해내는 안목이고, 둘째는 그것을 찾아 기록하는 자세입니다. 주변의 사소한 것이 나중에 결정적인 인사이트가 될 수 있습니다. 잘 정리해서 내일의 크리에이티브를 발전시킬 장작을 많이 만들어나가시길 바랍니다.

마침내 펼쳐지는 크리에이티브의 기적

크리스마스에는 누구나 기적을 꿈꿉니다. 고백을 망설였던 사람에게 사랑을 이야기하고 만남이 시작되는 기적 같은 일들 말이죠. 그리고 관심을 갖지 못했던 불우한 이웃들을 돌아보는 것도 크리스마스 즈음의 일입니다. 각박하게 살았던 우리는 어쩌면, 1년 중 단 하루라도 평소에 느끼지 못했던 마음들을 나누고 싶은 것은 아닐까 생각해봅니다. 그렇다면 크리스마스처럼 광고회사에서의 기적은 무엇일까요? 여러 가지 일이 있겠지만 저에게는 크리에이티브가 한 번에 탁! 생각나고 결정되는 일입니다. 무척이나 드문 경우이지만 아주 간혹 광고 브리프를 보는 순간 이건 이런 아이디어로 제안하면 되겠구나! 하고 크리에이티브가 기적처럼 떠오르는 경우가 있습니다.

일반적으로는 이렇게 나온 아이디어가 일사천리로 진행되는 일은 드물기에 더욱 기적이라 표현할 수 있을 것 같습니다. 이렇게 반짝이는 아이디어는 그 자체로 좋은 평가를 받을 수 있지만 여러 측면에서 검토하게 되면서 다듬어지거나 버려집니다. 브랜드, 제품의 특성이나 소비자의 눈높이에서 봤을 때 실현 불가능하거나 광고주가 생각한 방향과 맞지 않는다는 이유 등 여러 가지가 있습니다. 하지만 정말 기적적으로, 순간적으로 번뜩인 아이디어가 멋진 광고가 되고 큰 상을 받는 경우도 있습니다. 광고 일을 오래 하여 크리에이티브 내공이 깊으신 분들은 깊은 통찰력으로 혁신적인 아이디어를 광고 캠페인에 바로 적용하여 실행하기도 합니다.

광고라는 일의 특성상 면밀하게 다각도로 자료를 분석하고 난 후, 광고 크리에이티브를 고민하는 단계에서 아이디어가 떠오르는 경우가 많습니다. 세계적인 크리에이티브 디렉터들, 카피라이터, 아트 디렉터를 대상으로 아이디어가 어떻게 나오는지 연구한 사례가 있습니다. 다양한 사람들이 다양한 방식으로 자신의 광고 크리에이티브를 설명하고 각각 다른 방법으로 표현했지만 결국 핵심적인 내용은 이런 것이었습니다.

1. 광고와 마케팅에 대한 정확한 지식을 바탕으로 자료를 면밀히 살핌

문제를 잘 읽고 이해한 학생이 정답도 잘 찾게 되듯이 광고에서 크리에이티브에 대한 답을 얻기 위해서는 기초적인 자료와 지식을 근간으로 문제를 파악하는 능력이 필요합니다. 광고주의 제품이 처한 시장 상황, 경쟁사, 제품의 특징, 소비자들의 특징 등을 모두 광고와 마케팅적인 시각에서 살펴볼 수 있어야 문제점을 끌어내고 이를 해결하기 위한 고민을 할 수 있

크리에이티브는 크리스마스처럼

습니다. 기초가 부족하면 엉뚱한 방향으로 광고주의 문제를 해석하게 됩니다. 운이 좋다면 탁월한 크리에이티브로 연결시킬 수도 있겠지만 대부분의 경우 광고주의 눈을 찌푸리게 하는 아이디어로 끝날 확률이 높습니다.

2. 계속 고민하고 회의하면서 문제를 파악하고 해결하려 함

기본적으로 자신이 가지고 있던 경험을 토대로 문제 해결 능력을 발휘하여 광고주의 과제를 해결합니다. 다양한 방향으로 고민해보기 위해 팀원들과 회의를 하기도 하고 과거에 유사 제품으로 진행되었던 광고, 마케팅 사례를 살펴보거나 해외 광고제에 수상했던 신선한 크리에이티브 아이디어들을 찾아서 보기도 합니다. 그런 과정에서 간혹 아이디어가 나오면 박수를 치며 기뻐하고 동료에게 신나는 맘으로 설명하기도 하지만 제품과의 연관성이 없다거나 재미없다는 비판을 듣기도 합니다. 그럴 때면 과연 문제가 무엇인가를 고민하게 되고 다시 다른 아이디어들을 떠올리려 애쓰며 시간을 보냅니다.

3. 아이디어를 위한 노력에서 완전히 벗어나 다시 생각함

고대 그리스의 학자이자 발명가였던 아르키메데스는 왕이 부탁한 문제를 풀기 위해 고민했습니다. 자신의 금관에 은이 섞여 있는지 아닌지를 알아봐달라는 요청이 있었습니다. 아르키메데스는 이 문제를 어떻게 해결할지 끊임없이 고민하다가 목욕탕을 가게 됩니다. 그리고 자신의 몸이 탕에 들어가자 물이 넘치는 것을 보고 해답의 실마리를 찾고, 기쁜 마음으로 '유레카!'를 외치게 됩니다. 아이디어를 내는 행위에 함몰되어 있으면 오히려 생각이 굳어지고 좁아지므로 새로운 시각으로 문제를 해결하는 능력이 떨어지게 됩니다. 따라서 아이디어를 내기 위한 깊은 몰입을 했다면 반대로 이 문제에서 멀리 떨어져보는 것이 때론 도움이 됩니다. 무의식은 여전히 문제를 해결하기 위해 노력하므로 생각의 긴장과 이완을 통해 의외의 장소나 시간, 생각에서 아이디어가 떠오르게 될 것입니다.

4. 아이디어의 순위를 정하고 이것을 발전시켜 완성함

위의 과정을 통해 몇 가지 아이디어가 떠올랐다면 이를 광고 크리에이티브로 정리하여 보완하면 될 것입니다. 하지만 그렇지 않은 경우 마감 시간이 다가와 초조해지는 것이 보통입니다. 몇 가지 아이디어가 나오긴 했지만 아직 아이디어에 확신이 없는 상태인 거죠. 하지만 양질의 아이디어는 반드시 많은 양의 아이디어가 나온 후에 추려지게 되므로 일단 지금까지 나온 아이디어 후보들 중에서 최선의 것을 선별하는 시간을 갖습니다. 그렇게 하면 최종으로 선별된 아이디어를 다듬고 발전시켜서 더 좋은 아이디어로 만들 수 있습니다. 마감 시간이 가까워올수록 스트레스는 커지겠지만 운이 좋다면 그 긴장 속에서도 좋은 아이디어가 연달아 떠오르기도 합니다. 어떨 땐 마감을 앞둔 긴장감 속에서 창의성이 발휘되기도 하는 것 같습니다. 그러니 마감까지 새로운 아이디어만 도출하는 것보다는 마지막을 앞두고 한번 꺼내놓은 것을 잘 정제하는 과정 또한 필수입니다.

광고 크리에이티브가 기적처럼 해결되기는 쉽지 않습니다. 아이디어가 항상 넘쳐흐를 수는 없기 때문입니다. 하지만 아이디어 내는 과정을 즐기며 최선을 다해 노력한다면 크리스마스의 기적처럼 놀랍게 크리에이티브도 완성될 것입니다. 아무리 노력해도 아이디어를 내는 것이 힘들게 느껴지더라도 고민으로 하얗게 지나가버리는 시간들이 쌓여 결국은 더 좋은 안목과 생각하는 노하우가 생긴다고 믿습니다. 최선을 다해 노력하는 당신은 오늘보다 내일 더 창의적으로 발전하는 광고인이라 볼 수 있으므로 힘을 낼 필요가 있습니다. 중요한 것은 아이디어를 찾는 과정이 지치고 힘들어도 포기하고 싶은 것만 아니면 됩니다. 한 사람의 광고인으로 산다는 것은 어쨌든 내일의 크리에이티브를 위해 오늘의 힘든 여정을 견디고 마침내 광고를 만드는 것이니까요. 꾸준한 노력과 열정으로 당신의 광고에 크리스마스 같은 기적이 일어나길 기대합니다.

썰매처럼 경쾌한 광고 크리에이티브

  겨울에 썰매를 타본 적이 있나요? 눈 내린 겨울날의 빙판길은 그냥 두면 눈밭에 불과하지만 썰매를 타고 내려오면 즐거운 놀이터가 됩니다. 험난하고 부담 가득한 광고의 제작 과정 역시 썰매처럼 즐길 수 있다면 얼마나 좋을까요? (마치 질주하듯 시원시원하게!) 그러면 광고회사에 다니는 광고인들의 얼굴이 모두 행복해 보일 텐데 말이죠. 하지만 보이지 않는 아이디어를 잡기 위해 고독한 여정을 걷는 것이 실상이며 광고인은 자신의 한계와 끊임없이 싸워야 합니다. 누군가 겨울 썰매를 타듯이 광고를 즐기며 소비하고 있을 때 광고인은 오랜 시간 동안 그 광고를 만들기 위해서 불철주야 노력하고 있습니다. 만약 당신이 한 편의 좋은 광고를 보았다면 그건 아마 어느 광고인의 피땀 어린 노력의 산물일 것입니다.
  광고인들은 소비자가 제품을 구매하고 싶도록 많은 시간 고민하며 아이디어를 만듭니다. 하지만 크리에이티브는 정량적인 노력을 기울인다고 해서 그에 비례해 탁! 나오는 것이 아닙니다. 아주 오랜 시간을 고민했지만 결국 아이디어가 떠오르지 않아 애를 먹기도 하고 아주 짧은 시간 고민했지만 박수 칠 만한 좋은 아이디어가 나오기도 합니다. 그래서 오히려 짧은 시간이 주는 긴장감을 즐길 수 있고, 그렇게 좋은 아이디어를 비교적 쉽게 내는 광고인들은 이 일이 천직이라고 느끼게 될 것입니다. 처음 광고회사에서 일할 때 턱하니 아이디어를 내는 분들을 보면 신기하게 생각했습니다. 그 선배님들이야말로 마치 썰매를 타듯 시원하고 즐거워 보였죠.

크리에이티브에 정해진 왕도는 없습니다. 하지만 잘 나가는 좋은 썰매를 고르듯 아이디어를 내는 방법을 잘 정리해둔다면 때로는 즐기면서 일할 수도 있을 것이라 생각합니다. 저의 직간접 경험들을 비롯하여 현업에서 느꼈던 크리에이티브한 발상법, 즉 광고 크리에이티브라는 썰매를 만드는 법에 대해 이야기 나눠보려 합니다.

1. 풍부한 재료가 중요한 크리에이티브

아이디어를 내기 위해서는 일단 많은 자료 조사, 그리고 인터뷰가 필요합니다. 다양한 자료를 통해 보다 좋은 생각들이 조합될 수 있기 때문입니다. 좋은 썰매를 만들기 위해서는 질 좋은 나무와 쇠, 톱이나 망치 등 좋은 도구들이 필요한 것처럼 광고 크리에이티브를 위해서는 자사 제품 분석, 경쟁사 제품 분석, 소비자 분석 등이 폭넓게 이뤄져야 합니다. 순수창작물이 아닌 광고는 광고주와 소비자를 위해 만드는 것이므로 성공적인 광고 캠페인을 위해서는 다양한 자료를 통해 종합적으로 나침반 역할을 해주는 콘셉트 도출이 무엇보다 선행되어야 합니다. 이를 위해 끓는 물의 발화점처럼 100도까지 가려는 99도의 치열함과 절대시간이 필요할 것입니다. 어쩌면 모든 것을 해결해주는 역할인 콘셉트가 풀려야 나머지 아이디어들도 착착 해결될 것이기 때문입니다. 이를 위해 양질의 자료들이 필요합니다.

2. 많은 경험과 인문학적 사고에서 비롯되는 아이디어

이미 많은 광고계의 선배들이 인문학의 중요성을 강조했습니다. 그것은 다른 말로 하면 바로 다양한 관점에서 폭넓게 생각하는 힘을 기르라는 뜻이겠지요. 우리는 다양한 상상력으로 시대를 넘어 이어온 명작들을 보면 그 안에 담긴 크리에이티브 에너지를 느낄 수 있을 것입니다. 그 자극들이 모여서 새로운 생각을 낳는 것을 도와줍니다. 해 아래 새로운 것이 없다는 말처럼 이 세상에 온전히 새로운 것은 없습니다. 새로워 보이도록 재창조된 것이 있을 뿐입니다. 그렇기 때문에 좋은 크리에이티브는 기존에 있었던 것들의 조합입니다. 아이디어는 만드는 것이 아니라 발견하는 것입니다. 따라서 좋은 경험들이 모일수록 크리에이티브에 대한 가능성도 높아지는 것이라 믿습니다. 마치 휴대폰을 충전하듯 새로운 자극은 날마다 계속 자극을 줘야 합니다. 그렇게 쌓인 뇌근육에 축적된 지식들은 같은 자료, 비슷해 보이는 제품이나 서비스를 보더라도 새로운 아이디어나 표현 방법이 떠오르게 할 것입니다.

3. 긴장과 이완을 통해 나오는 크리에이티브

아이디어가 꼭 고통스러운 시간을 거쳐야만 나오는 것은 아니라고 생각합니다. 광고 제작물을 만들 때마다 정말 힘들어했던 기억이 머리를 스칩니다. 아이디어는 바로 깊은 고민에 의한 긴장감에서 시작되어 이완되는 일상에서 나온다고 믿습니다. 다시 말하자면 광고의 과제에 대해 심도 있고 복잡하게 생각한 뒤에 다시 가벼운 일상으로 돌아가면 그 문제를 조금 더 객관화된 시선으로 정리할 수 있기 때문에 아이디어가 나오는 것 같습니다. 마치 장기를 둘 때, 장기를 두는 사람은 그 수가 보이지 않지만 훈수를 두는 사람 눈에는 잘 보이는 것처럼 말이죠. 개인적으로 저는 버스 안에서 생각이 잘 정리됩니다. 창가에 앉아 오늘 하루 고민했던 것을 가만히 떠올리다 보면, 우연히도 생각지 못했던 생각과 생각이 결합되기도 하고 쉽게 정리되기도 합니다. 그런 발상은 목욕탕 같은 곳에서 떠오르기도 합니다. (물론 유레카!를 외치며 밖으로 뛰어 나가지는 않습니다.) 그럴 때면 아이디어를 잊지 않으려고 손에 잡히는 것이 무엇이든 기록을 하는 편이고, 만약 그 장소가 목욕탕일 경우는 잊지 않기 위해 목욕하는 내내 머릿속에 되뇌곤 하죠.

의외로 쉽게 풀릴 수 있는 아이디어인데 본질이 아닌 문제에 집착하거나, 개인의 한정적인 울타리 속에서 생각하거나, 잘못된 방향에서 논리의 흐름을 헤매는 경우도 많습니다. 복잡했던 경쟁 P.T를 마치고 광고주와 소비자로부터 사랑받았던 아이디어들을 하나하나 돌아보면 쉽고 단순하지만 위대한 아이디어가 있음을 확인하게 됩니다. 이것은 말 그대로 힘들고 고통스럽게 생각해서 나올 수 있는 것만이 아닙니다. 그리고 복잡한 콘셉트라 할지라도 쉽게 표현되어야 소비자가 이해할 수 있기 때문에 이때 광고로 제작되는 크리에이티브는 표현하기로 단순화될 수밖에 없습니다.

4. 정제의 과정을 통해 더욱 완벽해지는 아이디어

오랜 시간 고민하다가 좋은 아이디어라 생각되는 것이 나오면 광고인들 역시 흥분합니다. 하지만 밤에 쓴 연애편지가 다음 날 아침의 맨정신에

찢겨지는 비극을 겪듯이 광고인들도 새벽에 반짝인 아이디어를 조금 멀리 떨어져서 생각하면 이것이 정말 좋은 아이디어인지 의심하게 됩니다. 우리가 만든 아이디어가 전지적 소비자 시점에서도 옳은 것인지 다시 짚어 봐야 합니다. 단지 광고주에게 멋지게 보여서 팔리는 아이디어만 만들어서는 곤란합니다. 결국 시간이 지나면 아이디어를 실행할 때 중대한 결함이 발견되거나 막상 제작했지만 재미없는 부족한 아이디어였다는 생각을 하게 될 수도 있습니다. 그러므로 괜찮은 아이디어를 생각하게 되면 이것을 다시 한 번 더 완벽하게 끌어 올릴 수 있는 여지는 없는지, 광고주에게도 납득이 되고 소비자에게도 보기 좋은 것인지, 혹은 정말 새롭거나 혁신적인지 다시 정제하는 과정이 반드시 필요합니다. 특히 사회초년생이거나 인턴, 신입사원의 경우 자신 있게 만들었다 하더라도 직장 상사에게 보여주기 전에 한 번 더 생각하는 습관을 가진다면 조금 더 스마트한 업무환경을 만들어나갈 수도 있습니다.

하나의 아이디어를 만들기 위해서는 시간이 얼마나 걸릴지 모릅니다. 그래서 때로는 누군가의 조언이나 방법이 아닌 자신만의 크리에이티브 도출 방법을 세워보는 것도 좋을 것 같습니다. 이것은 궁극에는 자신만의 크리에이티브 썰매가 되어 신나게 아이디어 회의를 가로지르는 짜릿함을 줄 것입니다. 광고 크리에이티브를 되도록 신나고 오래 즐기기 위한 아주 튼튼한 자신만의 방법론이 있는 썰매를 만들어보세요.

좋은 것을 더 좋아 보이게 하는 선물 포장

크리스마스에 선물을 받으면 누구나 기분이 좋습니다. 선물이 무엇이냐보다는 누군가 나를 위해서 선물을 준비했다는 것 자체가 우리를 기쁘게 합니다. 설사 그것이 원하던 물건이 아니라 하더라도 선물은 그 자체로 우리를 행복하게 만드는 마법이 있습니다. 선물 하면 가장 먼저 눈에 띄는 것이 바로 포장입니다. 같은 선물이라도 포장이 잘된 선물은 준비한 사람의 성의가 느껴지고 선물에 대한 기대감도 더 커지기 마련입니다. 모두 같은 마음이기에 선물을 하는 사람도 선물을 준비할 때 예쁜 포장지를 사용하거나 화려한 리본으로 포인트 장식을 합니다.

이처럼 광고 크리에이티브에도 포장이 필요합니다. 좋은 아이디어와 전략도 소비자에게 어떻게 포장해서 전달하는가에 따라 성패가 좌우됩니다. 그리고 선물 포장의 핵심은 리본에 있다고 해도 과언이 아닐 것입니다. 포장지도 예쁘겠지만 한눈에 포인트로 크게 보이는 리본을 보게 되면 우리는 선물에 대한 찬사를 보냅니다. '우와~ 핑크색 리본이 정말 예쁜걸~!' 하고 말이죠.

예전 회사에서 뛰어난 실력으로 모두의 귀감이 되셨던 부사장님은 제안서에서 파워포인트의 디자인이 얼마나 중요한지를 알려주셨습니다. 그분이 예시로 든 것이 재미있습니다. 누군가에게 프로포즈를 하기 위해서 다이아몬드 반지를 준비했다고 하면 그 보석을 아주 예쁜 케이스에 담아 정성스럽게 포장해서 선물하는 것과 신문지에 싸서 선물하는 것은 '천지 차이'일 것이라는 이야기로 말이죠. 조금 극단적인 비유이긴 하지만 확실히 와닿는 이야기입니다. 광고주에게 전달할 아이디어와 전략이 최선의 노력을 통해서 나온 것이라면 그것을 전달하는 방식도 아주 세련되고 성의 있는 것이어야 한다는 점이죠. 당시 그 예시를 들은 많은 기획자들은 자신이 만든 제안서가 더욱 가치 있게 전달되어야 한다는 것을 배울 수 있었습니다. 그리고 제작팀에 있던 카피라이터인 저도 가슴 깊이 새긴 내용이었습니다.

광고 크리에이티브 역시도 이와 같아야 합니다. 적당히 던지는 메시지, 완벽하지 않은 제작물, 소비자의 편의와는 무관하게 작업된 개발사항 등은 없는지 체크하여 모든 부분에서 완벽을 기함과 동시에 겉모습도 핑크 리본과 같이 한눈에 확 보이게 더 성의 있고 예쁘게 포장되어야 합니다. 그러기 위해서는 자신이 만든 제작물을 보는 이의 관점에서 생각해봐야 합니다. 이 크리에이티브를 제작한 내가 광고주 혹은 한 사람의 소비자 입장에서 봤을 때 과연 완벽히 준비된 크리에이티브인지, 과연 흥미를 갖고 열광할 수 있는 것인지 점검하고 전달해야 할 것입니다.

❊ 최상의 광고 제작물을 위한 체크리스트

1 결과는 과정에서 얼마만큼 최선을 다했느냐에 달려 있으므로 시안과 디자인에 신경을 쓰자.

2 좋은 아이디어일수록 완성도를 높이는 데 최선을 다해야 한다.

3 내가 보여주는 문서와 제작물은 곧 나를 보여주는 것 자체다.

4 한 번 더 생각하자. 이것을 보여주면 과연 상대를 감동시킬 수 있을까.

5 적당히 좋은 것으로는 결코 위대해질 수 없다.

6 광고주에게 전달할 시안은 어설프고 부족한 것은 이해될 것이 아니다. 보여주지 말아야 할 것
   이라는 점을 명심하자.

7 마지막까지 고민한 것을 최선이라고 하고 객관적인 검증을 받은 것을 최고라 할 수 있다.
   스스로의 기준을 높이고 객관화하자.

우리 속담에 '아 다르고 어 다르다'고 했습니다. 아주 작은 차이 하나가 프로와 아마추어를 결정합니다. 프로들의 올림픽에서 결승전은 1점 차이 승부이며 이것은 결국 누가 먼저 실수를 하느냐, 하지 않느냐의 싸움이라 할 수 있습니다. 이를 기준으로 우리가 만든 제작물에 최선의 노력을 다하고 정성스럽게 포장하여 소비자에게 행복한 크리스마스 선물처럼 전달되어야 합니다. 겸손은 우리의 성장을 이끌어주는 것이며 반대로 교만은 성장판을 닫게 할 것입니다. 저부터도 매일매일 알맹이부터 포장까지 최선을 다할 것임을 국기에 대한 경례를 하듯 가슴에 손을 얹고 다짐해봅니다.

크리스마스의 루돌프가 가진 사명처럼

산타 할아버지의 썰매를 끄는 사슴은 루돌프입니다. 캐럴의 노래 가사에서도 알 수 있듯 산타 할아버지가 빨간 코 때문에 놀림당하고 있는 루돌프를 특별 채용하여 썰매를 끌게 했으니까요. 그래서 저는 루돌프가 행복할 것이라는 생각을 했습니다. 자신의 장점을 알아봐주는 사람을 만났고 자신이 잘할 수 있는 일을 열심히 하게 된 케이스니까요. 루돌프는 외톨이였지만 인생역전의 스카우트를 통해 놀리던 친구들이 부러워하는 전문직의 삶을 살게 된 것입니다.

사람은 누구나 빛나는 장점이 하나씩 있을 것입니다. 그리고 그에 맞는 일을 찾는 여정이 기나긴 교육 과정을 지나 사회에 나오기까지 계속됩니다. 그리고 시간이 흐르면서 경력이 쌓이게 됩니다. 이렇듯 본인 스스로도 잘 맞는 업무에 집중하고 행복을 느낄 수 있다면 행복한 직장인이 될 것입니다. 하지만 일을 할수록 자신의 적성과 맞지 않거나 발전이 없다면 깊은 고민에 빠지게 됩니다. 그럴 때는 직장인의 사춘기가 찾아오게 되죠. 스스로에게 가장 가치 있는 일이 무엇이고 앞으로 어떻게 그 일을 해야 하는지 생각해봐야 합니다. 루돌프처럼 광고회사에서 일하는 우리도 즐겁게 일하길 원합니다. 때로는 내가 가장 잘할 수 있는 일로 자신을 빛내고 싶을 것입니다. 내가 낸 아이디어가 결정되면 좋겠다는 생각, 상사에게 어필하고 싶은 마음, 더 나아가 소비자에게 내가 쓴 카피나 아이디어가 전달되기를 바라는 마음이 그렇습니다. 이를 위해 다른 동료들보다 차별화된 모습을 보이고 싶어 합니다. 어쩌면 이런 동기에 의해서 일에 더 열중하고 노력하게 되는지 모르겠습니다.

하지만 광고회사에서는 내가 생각한 아이디어만이 정답이라고 생각하는 것은 다소 위험합니다. 크리에이티브한 일에 정답은 없기 때문이며 광고주의 미션에 맞췄다고는 해도 세부적으로 들어가면 개인의 주관적 호불호에 따라 아이디어가 결정되는 경우도 제법 있기 때문입니다. 스스로의 재능에 대해서도 객관적인 시선이 필요하고 언제나 한발 물러서서 전체를 바라볼 수 있어야 합니다. 그렇지 않으면 아이디어가 객관화되지 않고 주관적인 것으로 한정될 수 있기 때문입니다. 더 나은 크리에이티브를 위해 고민하는 것이 광고회사의 일이고 거기서 나온 아이디어는 무엇보다 소비자를 위한 것이어야 합니다. 게다가 결정된 광고 크리에이티브는 결국 광고주의 마케팅에 직접적인 영향을 미치게 될 중요한 것입니다. 따라서 자신이 낸 아이디어가 객관적인 평가를 받지 못했을 때는 과감히 인정하고 포기할 줄도 알아야 합니다. 개인적 창조의 세계를 바란다면 아마도 순수 예술을 해야 될 것이니까요.

❋ 광고회사에서 아이디어를 낼 때 주의해야 할 일들

1 내가 낸 아이디어로 진행하고 싶어 강하게 고집을 부리는 행위.

2 타인이 낸 아이디어에 공감하거나 보완해주기보다는 대안 없이 지적만 하는 행위.

3 순간순간의 기분이나 감정에 치우쳐서 아이디어를 결정하는 행위.

4 직급이나 지위를 토대로 강압적인 권위만 세우고 회의실 분위기를 흐리는 행위.

5 한 회사의 동료라는 의식보다 팀 간의 경쟁이나 긴장만 과도하게 유발하는 행위.

6 광고주의 미션이나 광고 기획의 논리를 배제한 채 아이디어에만 도취된 행위.

7 아이디어 회의 때의 논쟁을 마음에 묵혀두었다가 일상생활에서도 감정적으로 대하는 행위.

루돌프가 처음에는 코가 빨갛다고 놀림만 당했던 것을 생각해보면, 진짜 창의적인 사람을 동료들이 몰라보는 경우도 있을 것입니다. 우리나라 최고의 크리에이티브 디렉터인 분도 신입이었던 시절, 따지기 좋아하고 반박이 많다고 미운털이 박힌 채 지낸 적이 있다고 들었습니다. 심지어 회의에 참석시키지 않고 일도 주어지지 않았다고 합니다. 그때 묵묵히 책을 읽으며 자신의 에너지를 축적했고, 끝내 그 진가를 발휘하게 되었다는 이야기를 들은 적 있습니다. 그러므로 사람은 어떤 어려운 환경에도 내적 확신을 갖고 최선을 다하면 언젠가 자신의 진짜 재능과 가치를 세상에 드러낼 때가 온다고 생각합니다.

광고인의 크리에이티브가 루돌프의 반짝이는 코와 같다면 코가 아닌, 루돌프의 존재 자체에 비할 수 있는 사람이 광고회사에 존재합니다. 바로 광고 제작의 책임자인 크리에이티브 디렉터(Creative Director)입니다. CD는 루돌프처럼 선두에서 프로젝트를 향해 길을 밝히며 목표를 향해 달릴 수 있어야 합니다. 리더 없이 우왕좌왕 아이디어들을 늘어놓고 회의를 하다

크리에이티브는 크리스마스처럼

가 결국 광고주와의 스케줄을 지키지 못한다면 그것이야말로 프로다운 모습은 아닐 것입니다. 광고 아이디어는 각각의 장점이 결합되어 탄생되는 위대한 결과물입니다. 누군가는 좋은 아이디어의 방향을 정하고 또 누군가는 그 방향 위에서 아이디어의 장점들을 뽑아내어 멋진 결과를 만듭니다. CD는 그 멋진 결과를 리더로서 주체적으로 이끌어나갈 수 있습니다.

하지만 그와 동시에 광고의 전반적인 제작과 결과를 책임지는 것 또한 CD입니다. 흔히 광고인을 꿈꾸는 사람들 중에서는 막연하게 CD를 꿈꾸기도 합니다. 광고 제작의 최고 책임자이기 때문에 그 자리가 빛나 보일 수도 있지만 광고회사의 명성과 발전을 위해 중요한 자리이며 때로 실패에 대한 책임을 온전히 짊어지는 자리입니다. 그러므로 책임감이 크고 부담스러운 자리라는 것을 알아야 합니다. 축구로 비유하면 마치 감독의 자리처럼 승리하면 매우 영예스럽지만 패배하면 모든 책임을 지고 경질되거나 비난을 감수해야 하는 자리입니다.

CD 본인의 성취감과 책임감을 제외하더라도 CD의 존재는 팀원들에게도 꼭 필요한 역할입니다. CD는 성공적인 광고 크리에이티브를 위해 팀원들의 재능을 끌어내야 하는 중요한 역할 또한 짊어지고 있기 때문이죠. 팀원들이 각각의 재능을 적재적소에 활용할 수 있도록, 가장 좋은 아이디어를 내놓을 수 있도록 유도해주고, 장점과 장점을 이어줌으로써 모두가 즐겁게 제작을 진행할 수 있도록 판을 짜는 사람이라 생각합니다. 썰매를 가장 앞에서 이끌며 올바른 방향과 광고주인 산타가 원하는 방식으로 네비게이션처럼 커뮤니케이션을 전하는 역할이기 때문입니다. 루돌프는 애환도 많았던 만큼 산타를 기다리는 아이들을 위해 열심히 헌신했다는 것을 느낄 것입니다.

천사들의 노래가
: 크리에이티브를 도와주는 천사들

누군가 저에게 천사의 존재를 믿느냐고 물어본다면 저는 존재할 거라 답할 것입니다. 물론 천사의 존재를 믿지 않는 사람도 있을 것입니다. 그건 개인의 생각마다 다를 테니까요. 진짜 천사가 존재하는지 여부는 확실치 않아도 크리스마스에는 불우한 누군가에게 도움의 손길을 건네는 천사 같은 이들이 있다는 것은 확신합니다. 성경에서도 천사는 많은 역할을 합니다. 그들은 하나님의 전령 역할을 하기 때문에 중요한 메시지나 지침을 내려주기 위해서 인간 앞에 나타나는 경우가 있습니다. 이번에 이야기하고 싶은 것은 광고인이 크리에이티브라는 보이지 않는 것을 찾아 헤매일 때, 도움을 주는 어떤 경우입니다. 저는 그것, 혹은 그런 사람들을 천사라고 말하고 싶습니다.

아이디어를 돕는 천사 1. 일상과 사물을 새롭게 관찰하는 시선

아이디어 측면에서 따지면 천사는 바로 일상과 사물을 새롭게 보는 시선이 아닐까 합니다. 우리의 아이디어는 마치 공기 중에 떠다니는 것과 같습니다. 보이지는 않지만 어딘가에 반드시 있고 그것을 발견하기 위해서 우리는 회의를 거듭하면서 회의에 빠지기도 합니다. 왜 아이디어는 일상에 있을까요. 그것은 소비자의 삶이 일상에 있고, 소비자가 사용할 제품이 일상의 제품이기에 우리의 광고도 일상을 살아가며 제품을 소비하는 소

비자의 초점에 맞춰 제작되기 때문입니다. 그 모든 것을 연결시키고 만족시킬 단서가 바로 일상에 있습니다. 범죄를 해결하는 셜록 홈즈도, 소년탐정 김전일도, 중년탐정 김정일 아저씨도 모두 현장에서 단서를 찾고 단서를 통해 범인을 추리합니다. 광고인도 마찬가지입니다. 세상에 나온 제품과 브랜드는 소비자가 있는 한 그 존재의 이유가 있습니다. 그 이유를 찾고 여러 시각에서 살펴보면 딱 맞는 메시지와 아이디어가 떠오를 것입니다. 그리고 그것을 더 훌륭하게 다듬어 광고로 만들면 되는 것이죠.

아이디어를 돕는 천사 2. 아이디어의 성장을 도와주는 동료

관찰만으로 아이디어가 탁 떠오르기는 어렵습니다. 간혹 혼자 힘으로 아이디어가 모두 정리되었다 하더라도 이를 실행하기엔 불가능한 경우가 많습니다. 이때 함께 일하는 동료가 우리의 제한된 시야를 틔워주고 더 좋은 방향을 잡아줄 수 있습니다. 때로는 실현 불가능한 것을 조언해주고 어딘가 부족했던 아이디어를 보완해주며 발전을 돕고 답을 함께 찾아갑니다. 그것을 잘해주는 팀이 좋은 팀이며 좋은 동료들이라 할 수 있습니다. 그렇기 때문에 크리에이티브를 발전시켜주는 사물이나 일상의 아이디어들, 혹은 동료들을 천사라고 생각합니다. 보이지 않지만 항상 곁에 있기 때문이죠. 팀은 부족한 개인의 한계를 넘어 더 큰일을 할 수 있도록 만들어줍니다. 광고는 그러므로 함께 만들어 발전을 거듭하는 대표적인 업무입니다.

아이디어를 돕는 천사 3. 공감과 소통을 낳는 소비자의 눈높이

제가 궁극적으로 생각하는 크리에이티브의 천사는 바로 소비자입니다. 제품에서도 답을 찾지 못하고 아이디어도 한계에 있을 때 우리의 소비자들에게는 답이 있습니다. 소비자들의 생각과 심리, 라이프스타일 등을 떠올리다 보면 제품이 언제 어떻게 필요한지, 그리고 그들에게 무엇이 되어주어야 하는지가 떠오릅니다. 그리고 어떻게 말해야 좋아하게 될 것인지도 자연스레 보이게 되죠. 소비자의 입장을 이해하고 바라보면 모든 것이 쉬워지고 보이지 않던 해답도 떠오릅니다. 제품은 소비자를 위해서 만들어졌고 광고 역시 소비자에게 하기 때문입니다. 그런 기준이 있다면 광고인이 만든 메시지와 디자인, 아이디어가 소비자가 보기에 어떤지, 정말 제품이 가치 있게 느껴지고 제품이나 서비스를 구매하고 싶은 브랜드인지 생각해보는 것만으로도 좋은 크리에이티브인지 아닌지 판별이 됩니다.

따라서 이 기준을 적용하여 광고 아이디어를 한 차원 더 높은 경지로 끌어올릴 수 있게 되고 광고주를 설득할 수 있는 기준이 생기게 됩니다. 큰 예산의 브랜드 캠페인을 집행할 때 소비자 그룹에게 인터뷰를 해보고 설문조사를 하여 미리 호감도를 면밀히 파악해보는 이유도 그것에 있습니다. 그러므로 저에게는 보이지 않는 소비자가 광고 크리에이티브의 천사라 말하고 싶습니다.

아이디어를 돕는 천사 4. 좋은 광고를 만드는 광고주

광고회사의 전문성을 인정해주는 광고주의 배려, 브랜드와 소비자들을 연결시킬 좋은 아이디어를 보는 눈이 좋은 광고를 낳는다고 생각합니다. 광고업계의 유명한 말로, 좋은 광고는 좋은 광고주가 만든다는 말이 있습니다. 아무리 광고회사에서 열심히 노력하고 좋은 아이디어를 제시한다고 해도 광고주가 그것에 동의하지 않는다면 세상에 좋은 광고를 내보일 수는 없을 것입니다. 광고 일을 하다 보면 아무리 좋은 아이디어를 만들어 설명해도 설득이 되지 않는 경우가 많아서 광고대행사로서는 사기도 떨어지고 거듭 반복되는 아이디어 제안에 힘도 빠지는 경우가 제법 있습니다. 반면 광고회사의 아이디어를 지지해주고 더 좋은 아이디어를 위해서 같이 고민해주는 광고주가 함께하는 경우에는 천군만마를 얻은 기분으로 힘들어도 힘든 줄 모르고 최선을 다하게 되며 결과적으로도 좋은 광고가 탄생하게 됩니다.

이처럼 광고인의 관찰력과 호기심, 좋은 동료들의 도움, 그리고 소비자들은 우리 광고인들에게 좋은 상상력을 불어넣어주고 접근 방법과 솔루션에 대한 방향성을 제시해주어 우리 광고 캠페인이 성공할 수 있도록 날개를 달아줍니다. 그래서 좋은 광고는 광고인 스스로의 발전을 추구하는 역량과 함께 일하는 멋진 동료들, 그리고 소비자들을 기준으로 그 목소리를 듣고 인터뷰하여 광고를 제작하는 모든 것들이 광고의 천사들입니다. 좋은 기준이 좋은 광고를 기획할 수 있게 해주고 좋은 광고주가 좋은 광고를 만듭니다. 그러므로 광고인들 역시 좋은 광고를 만들기 위해서 매일 노력을 아끼지 말아야 하며 동료들의 이야기에 귀 기울여 듣고 반드시 한 사람의 소비자 관점에서 생각할 필요가 있습니다.

크리스마스처럼,
크리에이티브도 축제다

광고회사의 꽃은 누구인가

크리스마스에 눈이 내리면 참 예쁩니다. 하얗게 변한 세상이 주는 분위기는 가히 환상적이죠. 아마도 하나님이 뿌려주는 아름다운 선물이 아닐까 싶습니다. 겨울이면 보게 되는 흔한 눈도 어느 타이밍에 내리는가에 따라 아름다움은 달라집니다. 특히 크리스마스 때 눈이 내리면 모든 사람들이 화이트 크리스마스를 외치며 더욱 기뻐하듯이 말입니다.

우리 모두는 크리스마스에 눈이 오길 기대합니다. 언젠가 겨울방학 때, 눈이 오는 크리스마스를 기다리며 눈의 결정을 공부한 적이 있습니다. 탐

구생활이라는 방학숙제용 책자를 보면 눈의 결정이라는 주제로 다양한 눈의 아름다운 모양이 소개되어 있었습니다. 겨울에 나뭇가지 위에 내린 눈꽃은 아름다움을 넘어 완벽한 조형미를 갖춘 신의 작품이었죠. 나중에 눈에 대해 관심이 많아져서 함박눈이 내리던 날 돋보기로 살펴봤던 기억도 납니다. 겨울의 꽃은 눈이고 눈은 때로 눈꽃이 되어 우리에게 아름다운 환상을 보여줍니다. 나뭇가지마다 아름답게 매달려 있는 눈의 결정들은 황홀하기까지 합니다.

광고회사에서 어느 특정 직종을 '광고회사의 꽃'이라고 표현합니다. 광고회사에서 가장 중요한 역할을 하고 없어서는 안 될 존재를 지칭하는 표현입니다. 그러나 때로 그 이야기는 남발되어 혼란스러운 경우도 있습니다. 누군가는 광고주와 제작팀 사이에서 전천후로 노력하는 AE가 광고회사의 꽃이라고 하고, 또 누군가는 소비자의 마음을 사로잡는 아이디어와 카피문구를 쓰는 카피라이터가 광고회사의 꽃이라 합니다. 하지만 그저 상징적으로 꽃이라 불리우기 전에 그 일을 정말 잘할 수 있는지 그리고 얼마만큼 좋아하는지를 스스로가 최선을 다하는 모습을 누군가가 보고 꽃이라 불러줘야 의미가 있는 것 아닐까 합니다. 하늘에서 내리는 눈도 자신의 존재를 뽐내듯 요란한 소리를 내며 내리는 것이 아니라 소리 없이 내립니다. 그리고 나뭇가지 위의 눈꽃이 되어 아름다운 침묵으로 자태를 보여줄 때 그 모습을 보고 누군가 감탄하며 인정함으로써 진정한 꽃이 되는 것입니다. 꽃이 되려는 욕심 때문에 열매가 없는 보여주기식으로 일을 한다면 그 또한 꽃으로 불릴 이유도 없어질 것입니다.

제 생각에는 어떤 직급이나 역할이 꽃이 아니라, 좋은 아이디어를 내는 사람이 꽃이라고 생각합니다. 광고에서 가장 아름다운 광경은 바로 좋은

크리에이티브는 크리스마스처럼

아이디어가 소비자들 사이에 활짝 피어나는 것입니다. 실제로 광고회사에서 일하는 사람들을 보면 결국 일을 잘하는 사람, 아이디어가 좋은 사람을 중심으로 광고 캠페인이 진행되기 마련입니다. 그런 사람들은 환경의 어려움에 아랑곳하지 않고 절묘하게 문제를 해결하는 광고를 만들며, 광고주를 설득하고 소비자들이 제품을 구매하도록 만들거나 긍정적인 인식을 심어줍니다. 그가 높은 직급이든 사원이든 상관없습니다. 광고회사에서의 꽃은 좋은 아이디어를 내는 사람이어야 합니다. AE가 콘셉트를 내고 카피를 쓸 수도 있습니다. 카피라이터가 전략적인 방향을 제시할 수도 있고 키비주얼(Key visual)에 대한 아이디어를 낼 수도 있습니다. 디자이너가 캠페인 콘셉트를 말할 수도 있고 카피를 쓸 수도 있는 것입니다. 결국 하나의 광고를 만드는 과정은 모두의 참여를 통해 이루어지는 것이고, 여기서 중요한 것은 누가 더 좋은 아이디어를 냈는가입니다. 그리고 그런 사람이 바로 진정한 의미에서 광고회사의 꽃이라 불릴 자격이 있다고 생각합니다.

물론 아이디어를 내는 과정은 쉽지 않습니다. 눈보라가 몰아치는 역경 속에서도 묵묵히 아이디어를 고민하면서 꽃이 되고자 합니다. 꽃이 쉽게 피지는 않기에 그만큼 간절히 바라고 애태우기도 합니다만 인고의 과정을 거쳐서 마침내 꽃은 피게 되어 있습니다. 우리 광고인들은 서로가 꽃이 되기 위해서 열심히 아이디어를 틔웁니다. 하지만 매번 스스로 꽃이 될 수는 없습니다. 때때로는 누군가의 아이디어를 받쳐주고 살려주는 잎이 되기도 합니다. 그래서 모두가 꽃이 될 수 있도록 재미있게 광고를 만든다면 행복한 일이 될 수 있을 것입니다.

와인처럼 음미하는 크리에이티브

개인적으로 크리스마스에 술을 마시는 건 좋지 않다고 생각합니다. 과음을 하게 되면 의미 있는 날을 무감각하게 보내게 될 수도 있기 때문입니다. 가족과 함께 건강하고 화목하게 보내는 것이 가장 이상적이라 생각합니다. 하지만 술을 좋아하는 사람들은 특히 크리스마스의 분위기에 어울리는 술로 와인을 꼽습니다. 너무 취하지도 않게 해주고 분위기도 잡아준다고 주장합니다. 그리고 한 잔의 와인을 두고 좋은 이야기를 나누다 보면 행복의 향이 더 깊어지고 삶의 풍미도 진하게 베어 나온다고 합니다. 그래서 생각해봤습니다. 크리스마스의 와인처럼 크리에이티브 역시 회의를 통해 음미해볼 수 있지 않을까 하고 말입니다. 회의실에서 마주 앉아 서로의 아이디어 향기를 맡아보는 일은 정말 즐거우니까요.

실제로 대부분의 회의는 경쟁하듯 아이디어를 내기도 하지만 하찮은 아이디어라고 무시하는 일이 다반사기 때문에 상처를 받는 사람들도 더러 있습니다. 그러다 보니 상대적으로 조금 약해 보이는 아이디어는 말하기도 전에 스스로도 위축되어 주눅 들게 됩니다. 심지어 좋은 아이디어가 나와도 습관처럼 자신감이 없어져 말하지 않고 넘어가는 경우도 발생하게 됩니다. 크리에이티브를 음미하기 위해서는 스트레스가 없는 상태에서 서로가 편안하게, 그리고 진한 본질 속으로 파고들려는 회의 분위기가 중요합니다. 회의실에서도 위계질서를 의식하며 눈치를 봐야 하고, 단순히 의무감에 표면적인 내용으로 의견을 내는 것에 그친다면 본질적인 아이디어로 발전하기 어려울 것입니다. 말 그대로 대화하듯이 서로에게 의견을 묻고 서로의 생각에 깊이를 더해가며 발전시켜야 할 것입니다. 누군가의 좋

크리에이티브는 크리스마스처럼

은 아이디어가 더 크고 위대한 아이디어가 되기도 합니다. 아이디어 회의에 참여하는 모든 사람은 와인을 즐기고 맛을 감별하는 아이디어 소믈리에처럼 아이디어를 느끼며 즐기는 전문가가 되어야 합니다.

그런 의미에서 아이디어를 와인처럼 음미하고 마음껏 소통할 수 있는 '브레인스토밍'에 대해 정리해볼까 합니다. 이미 세상에 널리 알려진 방법이라 이름은 익숙할 것입니다. 국립특수교육원의 자료에 의하면 '브레인스토밍'은 집단토의의 일종으로 특정한 문제나 주제에 대하여 두뇌에서 폭풍이 몰아치듯 생각나는 아이디어를 가능한 한 많이 산출하도록 하는 방법입니다. 이를 제안한 오스번(A.Osborn)은 효율적인 브레인스토밍을 위해서 4가지 규칙을 제시하고 있습니다.

1. 비판은 배제되어야 한다

아이디어에 대한 무조건적인 비판은 브레인스토밍의 적입니다. 누군가를 움츠러들게 하지 말고 상대방이 마음껏 아이디어를 발산할 수 있도록 분위기를 형성하는 것이 중요합니다. 아이디어는 다양한 관점에서 논의되어야 발전할 수 있고 다방면의 리스크도 줄일 수 있으며 완벽하게 보완될 수 있습니다. 그렇기 때문에 연차와 직급이 더 높다고 해서 좋은 아이디어들이 입 밖으로 나올 기회를 차단시키면 안 됩니다. 좋은 아이디어는 건강한 회의를 통해서 훌륭한 것이 됩니다.

2. 자유분방함은 환영받아야 한다

길들여지지 않은 거친 아이디어가 많이 나올수록 좋으며 그것은 더 좋은 아이디어가 나올 수 있는 밑바탕이 될 것입니다. 자유롭게 아이디어를 낼 수 있는 분위기를 만들어야 합니다. 이를 위해서 간단한 게임을 시작하거나 맛있는 간식들을 놓고 회의를 하기도 합니다. 때론 장소를 바꿔서 색다른 곳에서 회의를 하는 것도 바로 이러한 이유 때문입니다.

3. 아이디어는 다다익선

아이디어가 많으면 많을수록 회의는 성공할 가능성이 높고 토론은 풍성해지며 선택해야 할 아이디어의 범위가 더 넓어집니다. 따라서 많은 아이디어를 낼 수 있도록 분위기와 시스템을 도입하는 것도 좋은 방법입니다. 만다라트라는 종이를 만들어 활용하는 것도 좋겠습니다. 종이를 접어서 8칸이 나오게 한 후, 정중앙에 실마리가 될 핵심 단어를 적습니다. 그리고 그로 인해 파생되는 아이디어들을 나머지 칸으로 확장해가는 방법입니다. 어떤 핵심 목표를 이루기 위한 실천 방법으로도 쓰이니 검색하여 활용해보시면 좋겠습니다.

4. 결합과 개선을 추구함

자신의 아이디어를 내놓는 것은 물론이고 다른 사람의 아이디어에 무임승차하여 더 좋은 아이디어가 되도록, 거친 아이디어가 개선되도록 돕는 것입니다. 또한 유사한 아이디어를 결합시켜서 더 풍성한 아이디어가 되게 하는 것도 방법이 될 수 있습니다. 다양한 사람들이 많은 관점으로 새로운 아이디어의 기회를 모색해나가는 것이 집단회의의 가장 훌륭한 장점입니다. 좋은 아이디어지만 유사한 사례가 여럿 제시될 경우 이를 합쳐서 더욱 완전한 하나로 다듬으며 완성시키는 것도 자주 활용되는 방법입니다.

크리에이티브는 크리스마스처럼

열심히 아이디어 회의를 했다는 것은 많은 방향으로 생각의 갈래들이 나왔다는 것을 의미하며 회의가 깊어졌다는 것은 나온 아이디어를 토대로 심층적인 분석과 함께 내용이 더 결합, 발전되었다는 것을 의미합니다. 좋은 크리에이티브는 누가 봐도 좋은 것입니다. 내 옆의 동료들이 인정하지 않는 아이디어라면 광고주에게도 컨펌을 받기 힘들 것이고 더 나아가 소비자들도 박수를 쳐줄 리 만무합니다. 그렇기에 올바른 '브레인스토밍'을 통해 좋은 아이디어들을 효율적으로 뽑아내면 좋겠습니다. 아이디어를 즐기고 음미하며 놀이처럼 해보실 것을 권합니다. 다 같이 펜을 들고 지금부터 아이디어를 만들어보는 시간을 가져보면 어떨까요?

아이디어는 적당한 온도의 쿠키처럼

우리가 크리스마스 쿠키를 만들 때, 온도가 지나치면 타버리고 온도가 부족하면 쿠키가 되지 않는 것처럼 크리에이티브에도 적절한 온도를 부여하는 것은 매우 중요합니다. 이 온도는 다른 말로 광고 크리에이티브에 대한 열정이라 할 수 있습니다. 열정에도 적정선이 있는 것입니다. 광고를 만드는 일에는 열정이 필요합니다. 하지만 나만의 열정이 과하게 부여되면 다른 사람의 시선에는 부담스럽게 느껴질 수도 있습니다. 그리고 중요한 것은 바로 시간이겠죠. 최선을 다한다고 해도 결과가 안타깝게 나오는 경우가 종종 있는데, 그중 가장 아쉬움을 많이 남기는 문제는 역시나 시간이 부족할 때입니다.

아이디어의 밀도가 더 높아지려면 시간이 충분히 있어야 결과물이 보완되어 더 잘 나오게 되어 있습니다. 아무리 적정한 온도를 지킨다고 해도 정해진 시간을 넘어서면 타기 마련이고, 시간이 너무 부족하면 쿠키는 덜 익게 됩니다. 그러나 이 '시간'에 영향을 주는 요인은 외부에 있기도 합니다. 크리에이티브에는 답이 없습니다. 그렇기 때문에 누가 더 설득력을 갖췄고 결정 권한이 있는가에 따라 맥락이 바뀌게 되기도 합니다. 최선을 다해서 광고를 만들었지만 광고주나 상사의 의견이 달라져서 아이디어가 훼손되고 틀어지는 경우도 이에 해당하는데요, 크리에이티브 디렉터의 개인적인 호불호에 의해서 판단되어 달라지기도 하고 광고주 담당자의 성향이나 광고주 임원의 의견에 따라 달라지기도 합니다. 한 회사에서도 사원은 좋아했지만 팀장이 싫어할 수도 있고 팀장이 싫어했지만 임원들은 좋아할 수도 있는 것이 아이디어이기도 합니다. 따라서 회의실에서 태어났을 때는 정말 좋은 아이디어였을지라도 시간이 지나 누군가에게 판단받아야 하는 상황이 발생할 때마다 우리가 만든 광고 아이디어는 서글프게도 본래의 매력을 잃어버리게 되거나 심지어는 컨펌되지 못해 사라지고 마는 경우도 있습니다.

이외에도 완성도에 영향을 주는 요인은 있습니다.

❄ 훌륭한 광고가 나오는 것을 막는 방해물들

1 너무나 제한적이고 촉박한 준비 시간.

2 광고주나 광고회사 담당자의 낮은 안목과 결정.

3 아이디어를 실행할 수도 없을 정도의 적은 예산.

4 실행 과정 중 적당히 타협하며 낮아지는 퀄리티.

5 여러 수정을 거치며 서서히 변질되는 아이디어의 본질.

크리에이티브는 크리스마스처럼

6 기획 의도를 스탭들이 이해하지 못하고 진행하는 경우.

7 예상하지 못했던 변수나 사고로 인한 경우.

하지만 상황이 어떻게 바뀌고 의견이 달라진다고 해도 갖춰진 환경에서 최선을 다하는 것이 프로이고 일단 시작한 일에 열정을 갖고 임하는 것이 우리의 할 일입니다. 대부분 최선의 노력과 열정이 수반되어야 하며 광고 외적인 이슈 또한 주의해야 합니다. 사회 트렌드에 역행하거나 사회적인 기준, 윤리에 어긋나는 부분이 있거나, 광고모델이 예상치 못한 사고를 발생시키는 경우가 있을 수 있습니다. 이런 부분들까지 세심하게 따져보는 것도 중요한 일이며 이슈가 터졌을 때 이를 지혜롭게 수습할 수 있어야 하는 것도 광고인의 일입니다.

모든 광고에는 많은 이들의 수고가 깃들어 있으며 힘들었던 만큼의 애착이 우리가 만든 광고에 고스란히 담기기 마련입니다. 그러므로 우리는 부끄럽지 않은 광고를 만드는 것을 떠나 최고의 성취감을 위해 오늘도 최선을 다합니다. 그것이 광고인이기 때문입니다.

진정한 광고인으로 인정받는 것

매스컴대사전에서 검색한 '입봉'이란 의미는 감독으로서 처음 연출을 맡은 것을 뜻한다고 합니다. 광고 쪽에서 입봉이라는 말의 정확한 뜻 찾기가 힘듭니다만 대략적으로 설명하면 '스스로 맡은바 역할을 제대로 해낼 수 있게 된 경지'를 말하는 것 같습니다. 광고인에게도 프로 광고인으로서 제 역할을 해냈다고 인정해주는 것이 바로 '입봉'입니다. 기획자라면 자신이 쓴 제안서를 직접 프레젠테이션해서 광고주를 설득하여 집행한 것을 말할 것이고 카피라이터라면 자신이 쓴 카피가 제작물을 이끌어 처음으로 매체를 통해 소비자에게 전달된 것을 말할 것입니다.

제게도 처음으로 광고주에게 제안서를 쓰고 광고 시안을 프레젠테이션했던 캠페인 기획자로서의 추억이 있습니다. 얼마나 떨리던지 마른침을 삼키면서 설명을 했죠. 그땐 실수하면 안 된다는 생각 때문인지 긴장을 해서 여유 있고 부드러운 설명을 하지 못했던 것 같습니다. 비교하자면 군대에서 막 일병이 된 기분으로 대대장님께 진급신고를 했던 느낌과 비슷했습니다. 빈틈없이 준비한 탓에 실수는 하지 않았고 몇 가지 수정사항을 제외하고는 무난히 컨펌받았던 기억이 있습니다. 본래 카피라이터가 꿈이었기 때문에 이 과정을 잘 지내면 꿈을 이룰 수 있을 거라 생각했죠. 시간이 지나서 정말 원하던 카피라이터가 되었고, 또다시 광고주 앞에서 카피안을 설명하던 때가 떠오릅니다. 최대한 재미있게 설명하기 위해서 성우 흉내도 내가며 카피를 읽던 그 모습이요. 그리고 고맙게도 제 목소리를 칭찬하던 광고주의 웃음이 생각납니다.

저는 지금도 그때의 추억에 마음이 설렙니다. 며칠을 고민하면서 쓴 카피가 라디오, 잡지, 배너광고 등에 노출되는 것을 직접 보고 들었을 때의 행복한 기분은 말로 설명할 수 없을 정도였습니다. 특히 첫 라디오, 첫 TV 공중파 광고를 제작하고 방영 시간에 맞춰서 조마조마하며 기다렸던 추억은 제 광고 인생에서 잊지 못할 추억입니다.

크리에이티브는 크리스마스처럼

❋ 한 사람의 프로로 광고주 앞에 선다는 것은

1 자신이 준비한 제안서나 제작물에 확신을 갖는다는 것.

2 광고주를 비롯한 누구의 앞에서도 제대로 설명하고 설득하겠다는 것.

3 고민했던 내용에 대해서 누구보다 잘 아는 것.

4 실제 집행했을 때의 결과에 대해서 책임을 질 줄 아는 것.

5 비즈니스의 기본을 알고 매너 있게 일해서 신뢰감을 주는 것.

6 다음에도 다시 일을 맡기고 싶은 사람이 되는 것.

7 매번 기회가 주어질 때마다 지속적으로 성장하는 것.

이런 작은 성취감들이 쌓이고 쌓여 어떻게 하면 다음에 더 잘할 수 있을까 고민했고, 고민한 만큼 좋은 아이디어가 나오지 않을 땐 힘들어하기도 했지만 다양한 경험을 이어올 수 있었습니다. 때때로 스스로가 느슨해져 정체된 상황이라 생각되면 처음 입봉했던 때를 떠올려봅니다. 모든 일에 초심을 갖고 임할 수는 없지만 적어도 내가 광고 인생의 어느 지점에 와 있는지 다시 짚어볼 수 있어서 좋습니다. 매일 부족한 점을 떠올리며 겸손하게 성장해나가는 것이 가장 중요하다고 생각하고 있습니다.

시간이 흘러 인터랙티브 카피라이터라는 역할을 정의하고 다양한 광고를 제작하면서 이것이 영화가 되기도 하고 음악이 되기도 하는 재미있는 경험을 쌓으며 더 일이 즐거워졌습니다. 이후에 『인터랙티브 광고 제작법』이라는 책을 쓰면서 저는 제 스스로가 자신의 역할에 대해 입봉을 했다는 생각을 하게 되었습니다. 처음에는 사람들이 저를 카피라이터로 봐주지 않으면 어쩌나 하는 고민도 했습니다만 지금은 디자이너로 착각할 정도로 겉모습부터 시작해 사고방식까지 많이 달라졌다고 합니다. 지금은 회사를 창업해서 광고 크리에이티브 전반을 책임지는 CD가 되었습니다. 사람은 무엇을 먹는가에 따라서 건강과 체질이 달라지듯이 무슨 일을 하는가에 따라서 외모와 사고방식도 많이 달라지는 것 같습니다. 저는 앞으로도 계속 광고인으로 살 것이고 크리에이티브한 일을 즐거워하며 기꺼이 사서 고생하는 이 길 위에 서 있을 것입니다. 자신이 원하는 일을 마음껏 하는 사람은 모두 행복해 보입니다. 저도 그렇게 살고 싶습니다.

BGM

성탄절 칸타타
: 위대한 크리에이티브를 노래하라

크리스마스에 교회에서 예배를 드리면 성탄절 칸타타를 들을 수 있습니다. 칸타타는 무엇일까요? 이 말의 의미를 찾아보는 것으로 크리스마스 칸타타에 대해서 설명이 가능해질 것 같습니다. 칸타타라는 말은 이탈리아어의 cantare(노래하다)가 어원이며, 기악곡을 뜻하는 소나타의 대칭어라고 합니다. 일련의 이야기풍 가사를 바탕으로 한 바로크 시대의 다악장 성악곡을 가리키며, 독창·중창·합창 등으로 이루어져 있다고 합니다. 칸타타는 종교적인 내용의 칸타타와 세속적인 내용의 칸타타가 나뉘는데, 물론 교회에서 크리스마스에 듣는 것은 종교적인 칸타타겠지요. 크리스마스는 하나님의 아들인 예수 그리스도가 이 낮은 땅의 마구간에서 태어나심을 기념하는 날이기 때문에 크리스마스 칸타타는 바로 그분의 탄생을 기뻐하는 노래일 것입니다.

성탄절의 칸타타는 교회의 성가대가 부르는데, 이 모습을 보면 마치 잘 훈련된 광고회사의 팀워크를 보는 것처럼 합창이 아름답습니다. 모두가 모여 하모니를 이루고 하나의 곡을 완벽하게 소화하며 이것을 대중에게 아름답게 전하는 것이기 때문에 칸타타는 크리에이티브처럼 보이기도 합니다. 그리고 거룩하고 아름다운 노래를 부르는 성가대의 모습은 어쩐지 자신에 차 있으면서도 기품 있는, 모두가 밝고 행복한 모습입니다. 광고회사에서 열심히 크리에이티브를 완성해낸 광고인들의 모습도 그와 같을 것입니다.

　언젠가 회의 도중에 터진 아이디어에 모두가 박수를 치며 브라보를 외친 적이 있습니다. 누가 보아도 탁월한 아이디어였고 우리는 자신이 있었습니다. 모든 동료들은 완벽한 하나의 그림을 그리고 자신의 영역으로 돌아가 카피를 쓰고 디자인을 했으며 제안서를 썼습니다. 다시 모여서 모든 결과물들을 하나로 정리해보았고, 팀장님은 마치 지휘자와 같이 프레젠테이션을 하며 광고주가 듣고 소름이 돋을 만한 멋진 파티를 할 수 있었습니다. 이렇게 준비된 광고 캠페인은 소비자들에게도 감동과 참여를 이끌어냈고 광고주의 찬사와 더불어 광고제에서도 상을 받을 수 있었습니다. 너무나 아름다운 순간이었습니다.

　이와 같은 결과를 얻기 위해서 우리는 성가대처럼 오랜 시간을 준비해야 합니다. 어느 누군가가 스타플레이어로 독창을 하게 두어서는 모든 것이 완벽해지지 않습니다. 그런 플레이어가 있다면 한 파트 정도는 독창으로 이끌 수는 있겠지만 전체적으로는 조화를 이루도록 해야 하고 결론적으로는 곡 전체에 자연스럽게 모두가 융화될 수 있어야 합니다. 광고인 모두는 서로에 대한 믿음과 호흡으로 환상적인 크리에이티브 칸타타를 만들어낼 수 있을 것입니다. 광고는 모두가 하나의 완벽한 결과를 만들어가는 공동의 작업이기 때문에 멋진 과정도 매우 중요하다고 생각합니다.

　　우리 광고인에게 위대한 크리에이티브는 세상에 없던 아이디어가 언어와 비주얼로 현실이 되어 나타나 광고주를 사로잡고 마침내 광고회사를 구원하는 것과 같습니다. 그리고 멋진 크리에이티브는 영향력을 주고 새로운 비즈니스 기회를 만들기도 하고 실력을 더 성장시킬 수 있는 멋진 기회들로 연결을 시켜줍니다. 이는 동료들에게 자부심이 되고 서로에게

'할 수 있다'는 믿음과 자신감을 심어줄 것입니다. 우리의 광고 제작 일상에 위대한 크리에이티브를 노래할 수 있도록 오늘도 열심히 광고를 만들어갑시다. 제가 참여한 광고 캠페인에서 소비자들의 마음을 감동시키고 따라 부르게 만들 수 있는 천상의 하모니를 만들어내도록 오늘도 동료들과 최선을 다해서 연습하겠습니다.

크리에이티브를
파티처럼
즐기는 방법

한창 바쁠 때 광고인들의 뇌는 마치 꺼지지 않는 스마트폰처럼 쉬지 않는 것 같습니다. 24시간 내내 충전하면서 다양한 일을 멀티로 해내고 있기 때문입니다. 광고인의 경우 한 가지 브랜드만 맡아서 일을 하는 경우는 별로 없기 때문에 최소 2~3개 이상의 브랜드를 담당해서 일할 것입니다. 카피라이터의 경우에는 언제나 다양한 광고주의 카피를 써야 하기 때문에 상대적으로 크리에이티브에 대한 부담이 큰 편입니다. 그래서 급하게 광고 제작을 해야 할 때는 언제 어디서나 광고 아이디어나 카피를 생각하게 됩니다. 출근을 하려고 집을 나설 때부터 버스를 타거나 지하철을 탔을 때, 회사에 도착해서 차를 마시거나 밥을 먹을 때도, 심지어 화장실에 갔을 때도 크리에이티브를 위한 고민을 쉬지 않습니다. 혹은 크리에이티브를 의식하지 않아도 무의식 속에서는 답을 찾기 위해서 노력하는 것처럼 느껴집니다. 그러다 탁! 하고 아이디어가 떠오르면 다행이겠지만 그렇지 않기에 광고인의 머릿속은 365일 쉬지 않습니다.

바쁜 광고인에게 여유가 주어지면

그렇다면 광고인들이 여유 있을 때는 언제쯤인지 소개해보려 합니다. 흔한 경우는 아니지만 경쟁 P.T가 끝난 후에 성과가 있어서 광고를 수주하게 되었을 때는 위로 차원에서 휴가를 주는 광고회사도 있고 휴일에 일을 하면 대체휴가를 주는 곳도 있습니다. 그리고 크리에이티브를 찾기 위해서 일하는 사람들이기 때문에 틈을 내서 여유 시간을 가지려고 노력하기도 합니다. 회의실을 카페로 정하거나 잠시 생각할 시간을 갖기 위해 거리를 걷다가 돌아오거나 하는 일도 있습니다. 또 광고 일이 바쁘지 않을 때는 불특정한 시간에 단체로 영화관이나 서점, 전시회를 가기도 합니다. 언제 여유가 있을지 모르는 것이 아쉬운 점이지만 그래도 평소에 바쁜 만큼 시간이 날 때는 이를 효율적으로 쉬기 위해서 노력을 합니다. 개인적으로는 공휴일이 아닌 평일에 하루쯤 쉬는 것을 좋아합니다. 그러면 어디를 가도 사람으로 붐비지 않아서 편하기 때문이죠. 이러한 일상 속의 여유를 선물하기 위해 크리에이티브마스는 주4일 출근제를 도입하여(주 4일 근무제는 아닌) 회사를 운영하고 있습니다. 업무는 끊이지 않지만 잠시라도 공간의 자유와 여유를 가지면서 스케줄이 빌 때는 극장을 가도 편하게 영화를 볼 수 있고 서점에 가서 한적한 시간을 보낼 수 있습니다.

❋ 광고인들이 재충전하는 여러 방법들

1 문화 · 예술을 통한 정신적인 휴식.

2 부족한 수면 시간을 채우기 위한 숙면.

3 여행을 통해 삶의 활력을 재충전.

4 광고가 아닌 새로운 것을 창조하기.

5 아무것도 하지 않고 멍하게 있기.

6 밀린 독서하며 사색하기.

7 새로운 취미를 만들거나 배우기.

반면 바쁜 일상을 보상받으려는 듯 여행을 취미로 국내외를 가리지 않고 떠나는 광고인들도 많습니다. 마치 광고 일로 누적된 피로를 여행 계획 세우는 일로 견디고 견디다 마침내 여행을 떠나면서 피로를 날려버리는 것이죠. 여행에서 얻은 여유로움과 에너지를 다시 광고에 쏟아내고, 다시 여행을 준비하며 일하기를 반복하며 해소하기도 합니다. 제 주변의 CD 중 한 분은 해외여행을 해야 새로운 창작 욕구가 솟는다고 하는데 결국 그분은 취미를 즐겼을 뿐인데 진로가 되어버린 경우로, 현재 여행작가로서도 활동 중입니다.

그리고 여행을 비롯해서 다양한 방식으로 자신만의 휴일을 보내는 광고인들도 많습니다. 어느 AE는 광고주의 브랜드를 광고하다가 그 제품을 통해 취미가 바뀐 경우도 있습니다. 등산을 별로 좋아하지 않았던 그는 아웃도어 브랜드의 수주를 맡게 되어 산에 갔다가 산이 주는 넉넉함과 장대한 풍경, 성취감에 반하여 취미가 되어버렸다고 합니다. 자동차를 워낙 좋아한 선배 CD는 해외 자동차 브랜드의 광고를 수주하고 국내외 멋진 자동차에 대해 더 큰 애착이 생겨 아예 드라이브를 즐기게 되었다는 사례도 있습니다. 또한 정기적으로 한 번씩 번지점프를 해야 맘이 풀린다는 카피라이터도 있고, 다재다능한 어느 광고인 선배의 경우에는 AE면서 만화를 배워서 그리기도 하고 음악을 좋아해서 직접 곡을 만들기도 합니다. 커피에도 조예가 깊어서 커피 만들기도 좋아합니다. 다양한 취미들이 광고와 접목되어 좋은 아이디어가 되기도 하니 오히려 광고인에게는 하나 이상의 색다른 취미를 갖도록 권장하고 싶을 정도입니다.

하지만 저런 것도 과연 취미라고 할 수 있을까 싶은 취미도 있습니다. 병을 모으던 AE가 떠오릅니다. 세계를 여행하면서 수집한 병으로 자신의 방을 채운다거나 다양한 빨대를 모아서 전시회를 하듯 모아놓는 경우도 있습니다. 또 후배 카피라이터의 지인에 관한 이야기라 들었습니다만 술에만 취하면 거리의 간판이나 동상 같은 것을 들고 집으로 가져오는 괴상한 취미가 있는 사람도 있다고 합니다. 그분의 집에 가면 KFC할아버지와 맥도날드 캐릭터가 다정하게 서 있고 이발소 간판부터 다양한 것들이 창고처럼 정리되어 있다고 하네요. 사실 이런 취미는 주변에 피해를 주는 것이기 때문에 취미라기보다는 주사나 도벽이라 할 것입니다.

광고인의 취미는 창조력을 높여주고 자신의 것을 갖고, 추구하게 해줍니다. 광고의 소유자는 광고인이 아니라 광고주입니다. 이를 만드는 광고인들은 열심히 대행하여 애쓰지만 결국 자신의 것은 없고 광고주의 것이라는 생각을 하게 됩니다. 그래서 저의 광고회사 크리에이티브마스에서는 연말에 직원들이 각자의 창작물들을 모아서 합동 전시회를 열기도 했습니다. 광고인 이전에 한 사람의 예술가로서 시간을 쓰고 성취감을 느끼며 사람들에게 보여줄 수 있도록 말이죠.

단기간에 많은 것을 쏟아내는 광고인은 업무 특성상 자신을 끊임없이 채워줄 취미를 갖는 것이 매우 좋다고 생각합니다. 그것이 건강을 지켜주는 운동이어도 좋을 것입니다. 광고인은 항상 책상에 앉아 고민하고 일하기 때문에 많이 걷지 못하여 운동량이 부족하고 새벽까지 일하거나 밤을 새워 일을 하는 경우도 있기 때문에 체력이 뒷받침되지 않으면 오래 일할 수 없는 직업이기도 합니다. 헬스클럽, 혹은 요가, 테니스 등으로 꾸준히 자신을 관리하는 광고인들이 많습니다. 저는 검도를 해보겠다고 다짐했지만 아직 죽도를 잡아보지도 못한 채 몇 년이 흘러가고 있지만요. 앞으로는 부지런히 도전해보려 합니다. 건강한 몸에 건강한 크리에이티브가 깃든다고 믿기 때문입니다. 광고인이라면 어떤 방향이든 자신만의 에너지 충전법을 찾아야 합니다. 비록 세상이 모두 쉬는 휴일에 못 쉬는 경우도 있지만 비정기적인 휴식시간을 두어 자신만의 공휴일을 만드는 것이죠. 우리는 아이디어 노동을 하기 때문에 생각을 쉬지 않으면 광고 제작을 계속할 수 없는 뇌구조를 지닌 것 같습니다.

광고인의 크리에이티브를 위한 베스트셀러

세계적으로 가장 많이 팔린 책은 바로 성경입니다. 성경은 창조주이신 하나님과 인간의 이야기를 기록해놓은 것으로, 인간을 창조한 창세기부터 세상의 끝을 다룬 요한계시록으로 구성되어 있습니다. 어쩌면 이 세상의 모든 이야기가 담겨 있다고 해도 과언이 아닙니다. 특히 신약성경에서 크리스마스는 예수 그리스도의 탄생과 그에 대한 이야기를 소개하고 있습니다. 그렇기 때문에 성경은 예수 그리스도를 믿는 크리스천에게 절대적인 영향력을 미칠 수밖에 없습니다. 그 안의 메시지들을 삶에 적용하며 실천하고 사는 것을 최고의 가치로 여기며, 그 실천력을 믿음의 척도로 봐도 무방한 것이겠지요.

크리스천에게는 성경책이 있고 고교생에게는 수학의 정석이라는 책이 있는 것처럼 광고인에게도 바이블과 같은 크리에이티브 서적이 있다면 얼마나 좋을까요. 광고 크리에이티브 바이블이 있어서 그 안에 광고 제작의 모든 노하우가 집약되어 있다면 아마도 곧바로 베스트셀러가 될 것입니다. 광고 책들은 많이 나와 있을지 모르지만 절대적인 책은 없는 것 같습니다. 왜냐하면 광고 크리에이티브는 어떤 공식에 의해서 나오는 것도 아니고 브랜드마다, 소비자마다, 당시의 시대 환경이나 트렌드, 경쟁 상황마다 흐르는 물처럼 시시각각 변화하기 때문입니다. 그래서인지 개념을 설명하는 책과 약간의 노하우들은 참고할 수 있지만 절대적으로 도움을 주는 책은 없을 듯합니다.

그럼에도 개인적으로 도움을 받았던 책들을 꼽자면 세계적으로 유명한 광고인들이 쓴 책입니다. 유명한 광고인은 데이비드 오길비, 레오버넷, 헬 스테빈스 등이 있습니다. 이러한 거장들의 책은 한 시대의 광고를 풍미했던 만큼 그들만의 축적된 경험치를 바탕으로 광고에 어떻게 접근해야 하고 성공한 광고 캠페인이 무엇인지 분별할 수 있게 해줍니다. 그리고 광고거장들은 광고에서 반드시 고려해야 할 것과 하지 말아야 할 것을 원칙으로 명확하게 제시해줍니다. 이것은 시대가 변해도 적용되는 기준이 되는 것들입니다. 마치 의사 선생님들의 노련한 처방 같은 느낌이 들기도 합니다. 이분들의 책에 나온 내용대로 광고를 만들면 적어도 큰 실수는 하지 않을 것 같다는 생각이 드니까요. 하지만 의사가 무언가를 고치고 개선시키는 조언이나 처방을 해줄 수는 있지만 생명 자체를 창조하는 능력은 없듯이 크리에이티브의 창조란 현업에서 일하는 광고인의 몫입니다. 이것은 많은 실험을 통해서 완성을 위해 노력해야 하는 것이라는 느낌입니다. 의사는 환자에게 건강한 방향을 제시해줄 수는 있지만 그것을 실천하고 적용하면서 건강해지는 몫은 바로 환자에게 있듯이 광고 서적들도 마찬가지입니다. 당신이 직면한 광고 과제에 누구보다도 고민하고 노력하며 풀어나가 새롭게 창조를 해야 하는 것입니다.

흥미로운 책 중에서 광고 크리에이티브의 프로세스를 정리한 것이 있습니다. 세계적으로 유명한 광고인들이 광고 크리에이티브를 만드는 과정을 심층적으로 인터뷰하고 분석하여 이를 소개하는 것입니다. 그들이 일하는 방식은 무척 다양하고 개성이 넘치지만 비슷한 공통점이 있었는데, 그것을 정리해보면 다음과 같습니다.

1. 정확한 광고 과제를 이해하기 위한 노력

정교한 광고 크리에이티브를 위해 광고주와 AE가 정리한 브리프 자료를 읽고 또 읽는다는 점입니다. 그리고 시장에 대한 정보를 분석하고 소비자에 대해서 정확하게 이해하려고 하는 노력이 깃들어 있습니다. 이를 통해 문제 해결, 혹은 이뤄야 할 목표에 대해 정확한 정보를 나침반처럼 기준으로 삼는다는 특징이 있습니다. 이는 데이비드 오길비, 혹은 존 클로드 홉킨스의 광고가 과학처럼 정보와 자료를 기반으로 한다는 것에 도움을 받았습니다. 그분들의 책을 읽어볼 것을 추천합니다.

2. 치열하고 다양하게 크리에이티브를 고민

크리이에티브를 위해서 과거의 광고 캠페인을 뒤져보거나 경쟁사의 광고 캠페인을 분석하곤 합니다. 그리고 예전의 수상작들이나 과거에 생각했던 아이디어들 중에서 혹시 쓸 만한 것이 없는지 크리에이티브를 탐색하고 여러 생각을 이어붙이며 고민하는 단계도 거칩니다. 머릿속으로 답을 찾기 위해서 물리적으로도 많은 노력을 기울이는 것입니다. 국내외 수상작들을 살펴보고 아이디어 발상법을 연구해보는 것도 좋은데, 이는 의도적으로 표절을 피하기 위해서라도 참고해야 할 것입니다. 또한 의사 출신의 카피라이터 헬 스테빈스의 책을 읽어보는 것도 제작물을 만드는 데 하나의 기준이 되어줄 것 같습니다.

3. 일상 속에서 광고 크리에이티브를 발견

열심히 노력한다고 광고 크리에이티브가 나오는 건 아니기 때문에 함께 모여서 회의를 하는 것도 좋습니다. 그렇게 각자 흩어져 다른 일들을 하며 고민을 이어갑니다. 광고에서 벗어나 다양한 경험과 자극을 받기 위해 애씁니다. 거리로 나가서 돌아다니기도 하고, 다른 동료들이 무엇을 하는지 보다가 이야기를 나누기도 하고, 영화를 보거나 드라마를 보기도 하고, 식당에 들어가 식사를 하기도 합니다. 이런 중에도 무의식은 문제를 해결하기 위해서 일하고 있습니다. 앞서 아이디어에 몰두했던 것이 긴장이라면, 일부러 이완하는 시간을 갖는 것입니다. 그러다 갑자기 광고 크리에이티브가 떠오르는 경우 메모를 합니다. 순간적으로 떠오르는 경우가 많기 때문에 항상 몸에 지니는 스마트폰의 아이디어 정리 앱을 하나 정해두는 것도 추천합니다.

4. 마지막까지 최선을 다하는 성실한 고민

광고 제작에 무한한 시간이 주어지면 좋겠지만 광고는 시험 날짜처럼 마감이 정해져 있습니다. 광고주에게 제시하기 전, 주어진 시간 내에서 가장 좋은 광고 크리에이티브를 뽑아내야 하기 때문에 스케줄상 적절히 정리해야 하는 시간이 되면 나왔던 아이디어들을 놓고 자체적으로 순위를 매기거나 정리를 해서 추립니다. 어제 좋아 보였던 아이디어가 형편없어 보이기도 하고 갑자기 떠오른 아이디어가 더 좋아 보이기도 합니다. 이를 통해 아이디어를 걸러내는 작업을 하고 괜찮은 아이디어를 살려보기 위해서 펼쳐봅니다. 그리고 시간이 다 되었다면 그중에서 가장 나은 것으로 결정을 합니다. 그리고 다시 광고회사 동료들과 펼쳐놓고 가장 좋은 것을 추리고 더 위대하게 만들 방법은 없을지 다듬습니다.

제 주변을 둘러봐도 보통은 위와 같은 프로세스로 아이디어를 준비하는 것 같습니다. 사람의 뇌는 문제에 집중하면 무의식중에도 그것을 해결하기 위해 움직이는 것 같습니다. 유명한 광고인들 중에서는 대체적으로 이와 같은 패턴으로 광고 크리에이티브 작업을 하는 듯 보입니다. 아, 그리고 수시로 아이디어를 메모해두었다가 적절히 활용한다는 것도 추가해야 하겠습니다. 하지만 무엇보다도 이런 표면적인 방식에 크리에이티브를 찾는 특별한 방법이 있는 것은 아닙니다. 유명한 광고인들 역시 평소 아이디어에 대한 고민과 노하우가 쌓여 저런 형태로 발상하는 것이 가능하지 않을까 생각합니다. 크리에이티브에 왕도는 없지만 앞서 고민했던 선배들의 이야기를 살펴보면서 크리에이티브를 연마한다면 실력 향상에 도움이 될 거란 생각을 해봅니다.

그리고 마지막으로 개인적인 아이디어 도출 프로세스 하나를 덧붙이고 싶습니다. 그것은 바로 지난 광고 크리에이티브에 대한 재조명입니다. 즉 우리가 만든 광고 크리에이티브가 정말 성공적인 것이었는지, 부족한 것은 없었는지 확인해보는 것입니다. 성공적인 경우는 모두에게 칭송을 받을 뿐만 아니라 광고주가 장래 우리 회사에 광고를 의뢰하고 싶게 만드는 것으로도 연결됩니다. 반면 실패한 광고라면 제작한 구성원 모두가 함께 무엇이 어떻게 잘못되어 효과가 저조한 것인지를 분석해봐야 합니다. 그래야 한계를 딛고 더 나은 광고를 제작할 수 있기 때문입니다.

사실 사람이라면 누구나 잘된 것은 널리 알리고 싶어 하고 잘못된 것은 덮어두고 사람들 앞에 공론화하길 꺼려합니다. 잘못된 프로젝트나 실패한 광고 캠페인을 다시 돌아보는 것은 자존심이 상하는 일이기도 합니다. 때론 인정하고 싶지 않아서 광고주 탓을 하거나 동료를 탓하고 넘어가기도 합니다. 하지만 잘못된 것을 분명하게 알아야 더 발전할 수 있기 때문에 누구라도 광고 캠페인에 참여했다면 그 부분에 대해 책임을 가지고 반성할 줄 알아야 성숙해질 수 있습니다.

제가 다녔던 첫 광고회사에서는 한 해 동안 만든 제안서와 제작물을 구성원 모두가 날카롭게 비평할 수 있는 장을 만들어주기도 했습니다. 이름하여 'Critic Awards'였습니다. 그 자리가 마련되면 회사 곳곳에 면도날이 박힌 트로피 이미지의 포스터가 붙고, 포스터에는 타이틀과 함께 참여 방법이 나와 있습니다. 회사가 진행했던 광고 캠페인을 대상으로 최고의 비평을 하는 직원에게 상을 주는 것으로, 당시 이슈가 되고 있던 게임기를

크리에이티브는 크리스마스처럼

상품으로 제공했던 것이 기억납니다. 누구나 익명으로 한 해 동안의 광고 캠페인을 비평할 수 있었고 저 역시 열심히 작성하여 운 좋게도 최고 비평 가상을 받아서 상품으로 게임기를 받고 기뻐했었습니다. 힘들게 광고 캠페인을 진행했던 분들에게는 조금 상처가 되었을 걸 생각하면 미안하기도 했습니다. 하지만 그 과정을 직접 거치고 보니 광고인으로서는 광고주의 평가가 아닌 동료들의 객관적인 평가를 통해 각자의 결과물을 재조명할 수 있게 되니 그렇게 나쁜 것만은 아닌 것 같습니다.

그중에서는 광고주가 좋아하고 소비자 반응이 좋았으니 성공했다고 자부했던 선배들도 부족한 점을 깊이 파헤치며 알아보게 되었고 성공하지 못한 광고 캠페인은 왜 그러했는지도 명확하게 깨달을 수 있는 시간이었기에 큰 의미가 있었다고 생각합니다. 저는 신입사원이었어서 직접 광고를 제작한 것은 없었지만 그런 계기를 통해 간접적으로나마 여러 가지를 배울 수 있었던 중요한 시간이었습니다.

❋ 광고회사가 좋은 광고를 만들어야 하는 이유

1 잘 만들어진 광고는 최고의 영업사원이다.

2 수상작이 많다는 것은 성공 확률이 높다는 것이다.

3 수많은 광고회사 중에서 우리가 초대받을 이유를 주는 것이다.

4 광고회사의 제작물은 곧 그 회사 자체의 퀄리티를 의미한다.

5 최고의 인재들이 성공적인 캠페인을 만든 광고회사를 선호한다.

6 큰 예산을 가진 광고주라면 잘하는 곳에 맡기고 싶어 한다.

7 잘나가는 회사의 직원은 높은 급여와 복지를 누릴 확률이 높다.

8 좋은 광고를 만드는 것이 광고회사 존재의 이유이기 때문이다.

광고업을 계속 하다 보면 처음에 느꼈던 경험 부족과 한계는 시간이 지나면서 기술이 생겨 나아지지만 또 어느 지점에 이르러서는 자신만의 철학, 고집으로 크리에이티브 시야가 좁아지기도 합니다. 이때 자신의 기준을 잠시 내려놓고 동료나 소비자들의 테스트를 통해서 이를 객관적으로 검증해보려는 자세가 필요합니다. 그렇지 않고 자신의 아이디어에만 함몰되게 되면 독불장군처럼 자신의 단점도 보지 못하게 되는 경우가 많습니다. 따라서 광고 아이디어에 대해서 또 보고, 다시 보고, 한 번 더 보는, 객관적이면서도 철저히 아웃풋 중심적인 작업을 해야 합니다. 그래야 객관적으로 자신의 크리에이티브 능력이 자라고 있음을 확인할 수 있고 발전할 수 있으며 더 큰 자신감을 갖게 해줄 것입니다. 이윽고 프로라는 무대에서 조명을 받을 수 있게 될 것입니다.

어둠 속에서 촛불이 하나둘 모이면

양초를 켜면 어둠 속에서 작은 빛 하나가 춤을 추듯 주변을 밝힙니다. 촛불이 주는 따뜻함과 아름다움은 내면의 고독과 불안감에 빠진 영혼들을 깨워줍니다. 이것은 가족과 연인들의 식탁을 빛나게 해주며 서로의 얼굴을 돋보이게 해주기도 합니다. 작은 불빛이지만 크리스마스에는 더없이 소중하고 필요한 것이 바로 양초입니다. 이러한 양초처럼, 어렵고 막막한 일에 파묻혀 있을 때 따뜻한 해답을 함께 고민해줄 광고가 있다면 얼마나 좋을까 생각해봅니다. 그리고 누군가에게 도움을 줄 수 있는 광고인 동료가 있다면 우리는 매일 웃으며 일할 수 있을 것입니다. 이런 광고는, 그리고 이런 존재는 어느 곳이든지 필요합니다.

　서로를 경쟁자가 아닌 동반자로 보고 동료의 부족한 점을 채워주면서 성공적인 광고 캠페인을 진행한다면 어떤 일이든 최고의 성과를 낼 수 있을 것입니다. 광고 일을 하면 아이디어에 대한 스트레스, 바쁜 현업 때문에 서로에게 쉽게 예민해지고 인상을 찌푸리기도 합니다. 그래서 회사의 문화를 만들어나갈 때 중요시한 것이 서로를 우선 존중하고 화내지 않는 것이었습니다. 모든 문제는 감정적 해결이 도움이 되지 않기에 다시 그런 일이 생기지 않도록 서로 대화를 하고 정돈하는 것이 필요합니다. 그러기 위해서는 일상에서 서로의 친근함과 긴밀함이 기본이 되어야 합니다.

　저는 제가 생각하는 이상적인 광고회사를 만들기 위해 크리에이티브마스를 창업하게 되었고, 그 신념을 하나하나 이루어가고 있습니다. 서로 어울릴 수 있는 회사문화를 만들기 위한 노력, 그리고 다음에 더 이야기 나누겠지만 더 나은 세상을 꿈꾸며 전부터 이어오던 아름다운 재단을 도와 광고 재능기부를 진행하는 것도 그중 하나입니다.

　크리에이티브마스에서는 다양한 이벤트를 만들어가고 있습니다. 험하게 경쟁하다 누군가 하나 다칠 수 있는 체육대회가 아니라 점 하나를 빼서 '제육대회'를 열어 서로 고기를 굽고 잘 구워 먹으면 모두가 승자인 대회를 봄, 가을에 열고 있습니다. '예술로의 출근, 외근, 퇴근'은 비정기적이지만 영화관이나 전시회로 출근하거나 다녀오고 퇴근하는 행사를 말합니다. 평일의 여유로움과 예술의 관람은 자연스레 서로를 이해하는 시간을 만들어주고 작품에 대한 교감을 통해 가까워지게 합니다. '조이풀투어'는 워크숍이 아닌 여행을 함께하는 행사입니다. 국내외 자유롭게 다니면서 행복한 추억을 만듭니다. 그리고 진지하게 서로의 인생 목표를 이야기 나누고 응원하며 회사와 개인의 비전을 동기화하는 '비전 워크숍'도 진행하고 있습니다.

이외에도 합동 전시회 개념의 '올 크리에이티브 전시회'와 '독서 무한제도' 등 새롭고 창의적인 기업문화를 만들어가고 있습니다. 음주회식이 없어서 문화회식으로 대체된 것도 하나의 특징이라 할 수 있습니다. 무엇보다 가장 인기가 많은 것은 '주4일 출근제'입니다. 매주 금요일은 공간을 자유롭게 활용하여 각자 일하고 중요한 일을 마친 뒤에는 자기계발이나 휴식을 가질 수 있도록 배려한 것이 특징입니다.

❄ **크리에이티브마스의 창의적인 업무 문화 소개**

1 국내외 여행을 가서 함께 어울리는, 조이풀투어(제주도, 방콕, 부산 등).

2 봄, 가을의 정취를 느끼며 불판 위에서 고기들이 뛰노는, 체육대회.

3 회사와 개인의 비전을 이야기하고 동기화하는 시간, 비전 워크숍.

4 영화관, 미술관, 전시회 등으로 출퇴근 및 외근을 하는, 예술로의 출퇴근.

5 대행이 아닌 우리들의 창작품을 합동으로 전시하는, 올 크리에이티브 전시회.

6 지각에 대한 스트레스를 없애준, 출퇴근 자율제도.

7 읽고 싶은 책은 만화책도 상관없이 구매해주는, 독서 무한제도.

8 매주 금요일 회사에 출근하지 않고 자유롭게 일하는, 주4일 출근제.

실험적이긴 하지만 창업하고 지금까지 시행하고 있는 독특한 제도들입니다. 크리에이티브마스에서는 동료들을 에이맨(A-Men)이라는 별명으로 부르고 있습니다. 우리는 서로를 믿고 이해하며 나아가고 있습니다. 하나의 큰 목표를 함께 이루는 존재, 서로의 인생을 응원하는 존재가 바로 동료라는 생각으로 인식을 전환해야 합니다. 그리고 손을 내밀어 먼저 돕고 부족한 부분을 채워가야 합니다. 이렇게 일할 때 서로에게 성장이 있고 더 좋은 시너지가 날 수 있습니다. 누군가 야근을 하고 있을 때 관심을 갖고 도와줄 수 있고 일에 지쳐 있는 동료에게 커피 한잔을 살 수도 있으며 때론 어깨가 축 처진 남자 후배의 어깨를 형처럼 주물러줄 수 있는, 광고인은 촛불처럼 누군가를 비추어 돕고 따뜻하게 해주는 존재가 될 필요가 있습니다.

크리스마스는 대학생이라면 방학 중에 처음 만나는 공휴일입니다. 방학을 즐길 수 있는 대학생들은 겨울과 크리스마스를 마음껏 즐깁니다. 특히 연말의 분위기 속에서 크리스마스가 있는 겨울방학은 어쩌면 여름보다 기대될 것입니다. 12월이 되면 크리스마스에는 무엇을 할지 계획을 세우고 설렘 가득한 마음으로 기다립니다. 이처럼 자유로운 시간이 있다는 건 무엇이든 해볼 수 있다는 가능성을 열어줍니다. 여유는 새로움을 만들 에너지를 줍니다. 그 가능성 때문에 우리는 가슴 뛰며 겨울방학을 기다리는 것인지도 모르겠습니다.

만유인력의 법칙을 발견한 뉴턴도 사과나무 아래에서 사과를 보고 깨닫게 되었다고 하며 고대 그리스 시대의 학자이자 발명가였던 아르키메데스 역시 히에론 왕의 금관이 은이 섞인 가짜인지 아닌지를 밝히는 과제를 두고 목욕탕에 들어가서 부력의 원리를 깨닫게 되었습니다. 이들의 공통점은 일상의 여유에서 찾은 해답이라는 것에 있습니다. 주변의 크리에이티브 전문가들과 이야기를 해보면 그들 역시 답은 일상에 있으며 호기심 어린 관찰력이 열쇠라고 합니다. 하지만 왜 같은 일상을 살아도 우리는 아이디어를 쉽게 발견할 수 없을까 생각해봤습니다. 저는 그것을 생각의 관점을 바꿔볼 수 있는 여유 있는 태도라 생각하게 되었습니다.

똑같은 일상이라 하더라도 문제의식을 가지고 접근할 수 있는 여유의 차이가 아닐까 합니다. 질문하면서 보는 것과 멍하게 보는 것이 다르기 때문에 여유를 가지고 머릿속에 풀리지 않는 숙제를 풀다 보면 의외로 새로운 곳, 무의식중에 그 답을 찾기도 하기 때문입니다. 아마 이런 여유가 없다면 우리는 회의실에 갇힌 채로 끊임없이 긴장하고 안테나만 세울 것입니다. 그러다 시간에 쫓기고, 결국 평범한 생각 이상을 뽑아내기 어려워집니다. 이미 선배 광고인 CD님이나 주변의 선배님들만 봐도 여유에서 나온 관찰력과 호기심으로 크리에이티브하게 답을 찾아가는 과정을 중요하게 생각하고 계심을 알 수 있었습니다.

좋은 광고 크리에이티브를 위해 우리에겐 겨울방학이 필요합니다. 춥고 얼어붙은 맘과 머리를 따뜻하게 풀어줄 휴식이 있다면 우리의 단단하게 얼어붙은 문제들도 따뜻하게 풀릴 것입니다. 누군가에 의한 강요 속에서 크리에이티브는 쉽게 답이 나오지 않습니다. 압박과 강요, 그리고 획일화된 교실에서 공부 잘하는 사람은 있겠지만 창의적인 천재가 나올 확률은 적은 것처럼 말입니다. 사람의 머릿속에서 나오는 아이디어들은 공장과 달라서 단순하게 열심히 집중하고 최선을 다한다 해서 무조건 답에 가까워지는 것은 아닙니다.

밀폐된 방 안에서도 가장 필요한 것은 환기입니다. 우리의 머리에도 환기가 필요합니다. 적절히 햇빛도 들어오게 해주고 바람이 불도록 공간을 트여줘야 합니다. 청소를 할 때도 문을 열어두지 않는다면 모든 먼지는 그대로 쌓이게 될 것입니다. 거침없이 현업에만 매달려왔다면 겨울방학을 즐기셔야 합니다. 아무리 열심히 해도 답이 나오지 않고 지지부진하게 업무와 일상을 답습하고 있다면 떠날 준비를 해야 합니다. 스스로에게 차 한 잔의 여유를 주지 않고 생각할 여행을 주지 않는다면 크리에이터에게 그만한 고문은 없을 것입니다.

생각의 시야를 넓히고 일상에서도 답을 찾을 수 있도록 숨통을 열어줘야 합니다. 좋은 음악도 듣고 영화나 뮤지컬도 봅시다. 시 한 편에 감탄할 줄도 알고 애인에게 이벤트를 해봅시다. 소홀했던 아기와 동화책을 같이 읽기도 하고 못 보던 친구와 만나서 재미있는 일에 대한 이야기도 나눠보세요. 때로 창의적인 생각들은 이런 틈새로 바람처럼 들어올 것입니다. 그 여유의 중요성을 알기에 제가 창업한 광고회사 크리에이티브마스에서는 여름과 겨울 각각 1주일 정도 연차와는 별도로 방학을 주고 있습니다. 학생 때만 누리던 방학의 개념을 광고회사의 크리에이터들에게도 도입하여 창의성을 발휘하기 위한 긴장과 이완의 시간을 선사하기 위함입니다. 그리 길지 않은 시간이지만 업무에서 잠시 시선을 돌리고 멈춰 서서 잠시 생각하고 쉬는 시간으로 의미를 부여하기에 아주 좋습니다. 우리의 뇌에도 방학이 필요하고 그것은 생각을 더 키워주는 시간이 될 것입니다.

돌아보면 그래도
따뜻했던 날들

크리스마스에는 화려하고 즐거운 파티만 있는 것이 아닙니다. 남몰래 어려운 이웃을 도우려는 손길도 많습니다. 그 대표적인 예가 바로 구세군 냄비죠. 크리스마스를 앞두고 많은 사람들이 오고 가는 명동 거리에는 구세군 냄비가 보입니다. 연말 구세군 냄비처럼 이웃을 위해서 존재하는 것이 광고에도 있습니다. 그것이 바로 '공익광고'입니다. 아마 광고인의 '사회적 책임'이라는 말은 광고 공부를 한 사람이라면 수업에서 들어봤을 것이고 광고 서적이나 잡지에서도 심심치 않게 볼 수 있습니다. 광고는 대중에게 하나의 문화로 각인될 만큼 영향력을 가지고 있기 때문입니다.

하지만 대중의 시선을 사로잡기 위해서 때로 선정적이고 매혹적인 모습을 보여주는 것 또한 광고입니다. 그래서 대중에게 과장, 허위, 선정적인 것으로 노출되므로 광고가 사회적으로 해악을 끼친다는 의견들도 존재합니다. 그렇기 때문에 광고인은 사회적으로 문제를 일으키는 광고 아이디어에 대해서 민감해야 합니다. 우리나라는 심의가 보수적인 편이라 크리에이티브를 규제한다는 말도 많은 것이 사실입니다. 크리에이티브 표현의 기준은 각각 다를 수밖에 없는 주관적이고 모호한 것이지만 적어도 사회적으로 물의를 일으킬 것은 아닌지 성숙한 기준을 가지고 있는 광고인이 되어야 할 것 같습니다.

어떤 상황에서도 떳떳한 광고인

광고인은 자신이 만드는 광고에 대한 사회적인 책임도 필요하다고 생각합니다. 광고 내용이 도덕적으로 문제가 된 사례들을 보면 제가 만든 광고도 나중에 우리 아이들이 볼 수도 있다는 생각으로 일하게 됩니다. 우리가 만드는 광고가 항상 공익광고처럼 구세군 냄비와 같을 수는 없겠지만 적어도 사회에 해를 끼치는 광고는 아니어야 한다고 생각합니다. 혹은 공익광고처럼 유익한 내용을 제작하여 구세군과 같은 역할을 할 수 있다면 좋겠다고 생각합니다. 그럼 어떤 기준과 마음가짐이 필요할까요?

1. 과장광고가 아닌 솔직한 광고
광고가 솔직하다니 어쩌면 아이러니한 이야기같이 들릴지 모르겠습니다. 하지만 광고가 진실해야 한다는 것은 궁극적으로 매우 중요한 이야기

크리에이티브는 크리스마스처럼

라 생각합니다. 오늘날의 소비자는 당신의 아내처럼 똑똑하다고 말한 광고계의 거장 데이비드 오길비의 이야기를 떠올려봅니다. 그 이야기는 지금의 디지털 미디어 시대에 온라인의 모든 정보들이 공유되고 있는 세상이므로 더욱 설득력이 있습니다. 아무리 많은 광고 예산으로 화려한 광고를 만들 수 있다고 해도 거짓인 부분을 광고한다면 기업의 평판, 브랜드의 이미지나 제품, 서비스가 몰락하는 것은 한순간이 될 수 있습니다. 그러므로 광고인이 광고하는 제품을 진실하게 알리는 것은 매우 중요합니다. 만약 광고 표현이나 내용, 디자인이 과장되어 있다면 소비자들은 단박에 알아차릴 것이 분명하며 사회적으로 문제가 될 경우 불매운동으로 이어질 확률도 높습니다. 이러한 극단적인 상황을 피하기 위해서라도, 그리고 진짜 소비자 타깃이 꼭 구매해야 하는 제품임을 잘 깨닫게 되도록 제품이나 서비스의 장점을 찾아 재미있게 표현하되 본질을 있는 그대로 솔직하게 담아 광고해야 합니다.

2. 공정한 경쟁으로 얻은 광고 수주

경기가 안 좋아지면 가장 먼저 줄이는 것이 광고 비용이고 광고비가 줄어든다는 것은 광고회사의 생존을 위협하는 문제로 직결됩니다. 오히려 경기가 좋지 않을 때 광고를 하는 것이 경기가 좋을 때 광고비를 쓰는 것보다 더 효율적이고 좋다는 연구 결과가 있습니다만 그럼에도 불구하고 광고회사는 경제적인 분위기 안에 업계가 경기를 탑니다. 하지만 상황이 어려워진다고 해도 경기를 타지 않는 광고회사가 있습니다. 바로 좋은 아이디어와 실력으로 승부하는 회사입니다. 제품을 판매하는 회사가 광고를 줄일 수는 있지만 광고를 안 할 수는 없기 때문입니다.

따라서 언제 어느 상황이라도 좋은 크리에이티브를 통해 광고를 만드는 회사라면 이 회사에서 제작한 광고를 보고 많은 광고주들이 제작을 의뢰하게 됩니다. 마치 불경기에도 맛집은 사람들이 줄을 서서 먹는 이치와 같습니다. 실력이 있으면 좀 더 정정당당한 승부를 하게 될 것이지만 일을 더 쉽게 가져오기 위해서 경쟁 P.T 등을 거치지 않고 음성적인 영업을 통해 광고를 수주하는 회사도 있습니다. 이는 광고회사의 공정한 경쟁을 깨고 광고업계의 생태계를 위협하는 일이 될 것입니다. 좋은 광고회사가 살아남고 더 좋은 광고들이 많이 나오기 위해서 공정한 경쟁이 필요합니다. 광고주에게 좋은 광고 퀄리티와 공정한 경쟁이 아닌 다른 편법으로 광고를 따오는 것은 엄밀히 말해 반칙인 경우가 많습니다.

3. 광고를 통해 긍정적인 영향력 표출

광고는 표현에 자유가 있다고 합니다. 그리고 광고를 통해 제품이 많이 팔리게 만드는 것이 광고의 이유이자 목적입니다. 그럼에도 대중에게, 그리고 소비자 타깃에게 전달되는 메시지들이 사회에 순기능을 유도하는 긍정적인 메시지라면 더 좋을 것입니다. 좋은 인상, 좋은 메시지를 가진 광고는 대중에게 좋은 광고로 남게 되고 이는 장기간 제품과 브랜드에 건강한 영향을 미치게 될 것입니다. 긴 세월을 지나도 여전히 사랑받고 있는 제품들을 보면 광고 캠페인 역시 밝고 긍정적이라는 것을 볼 수 있습니다. 한국인의 정을 강조한 제품, 아니면 사회 공공질서를 지키자는 메시지의 제품, 우리 강산은 푸르게 하자는 광고 등이 그렇습니다. 공익광고는 아니지만 그와 유사한 메시지를 통해서 제품과 브랜드의 사회적 호감도를 높인다면 그것은 더 오래 사랑받고 판매되는 효과를 볼 수 있을 것입니다.

크리에이티브는 크리스마스처럼

광고회사에서 공익광고만 만들 수는 없습니다. 종합광고대행사는 회사 안에 다양한 광고주들의 광고를 맡아 제작하고 있습니다. 그것은 자동차일 수도 음식일 수도 있고 혹은 화장품일 수도 있으며 술과 담배일 수도 있습니다. 그렇기에 광고인이 특정 카테고리의 제품을 선택해서 광고에 집중하기란 쉽지 않습니다. 인하우스 에이전시 같은 경우는 광고인의 성향에 따라 브랜드가 배정되기도 하고 모회사의 특정 제품에 대한 광고제작의 기회가 지속적으로 가능합니다만 일반적인 경우는 아닙니다. 광고를 통해 사회에 긍정적인 영향을 미치고 싶다면 꼭 공익광고가 아니더라도 아이디어의 방향성에 공익적 요소를 포함하거나 사회적인 평판이 좋고 건강한 제품을 만드는 광고주와 일하는 것도 바른 광고를 만들 수 있는 기회가 됩니다. 좋은 광고주가 좋은 광고를 만든다는 말이 있듯 좋은 제품은 좋은 크리에이티브로 연결되기 쉽습니다.

4. 무분별하게 크리에이티브 모방하지 않기

광고인에게 시간을 넉넉히 주는 광고주는 별로 없습니다. 항상 짧은 시간 안에 좋은 크리에이티브를 만들어야 하는 것이 우리의 운명입니다. 그렇다 보니 광고를 표절하거나 모방하는 행위도 심심치 않게 벌어집니다. 물론 해 아래 새로운 것이 없기는 하지만 노골적으로 광고를 표절한 뒤에 좋은 크리에이티브로 선정되었다고 박수를 받는 일은 부끄러운 일일 것입니다.

비단 광고뿐 아니라 음악, 드라마, 영화 등이 표절시비가 붙으면 가치가 떨어지는 것처럼, 우리가 만드는 광고에도 그런 기준이 필요하다고 생각합니다. 비슷해 보일 수는 있지만 달라야 하는 것이 광고입니다. 그래야 브랜드와 제품이 차별화될 수 있고 소비자에게 잘 기억될 수 있기 때문입니다.

크리스마스에 거리에서 만나는 구세군 냄비처럼 광고인의 크리에이티브도 사회적으로 사람들에게 좋은 영향력으로 발휘될 수 있었으면 합니다. 저의 경우 광고회사에서 일하면 공익광고를 만들 기회가 있을 것이라 생각했으나 그렇지는 않았습니다. 자연적으로 기회가 생길 수 없다면 스스로가 재능기부라는 형태로 적극적으로 참여하고자 했습니다. 그리고 그런 생각은 개인 재능기부자에서 광고회사 창업자로 이어졌고, 현재는 회사 차원에서 모두가 힘을 합쳐 공익광고를 만들고 필요한 단체에 선물을 하기 시작했습니다. 그래서 현재까지도 독거노인이나 장애우, 불우한 아동들, 에너지 빈곤층을 후원하기 위한 광고 아이디어를 내고 제작하여 재능기부를 하고 있습니다. 비록 작은 일이지만 광고를 통해서 세상이 조금이라도 나아질 수 있기를 바라는 마음입니다. 앞으로도 뜻있는 광고인들과 함께 크리스천 광고인 협회를 만들어 이웃을 돕기 위한 광고를 만드는 것이 저의 꿈입니다.

광고를 통해 세상에 나누는 삶

어렸을 적, 그러니까 지금의 초등학교가 국민학교로 불리던 시절에는 겨울마다 크리스마스 씰을 판매했습니다. 학교에서 접할 수 있었던 크리스마스 씰은 결핵환자들을 돕기 위한 국가의 공익사업이었습니다. 깊은 의미를 아는지 모르는지 우표를 닮은 알록달록한 씰을 만지작거리면서 친구들과 비교하며 웃었던 생각이 납니다. 돌아보면 교실에 있던 석탄난로만큼 따뜻한 시간이었습니다. 그리고 그 작은 일로도 무언가 세상을 위해 좋은 일을 했다고 하니 어린 마음에 즐거움이 가득했죠. 그래서 공익광고는 마치 크리스마스 씰과 같다고 생각합니다. 공익광고는 말 그대로 공공의 이익을 위한 광고입니다. 쉽게 말하면 공공에 유익한 광고로써 이웃을 돌아보게 하며 계몽적인 내용을 담고 있는 광고지요. 사실 광고인이 공익광고나 공익캠페인을 하는 것을 꿈꾼다고 해도 실제로 그 일을 하기는 만만치 않습니다. 대부분 야근과 치열한 현업에 바쁠 것이니까요. 그래도 착한 광고인들의 마음 한편에는 광고로 세상을 바꿔보리라 생각했던 각오 하나쯤은 누구나 있을지도 모르겠습니다.

상상하는 것처럼 광고로 세상을 바꿀 수 있다면 얼마나 좋을까요? 어렸을 때부터 광고인, 카피라이터가 되는 것이 꿈이었던 저는 멋진 광고를 만들면 세상은 그만큼, 아주 작더라도 그만큼은 변화될 것이라고 생각했습니다. 그래서 돌아보면 치기 어린 행동일지 모르지만 대학생 때, 공익광고 캠페인을 진행해보려고 마음을 먹었습니다. 저는 늦은 나이에 애드파워라는 대학생연합광고동아리에 신입생으로 들어가서 활동했습니다. 우리나라 최초의 연합광고동아리이기도 합니다. 그곳에서 현역으로 활동하면서 동아리 선후배들과 사회적인 문제를 놓고 광고를 진행하자고 했습니다.

당시 중국이 우리나라 고구려 역사를 자신의 역사로 편입하려는 시도인 동북공정이 논란이었습니다. 뉴스에서 그 소식을 듣는 순간, 이것을 바로잡는 광고를 만들어야겠다고 생각했습니다. 그날 밤, 저는 밤새 카피를 쓰다 대학 교양으로 배운 중국어가 생각이 났습니다. 나의 친구라는 말이 중국어로 '워더펑요'였는데 과거 한중수교를 맺을 때의 입장과 비준하면 지금의 동북공정은 말도 안 되는 거짓말이자 친구라는 이름으로 해서는 안 될 행동이라 생각을 정리하게 됐습니다. 그래서 결정한 것이 바로 이것입니다.

(헤드카피) "중국, 워더뻥!요"

(바디카피) "중국의 새빨간 거짓말에 당황스럽습니다. 한중수교를 맺을 때만 해도 중국을 워더평요(我的朋友, 나의 친구)라고 생각했습니다. 그러나 계속되는 동북공정, 고구려 역사왜곡. 이제 중국은 친구가 아니라 거짓말쟁이가 되었습니다. 가면을 벗고 진실을 이야기하십시오! 고구려의 역사는 중국의 역사가 아닌 자랑스러운 대한민국의 역사입니다. 진실을 이야기할 때, 다시 친구로 생각하겠습니다."

— 대한민국 대학생연합광고동아리 애드파워

열심히 쓴 카피를 완성한 후 동아리 친구들에게 보여주며 함께 캠페인을 진행하자고 했습니다. 그러자 모두 기다렸다는 듯이 마음을 합하여 열심히 광고 제작에 참여해주었습니다. 저는 당시 동북공정 반대 프로젝트의 팀 이름을 '고주몽'이라 지었습니다. 드라마의 제목으로 인기가 있었고 자랑스러운 고구려 역사가 우리 것이기 때문이기도 했으므로 '고구려의 주인은 몽땅 대한민국'이라는 의미의 첫 글자들을 결합한 것이었습니다.

여하간 당시 회장이었던 박상준 선배와 부회장 강주영 선배, 그리고 운영위원들이 힘을 더해주었고 19기 동기인 디자인부 예랑이가 강렬한 포스터를 디자인해줬습니다. 종혁이와 상명이, 그리고 석호를 비롯한 모든 애드파워 친구들이 오프라인에서 플래시몹을 함께하자는 아이디어에 동참해서 최선을 다해 진행해주었습니다. 우리는 포스터 1,000장을 서울 시내 주요 곳곳에 붙이고 다녔고 신촌, 대학로, 명동, 광화문, 시청 등을 다니면서 플래시몹을 했습니다. 플래시몹은 빨간 동아리 티를 입은 모든 애드파워리안들이 흩어져 있다가 한곳으로 모이면서 풍선을 불기 시작하는 것이었습니다. 그리고 모두가 모였을 때, 불던 풍선을 발로 터트려 주변의 시선을 주목시켰습니다. 그때 등장하는 현수막과 구호에 사람들은 일제히 박수를 쳐주었습니다.

(뻥! 하고 여러 개의 풍선이 터진 후 나타난 현수막 내용)

"중국 동북공정은 모두 뻥이요!"

사람들은 대학생들이 최선을 다해서 우리나라의 역사를 바로잡는 운동을 한다며 응원을 해줬습니다. 각 인터넷 포털사이트와 신문에서는 우리의 이야기를 기사로 써주셨고 앞으로의 활동도 응원해주었습니다. 해가 진 뒤, 지친 몸을 이끌고 식사를 하던 동아리 친구들의 모습이 아직도 떠오릅니다. 그리고 광고인은 아니지만 광고를 통해서 세상을 바꿀 수 있다는 마음으로 순수하게 최선을 다했던 그때의 모든 애드파워 친구들이 고맙습니다. 그 이후로도 기자님들로부터 연락이 와서 보도자료를 만들어 이메일로 전달하기도 했습니다. 당시 PR에 관심이 많았던 동아리 부회장님을 주축으로 모두가 함께 아래와 같이 보도자료를 작성했습니다.

보도자료 (2006.9.29)

문의전화 고주몽 팀장 이구익
애드파워 회장 박상준

부회장 강주영

www.adpower.org

중국은 더 이상 친구가 아닙니다.

거짓말을 멈출 때 친구라 생각할 것입니다.

중국, 워더뺑요! (중국은 친구가 아니라 거짓말쟁이)

대학생들, 중국의 동북공정에 분개하다.

계속되는 중국의 동북공정 문제에 관해 한·중 간 합의대로 양국 간 학술교류로 원만히 해결될 수 없다는 점은 분명해지고 있다. 이러한 가운데 국민적인 공감대 확산과 중국 측의 각성을 촉구하는 광고 포스터가 거리에 붙어 화제가 되고 있다. 중국이 고구려의 역사가 자신들의 역사라는 거짓말을 하자, 나의 친구라는 뜻의 중국어 '워더펑요'를 모두뺑(거짓말)이라는 '워더뺑요'로 바꾸어 표현한 것으로 지금의 동북공정 문제를 풍자한 인쇄광고이다. 다시 중국이 진실을 말한다면 친구로 생각하겠다는 카피 문구가 인상적이다.

이는 대학생광고연합동아리 애드파워에서 제작한 것으로, 일시적인 광고 포스터에 그치지 않고 지속적으로 국민적 공감과 중국 측의 각성을 촉구하도록 중국 현지에 유학생들과 교포에게 포스터를 전달하여 광고 활동을 펼쳐나갈 생각이며, 동시에 각 온라인 사이트 및 오프라인 퍼포먼스를 준비할 예정이다.

크리에이티브는 크리스마스처럼

애드파워의 회장 박상준, 부회장 강주영을 비롯하여, 광고와 사회의식에 대한 실감을 시대에 광고하는 것을 목표로 결성된 '실감 35대' 운영위원들과 함께 지금까지 수해골프 파문, 복구성금 모금, 자원봉사 모집 동영상 제작 등 지속적으로 온라인 광고를 통해 사회문제를 표출해왔으며 이번 중국 동북공정에 관하여 "대학생이기 이전에 대한민국의 젊은이로서 너무나 분하고 억울한 일이다. 광고를 통해서 중국의 거짓된 발언을 지속적으로 노출시킬 것이며 또래의 대학생들부터 그 공감대를 확산시켜 나갈 계획"이라는 뜻을 펼쳤다.

이번 동북공정 반대 광고포스터의 제작 책임을 맡은 '고주몽'(고구려의 주인은 몽땅 대한민국) 팀의 팀장 이구익은 "우리나라의 자부심이자 반만년 역사를 자랑하는 대한민국의 고구려 역사를 송두리째 앗아가는 중국의 거짓말에 대해 국민 모두가 관심을 가졌으면 하는 바람으로 35대 운영위원들과 함께 팀을 만들어 포스터를 제작하기에 이르렀다"고 말했다.

한편 애드파워는 지난 89년 광고에 관심이 있는 학생들이 모여 전국에서 최초로 창립한 순수 대학생광고동호인 모임으로, 현재 300여 명의 회원이 활동하고 있으며, 과거 노태우 대통령 비자금 사건과 관련된 '태우몽(크고 어리석은 꿈)'과 일본 교과서 역사왜곡을 비판한 '싹구라(전부 거짓말)'를 통해서 지속적으로 사회에 대한 관심과 활동으로 이목을 끌고 있다.

～～～～～～～～～～

아직도 그때를 생각하면 가슴이 뜁니다. 이렇게 용기를 내기까지는 멋진 선배님들의 가르침이 있었기 때문에 가능한 일이었고, 모두가 함께였기 때문에 해낼 수 있었던 것이라 생각합니다. 이 기억은 광고회사로 취업을 하고 난 뒤에도 이어져 하나의 사명감으로 작용하게 됩니다.

제가 광고를 만들며 수없이 되뇌었던 저의 신념 중 하나는 바로 재능기부를 통해 광고를 세상에 선물하자는 것이었습니다. 특히 광고회사에 취업하여 진정한 광고인이 되면 더 멋지게 재능기부를 할 것을 다짐했지만 사실 처음 일을 시작하고는 치열했던 시간만큼 주변을 둘러보기가 여의치 않았습니다. 저뿐만 아니라 공익광고를 제대로 만들어보고 싶다고 했던 친구들도 현실에서는 본의 아니게 만들고 싶지 않은 광고를 억지로 만들어야 하기도 했습니다. 게다가 이윤을 내야 하는 광고회사의 특성상 공익광고협의회나 NGO(Non-Governmental Organization) 단체를 광고주로 영입하지 않는 한 공익광고 제작의 기회는 흔치 않습니다. 또 이런 단체는 마케팅, 광고 비용을 따로 책정하여 사용할 만큼의 여력이 없고 광고 전문가도 회사 내에 없는 것이 대부분의 상황입니다.

그것을 보며 저는 광고인들의 자발적인 재능기부가 필요하다고 판단하게 되었고, 현직 카피라이터로 일하면서 제가 할 수 있는 일을 찾기 위해 최선을 다했습니다. 개인의 기부 형태로 제 광고재능을 비영리단체, 공익단체에 무료로 기부해왔습니다. 물론 바쁜 일상 때문에 그렇잖아도 부족한 재능인데 충분한 도움도 드리지 못하는 것 아닌가 하여 안 하느니만 못하지 않을까 고민했었지만 재단 간사님과 의논해 얻은 결론은, 여유 있는 재단의 비전문가보다 바쁜 중이나마 도움을 주는 전문가의 손길이 훨씬 필요하다는 말이었습니다. 그 결과 상황을 탓하지 않고 〈아름다운재단〉과 〈어린이재단〉 등에 도움을 드리고자 노력했죠.

크리에이티브마스를 창업한 후에는 본격적인 재능기부 시스템을 만들어 〈밀알복지재단〉과 협약을 맺고 불우한 이웃을 위해 꾸준히 광고를 만들고 있습니다. 아주 작은 일이지만 의미 있는 일을 이어올 수 있음에 무척 행복합니다.

광고인으로 산다는, 또 하나의 행복

눈이 오고 바람이 부는 크리스마스에 떠오르는 것은 가족들과의 따뜻한 저녁 시간일 것입니다. 따뜻한 벽난로가 있는 곳에 서양 식탁이 있고 맛있는 음식들이 잔뜩 차려져 있어 가족들과 크리스마스를 보내는 영화 속 한 장면이 떠오릅니다. 가장 평범해 보일 수 있는 풍경이지만 따뜻하고 아름다운 순간이기도 합니다. 이런 순간이 광고인들에게는 어떤 순간일까요.

저는 제가 만든 광고를 통해서 소비자들이 제품을 구매하였을 때 사랑받고 있구나 싶은 그런 기분을 느낍니다. 사랑을 콘셉트로 만든 광고를 위해 직접 만든 브랜드송이 들려올 때, 제품의 속성에 맞게 프로포즈를 도와주는 이벤트를 진행했을 때, 연인들의 키스타임에 제가 작사한 브랜드송의 노래가 사용될 때, 누군가 내가 만든 광고를 통해 감동받고 흥미를 느낄 때 마음이 따뜻해지고 보람을 느낍니다. 이렇듯 좋은 제품을 광고할 때는 그것을 소비자에게 진심 어린 방법으로 전달할 수 있으므로 광고를 제작하는 일이 무척 기쁘게 느껴집니다. 예를 들어 소비자들의 건강을 케어해주는 유익하고 다양한 방법을 제시할 때, 소비자가 모르는 유용한 정보를 알려주는 콘텐츠를 만들 때, 브랜드의 목소리를 빌려야 하긴 하지만 세상을 아름답게 만드는 캠페인을 작업할 때 적잖은 기쁨이 느껴지는 것 같습니다.

크리에이티브마스를 창업을 하게 된 이유 중 하나도 개인적으로 진행하던 재능기부 광고에서 비롯되었습니다. 처음에는 여력이 될 때마다 카피라이팅을 통해 인세 기부로 시작하던 재능기부 광고를 뜻이 맞는 크리스천 광고인 동료와 함께한다면 얼마나 좋을까 하는 생각이 그 시작이었습니다. 둘, 셋이 모여 같이 프로젝트로 〈아름다운재단〉의 공익광고 캠페인을 진행해보며 이러한 의미 있는 광고를 더 많이 제작해보고 싶어졌습니다.

하지만 생각과 달리 현업에서 광고를 제작하게 되면 상업적인 것과 매출을 최우선순위로 생각하게 되고 그것만 만들기도 벅찬 스케줄이 되기 때문에 아무리 좋은 공익광고, 의미 있는 일이라 할지라도 자유롭게 진행할 수가 없었습니다. (심지어 태어난 아이의 얼굴을 보고 사는 것도 버거운 터였지요.) 그래서 창업을 결심하게 되었습니다. 새로운 방식, 창의적인 업무문화를 만들어 일하면서 틈나는 대로 공익광고를 만들겠다는 의지가 컸습니다. 창업 후에는 크리스마스에 맞춰서 독거노인을 위한 공익광고 〈혼자 사는 아이처럼〉 편을 제작하였고 이후 회사에 어떤 어려움이 있든지, 바쁘고 힘든 일이 있든지 언제나 도움이 필요한 곳이 생기면 공익광고 만들기를 계속했습니다.

제가 겸임교수로 일하는 계원예술대학교 영상디자인과 학생들과도 나눔이 필요한 일이 있다면 함께하고 있습니다. 그리고 〈밀알복지재단〉과는 업무 협약식을 맺어 지금까지 10여 편이 넘는 영상 광고를 재능기부로 제작하고 있습니다. 이것이 중심이 되어 〈옥스팜〉이라는 영국 재난구호단체의 영상 제작도 도와드리고 있습니다. 아직 회사 규모가 크지 않아서 생각하는 만큼을 잘 해내지는 못하지만 우리의 시간과 재능을 모아 지속적으로 독거노인, 에너지 빈곤층, 국내외 불우한 아동 후원, 장애우, 물이 부족한 국가의 사람들을 조금이라도 도우려고 합니다. 이것이 제가 창업을 결심하게 된 계기이며 지금도 행복하게 보람을 느끼며 광고 일을 하는 이유 중 하나입니다.

❋ 크리에이티브마스가 재능기부 광고 제작을 하는 절차

1 광고를 제작하려는 주제와 아이디어 방향 정리.

2 진행이 가능한 스케줄 확인과 가용 예산 체크.

3 프로젝트에 참여할 산학협력 학생 및 회사 내부 직원 모집.

4 광고 제작에 활용할 수 있는 다양한 자원들 정리.

5 홍보대사로 활동 중인 연예인의 촬영 가능 여부 확인.

6 산학협력 아이데이션 과정을 통한 아이디어 정리.

7 재단이나 단체와 아이디어 회의 및 컨펌.

8 촬영 후, 라이브하기까지 수정 보완 작업.

9 최종 라이브 후 모금 상황 확인 및 사후 나눔.

자신의 재능을 통해서 세상을 바꿀 수 있다면 그것만큼 즐겁고 보람 있는 일은 없을 것이라 생각합니다. 제 광고를 통해 소비자들이 가치 있는 변화를 이뤄가는 것을 도울 수 있다면 그보다 좋은 일이 또 어디 있을까 하고 말입니다. 일하는 사람이 행복하면 반드시 결과도 좋아진다고 믿습니다. 그런 의미에서 제가 행복하게 만든 광고 크리에이티브는 늘 결과가 좋았습니다. 광고인이 기쁘게 참여하고 제작한 광고는 브랜드가 전하고자 하는 메시지가 정확히 전달될 것이며 소비자들도 그에 반응하여 행복한 결과로 나타날 것이기에 광고주도 행복해할 것을 믿습니다. 그렇기 때문에 우리 광고인들은 행복한 마음으로 일해서, 세상에 유익하며 보는 사람이 더 행복해질 수 있는 광고를 만들어야 한다고 생각합니다. 무척 이상적인 이야기이지만 적어도 그러려고 노력하는 사람이 그만큼 더 행복하게 일할 것이라고 믿습니다. 저는 그래서 오늘도 행복한 광고 일을 합니다.

크리에이티브는 크리스마스처럼

귀중한 보배합을
: 크리에이티브로 채워진 경력들

크리스마스는 예수님의 생일입니다. 생일은 우리가 태어난 날을 의미하기 때문에 이를 기준으로 나이를 세어보고 나와 주변의 관계를 돌아보게 합니다. 그래서 생일은 어떤 날보다 새롭게 느껴지는 날입니다. 어느 누구일지라도 세상에 존재하는 한 생일이 있습니다. 광고인도 직장인처럼 일한 지 얼마나 되었냐고 묻곤 합니다. 그러면 손가락을 펴서 세어보고 자신이 올해는 몇 년차라고 말합니다. 저도 어느덧 세월이 흘러서 10년차가 훌쩍 넘는 광고인이 되었습니다.

처음에는 제가 광고 일을 선택한 것이라 생각했고 제가 일을 하는 거라 믿었지만 돌이켜보니 일이 저의 인생을 살고 있는 순간들이 많았습니다. 눈 깜짝할 새 많은 시간이 흘렀고 돌이켜보면 개인적인 인생의 여유보다는 바쁜 일에 빠져 살았던 때가 더 많았던 것 같습니다. 그리고 생각지 못하게 광고회사를 창업한 자신을 보면 신기하게 느껴질 때도 있습니다. 가끔 새벽에 들어와 잠을 자고 일어나면 모든 것이 꿈처럼 느껴지기도 하고요.

신입사원 때는 10년차라고 하면 어머어마하게 큰 경력자로 보였습니다. 그래서 회의실에서 만나면 눈도 잘 못 마주치고 일했던 기억도 납니다. 말하지 않아도 풍기는 아우라가 얼마나 크던지 작은 칭찬에도 웃고 작은 핀잔에도 기가 죽기도 했습니다. 이제 제가 그 위치가 되고 보니 신입사원들이 과거의 제 모습 같아서 선배로서 더 잘해야겠다고 다짐합니다. 지금 이

순간 우리가 같은 일을 하느라 한 공간에 있지만 후배인 이분은 나보다 재능과 가능성이 더 많은 분이라 나중에 어디서 어떤 입장으로 만날지 모른다고 생각하기 때문입니다. 가장 쉬운 예로 밑에 사람이라고 막 대하던 이가 어느 날 광고주가 되어 나타날 수도 있습니다. (드물지만 실제 사례입니다.)

광고 일은 발을 들여놓으면 그 순간부터 블랙홀에 빠진 것처럼 시간이 휘리릭 흘러버립니다. 그래서 광고회사가 사람을 구할 때는 AE 경력 5년차 이상, CW 경력 3년차 이상, CD 경력자로 업계 10년차 이상 등으로 직무 앞에 경력을 제시하여 사람을 뽑습니다. 많은 변수와 다양한 일이 벌어지는 광고 일을 하다 보니 오랜 연차가 가지는 노련함과 숙련도를 일한 수치로 평가하여 가늠하는 것입니다.

그래서 우리 광고인의 성장은 '지금 몇 년차인가'로 쉽게 정의됩니다. 하지만 사람을 뽑기 위해서 평가할 때는 경험치인 정량적인 부분만으로 평가해서는 안 됩니다. 중요한 것은 그 경력만큼 밀도 깊게 어떤 광고 캠페인을 경험해왔는가를 봐야 합니다. 사람의 태도나 열정, 사고방식 등 정성적인 평가가 있어야 총체적으로 적합한 인재인지 가늠할 수 있게 되는 것입니다. 보통은 포트폴리오를 함께 제출하라고 하여 크리에이티브한 경험이 얼마만큼 쌓여 있는지를 체크하는 것이 가장 일반적입니다. AE라면 캠페인 전략과 수행 능력을 중점적으로 평가하게 됩니다. 이를 기반으로 광고회사의 문화나 사람들 간의 호흡이 맞을지, 철학과 가치관 등 다양한 부분을 종합 평가해서 선정하게 됩니다. 하지만 기본적으로 업무 자체의 경력은 매우 중요하므로 경력자를 선호하고 있습니다.

❋ 광고회사가 경력자를 선호하는 이유
....

1 바쁜 광고회사의 시스템상, 바로 현업에 투입할 수 있기 때문.

2 회사의 문화나 시스템은 가르칠 수 있지만 광고 일을 잘하도록 가르치긴 힘들기 때문.

3 광고업의 특성에 대해 누구보다 잘 알고 업계 상식이 있기 때문.

4 광고가 자신과 맞는지에 대한 근본적 고민이 어느 정도 끝난 상태이기 때문.

5 광고주와 동료들 간의 커뮤니케이션에 능숙하기 때문.

6 광고업의 익숙함을 기본으로 팀 내에서 빠른 소통이 가능하기 때문.

7 현실적으로 실행 가능한 범위를 알고 자신의 일에 책임을 질 줄 알기 때문.

사람도 나이를 통해 얼마나 많은 인생 경험이 있을지 미루어 짐작합니다. 하지만 그 사람을 온전히 이해하기 위해서는 그 사람과 많은 이야기를 나누고 들어보아야 제대로 알 수 있습니다. 광고회사에서도 사람을 뽑는 기준은 마찬가지일 것입니다. 다채로운 도전의 경험들과 그에 따른 성과가 어느 정도인지 살펴보면 알 수 있습니다. 나무를 볼 때도 그 나무가 건강한지 아닌지를 평가하는 기준은 어떤 열매가 맺혔는가에 달려 있듯 말입니다.

　저를 비롯하여 주변의 지인들 중에 광고를 업으로 삼은 사람은 자신이 한 해를 어떻게 달려왔는지 업무 포트폴리오를 정리하면서 평가합니다. 한 해 동안 얻은 성과가 무엇인지, 그리고 무엇이 부족했는지를 따져보고 다음 해를 준비하는 것이죠. 경험만큼 확실한 나이테는 없고 열매만큼 확실한 성과는 없습니다. 매 순간 자신의 경력에 맞는 성과가 있었는지 객관적으로 따져보는 것으로 우리의 크리에이티브 나이테는 더 굵어질 것입니다.

Merry Creative

크리스마스는 어느 날이 아니라
맞이하는 사람의 마음의 상태이다.

– 마리 알렌 체이스

Chapter 5

크리스마스처럼 화려한
크리에이티브의 기념일

축복받은
위대한 크리에이티브

누구나 인정하는 세계 3대 광고제

기원후를 A.D로 표기하는 것은 Anno Domini라는 라틴어의 약자로서 Anno(=Year), Domini(=of the Lord)를 의미하여 '주님의 해'라는 의미입니다. 기원전이 B.C로 Before Christ를 뜻하기 때문에 세상의 역사는 예수 그리스도가 오시기 이전의 기원전, 오신 이후의 기원후로 나뉘는 것입니다. 여기에는 예수 탄생이 세상의 기준이 된다는 것을 나타내고 있습니다.

성탄절에는 교회에서 예배를 드립니다. 모두 모여서 위대한 탄생을 축하하고 경배하는 예배를 드립니다. 인류의 죄를 대신하신 그분을 경배하는 의미가 담겨 있다고 볼 수 있습니다. 광고계에도 좋은 광고의 기준이 되는 국내외 광고제들이 많이 있습니다. 세계 3대 광고제와 같이 전 세계 적으로 유명한 국제광고제들이 있는데, 대한민국의 부산 국제광고제를 비 롯하여 최고의 광고 캠페인들에 상을 주는 대한민국 광고대상이 있습니 다. 그 외에도 다양한 광고제가 최고의 광고들을 선정하기 위해 권위 있는 심사위원분들이 평가하고 상을 줍니다. 광고 캠페인을 만들고 함께 참여 한 광고인들에게 이보다 더 큰 영예가 있을까 싶습니다. 지난날 수많은 노 력과 고민의 흔적들이 상을 통해서 세상의 인정을 받으면 그보다 기쁜 일 은 없을 것입니다. 그래서 세계적인 광고제를 소개해볼까 합니다.

세계 3대 광고제는 칸 광고제, 뉴욕 페스티벌, 클리오 어워드를 손꼽을 수 있습니다. 그중 가장 유명한 것이 바로 프랑스에서 열리는 '칸 광고제' 입니다. 우리나라는 물론 전 세계의 모든 광고인들이 자신들의 광고 캠페 인, 크리에이티브를 뽐내기 위해 광고를 출품합니다. 그리고 이곳에서 수 상한 모든 광고들은 광고인의 자부심이 되고, 광고는 전 세계적으로 다시 재조명을 받아 모든 광고인들에게 자극과 영감을 심어줍니다. 광고업계 뿐만 아니라 광고를 만든 광고주와 이를 보는 모든 소비자, 그리고 광고인 을 꿈꾸는 예비 광고인들에게도 브랜드에 대한 감동을 선사합니다. 이로 써 모든 이들이 경배하고 감탄하는 위대한 광고들이 재발견되는 것입니 다. 이런 영향력 있는 광고, 모두가 즐기는 하나의 축제 같은 광고를 만들 기 위해서 모두 최선을 다합니다.

세계적인 광고제의 수상작들은 매년 상영회, 전시회를 진행합니다. 저 역시 광고업 종사자, 예비 광고인들을 대상으로 상영회가 열리면 해마다 챙겨보는 편입니다. 때로 회사에서 단체관람을 할 수 있도록 도와주기도 합니다. 이후 포털사이트에서 검색을 해도 부분적으로 수상작에 대한 리뷰나 자료가 공개되니 편하게 내용을 확인할 수 있게 됩니다. 전문적으로는 온라인 광고회사와 함께 일하는 미디어랩사에서 수상작들을 정리해서 제공하기도 해서 현업에 참고하기도 합니다.

저 역시 좋은 기회로 2017년 뉴욕페스티벌 디지털 부문의 심사위원(Grand Jury)에 초대되어 출품된 작품들을 미리 확인하고 평가할 수 있었습니다. 광고 수상작을 보면 완전히 새롭게 보이는 것도 있고 많이 보던 것도 눈에 띕니다. 다양한 국가와 회사에서 출품하여 주제도, 분위기도 가지각색이었지만 공통적인 단 하나는, 훌륭한 아이디어는 누가 봐도 인정받는다는 것입니다. 실제로 최고의 작품은 다른 광고제에서도 수상하는 등 어디서든 인정받아 한 해의 주요 수상작으로 뽑히게 됩니다.

대단해 보이긴 하지만 한편으론 어떤 아이디어일지라도 결국 사람의 경험과 머리에서 나와 실행된 일이란 생각이 듭니다. 때때로 '저 아이디어는 내가 먼저 생각했던 아이디어인데 이렇게 상을 받는구나' 하고 안타까워하기도 합니다. 그래서 광고에서 중요한 것은 실행력이 아닐까 생각합니다. 아무리 좋은 아이디어, 광고 크리에이티브도 실행하지 않으면 아무것도 아닌 것에 불과하기 때문입니다. 시대에 위대한 이름을 남긴 사람들은 모두 훌륭한 실행력을 가진 사람들이었습니다. 누군가 나서지 않고 실행하지 않았을 때 과감히 움직이고 그 결과물로 평가를 받은 사람들입니다. 광고 역시 마찬가지라는 생각이 듭니다. 세상에서 인정을 받는 프로들은 자신들만이 보여줄 수 있는 최고의 크리에이티브를 실행하는 사람들입니다. 그런 스타들은 앞으로도 실행력을 바탕으로 나올 것입니다. 그리고 세상은 다시 그들의 광고 크리에이티브를 보고 찬사를 보낼 것입니다.

역사상 위대한 광고인으로 평가받는 데이비드 오길비, 레오버넷, 빌 번벅 등의 위인들을 보면 그들이 왜 훌륭한 광고인인지 보여주는 대표적인 광고 제작물이 있습니다. 탁월한 광고 크리에이티브는 사람들의 입에 오르내리고 오늘날 예비 광고인들이 보는 책과 잡지에 소개되고 있습니다. 그들은 이미 죽었지만 그들의 이름으로 남겨진 광고회사들이 명맥을 이어가고 있으며 그들의 크리에이티브는 다시 볼 수 없지만 그들의 아이디어는 많은 사람들의 가슴속에 살아 있습니다. 그리고 좋은 광고에 대한 노하우는 계승되어 앞으로도 숨은 법칙들과 광고 크리에이티브에 대한 연구는 계속될 것입니다. 그리고 모든 광고인들은 그들처럼 유명한 업적을 남길 광고인이 되고 싶어 합니다. 사람은 죽어서 이름을 남기고 광고인은 죽어서 크리에이티브를 남기기 때문입니다.

어느 광고인들의 수상소감

훌륭한 광고를 만든 광고인들은 자신들이 열정을 쏟아부은 광고가 연말 시상식에 상을 받았다는 소식을 듣고 기뻐합니다. 여러 시간 스트레스를 받으면서 회의실에서 새벽까지 열변을 토하기도 하고 밤새 끙끙거리며 정리되지 않는 광고 제작물을 만들던 시간들에 대해서 보상을 받는 시간인 것이죠. 치열한 도전은 과정이 힘들지만 이처럼 화려한 성과로 돌아오기도 합니다. 광고주의 찬사, 그리고 연말의 수상 소식까지. 이것은 마치 화이트 크리스마스처럼 완벽한 아름다움과 만족감을 선사합니다.

그러나 아무리 내리는 눈이 멋지고 아름다울지라도 행복했던 감정은 시간이 지나면 서서히 사라지는 것처럼 언젠가는 쌓인 눈이 녹으며 질퍽거리고 쨍쨍한 햇빛에 사라집니다. 이처럼 광고인으로 살고 있다면 아무리 기존에 좋은 성과가 있었다고 해도 새로운 광고 캠페인을 담당하면서 다시 새로운 시작에 놓일 따름입니다. 매년 돌아오는 크리스마스마다 작년처럼 화이트 크리스마스이기를 기도하듯 바라며 이번에도 좋은 아이디어를 실행할 수 있길 기대하는 것처럼요.

광고는 광고주의 제품과 서비스를 판매하여 이윤을 높여주는 수단이기 때문에 광고인만의 것은 아닙니다. 하지만 우리의 아이디어가, 열심히 고생한 흔적이 묻어 있는 광고를 세상의 소비자들이 좋아해주는 것만으로도 큰 보람을 갖게 됩니다. 시상식은 그러한 측면에서 잠시나마 치열한 광고 제작에서 벗어나 한 해 동안 만든 작품들을 돌아볼 시간을 줍니다. 연말 광고 시상식을 다니다 보면 여러 수상소감들을 듣습니다. 그중에서 인상 깊었던 것들을 나눠보려 합니다.

"좋은 광고는 좋은 광고주가 만든다고 생각합니다."

이 말은 광고업계에도 대대로 이어져오는 명언입니다. 결국 아무리 좋은 광고 크리에이티브를 제시해도 광고주가 좋은 아이디어에 확신을 가지고 최종 결정을 해주지 않으면 세상에 광고가 태어날 수 없다는 깨달음에서 나온 말입니다. 결국 광고의 운명은 결정적으로 만든 사람에 의해서 결정되는 것이 아니라 만들어달라고 의뢰한 광고주에 의해 결정될 수밖에 없습니다. 그렇기 때문에 좋은 광고주의 브랜드를 광고할 기회를 만나면 그만큼 좋은 광고를 만들 확률이 높아집니다. 광고주의 높은 기준과 탁월한 제품과 서비스, 여기에 광고회사의 참신한 아이디어와 좋은 실력이 어우러지면 시너지효과가 납니다. 이 때문에 찰떡궁합처럼 이어진 광고주와 광고회사의 인연은 1~2년 광고대행으로 끝나는 것이 아니라 5년, 혹은 10년 이상의 인연으로 이어지게 됩니다.

광고주를 접대한다는 의미는 바로 이런 원론적인 것이 아닐까 합니다. 믿어준 만큼 최선을 다해서 광고 전문가로서 결과를 보여드리는 일입니다. 물론 인간적인 의미에서 술과 친분, 학연이나 지연으로 이어질 수도 있겠지만 진정한 광고주와 광고회사의 멋진 관계는 좋은 광고와 매출의 성장으로 인한 본질적인 파트너십이라 생각합니다.

"우리의 견적서에 카피료가 들어가는 날이 오길 바랍니다."

시상식에서 들었던 어느 광고 카피라이터의 수상소감이었습니다. 누가 어떤 브랜드의 광고를 만들고 한 말인지 잘 기억은 나지 않습니다만 광고 카피라이터로서 묵묵히 일해온, 그리고 좋은 카피를 쓴 사람의 자부심과 열망이 담긴 이야기라고 생각합니다. 어떤 광고 캠페인이냐에 따라 세부

크리에이티브는 크리스마스처럼

항목은 달라지겠지만 보통 광고회사의 견적서를 보면 광고 기획료, 광고 디자인 제작료, 프로덕션 등 외주 비용, 수수료 등이 항목으로 정리되어 있습니다. 그 안에 카피료는 별도로 없는 것이죠. 광고카피는 광고 제작에 꼭 필요한 부분이지만 견적서상에서 절대적인 비중을 차지하지는 않습니다. 디지털 광고 캠페인을 전문적으로 하는 에이전시들의 견적서도 그렇습니다. 광고 카피와 스토리텔링은 무척 중요한 것이지만 이것을 별도의 광고비로 측정해서 기재하지는 않습니다. 간혹 영상 작업을 할 때 시나리오 작업을 위해 방송작가의 외주비를 넣기도 하지만 이를 카피라이터가 했을 경우 별도로 넣지는 않더군요. 그래도 에이전시 수수료에는 광고 제작비에 대한 부분도 들어 있을 것이고 제작물 시안에 들어가는 제작 비용에도 있을 것이라 위안을 해봅니다. 그리고 저 또한 저 수상소감처럼 광고 카피비도 들어가면 좋겠다는 생각을 가지고 일합니다.

"이 상은 열심히 일한 모든 동료들의 것입니다."

이 세상에 혼자서 태어나는 아기는 없듯이 모든 광고는 동료들이 함께 만든 결과물입니다. 광고회사에 존재하는 다양한 역할들이 그것을 대변하죠. 그래서 누군가 대표로 시상식에 오를 때는 이런 마음가짐이어야 한다고 생각합니다. 하나의 광고, 캠페인이 탄생하기 위해서는 많은 동료들의 회의와 아이디어, 그리고 작업이 결합되어야 가능합니다. 이를 위해서 때로는 야근이 계속 이어지기도 하고 심지어 쉬는 날에 출근하기도 합니다. 그런 과정을 거친 후에 비로소 소비자들에게 광고 제작물이 노출되는 것입니다. 누구든 이 노고를 기억해야 하고 광고를 함께 만든 동료들과 기쁨을 나눠야 할 것입니다. 그렇지 않고 스스로가 모든 것을 해낸 것처럼 말한다면 동료들의 노고에 대해 무감각한 경우라고 생각합니다.

광고인은 모든 업무의 순간순간 희비가 엇갈립니다. 광고 경쟁 P.T에 대한 괴로움, 수주했을 때나 상을 받을 때의 기쁨, 혹은 실패한 광고 캠페인에 대한 아픔 등 다양합니다. 하지만 우리의 일은 항상 새로운 일에 대한 도전이며 불확실한 일에 대한 여정입니다. 이러한 반복은 어떤 괴로움이든 어떤 기쁨이든 크리스마스에 내린 눈과 같이 아름답지만 사라지게 되는 한때의 일입니다. 시간이 지나면 이 또한 지나가게 되어 있고 어쩌면 그렇게 만든 광고도 눈 녹듯 소비자들의 기억에서 사라질 수 있습니다. 그러니 힘들 때 조금 더 힘을 내고 기쁠 때 조금 더 겸손할 수 있어야 한다고 생각합니다. 이것은 오래 광고를 제작해오신 선배들의 모습을 보면서 다시 한 번 느낄 수 있습니다.

광고를 제작하며 살아간다는 것은 여러 험난한 과정을 거치기 마련입니다. 물론 개중에는 쉽게 작업이 되는 것도 있겠지만 항상 새로운 것을 추구해야 하고 차이를 두되 결과는 늘 좋아야 한다는 부담감 안에 사로잡혀 있습니다. 운동선수도 슬럼프가 있듯이 광고인도 유능하다고 매번 잘할 수는 없다는 것도 느낍니다. 하지만 어떤 영광의 순간도, 어떤 좌절의 순간도 이 모든 것은 지나가기 마련입니다. 잘해도 못해도 다음 기회가 있다는 것이 가장 중요한 것 같습니다. 늘 자신의 기준과 싸워나가는 멋진 광고인들을 응원합니다.

마치 동방박사들의 선물처럼

성경에는 아기 예수님이 탄생하자 동방박사 세 사람이 각자 가지고 있던 것으로 예물을 드렸다는 내용이 나옵니다. 어쩌면 크리스마스 선물이란 아기 예수님께 드린 동방박사의 예물에서 영향을 받은 건 아닐까 하는 생각도 듭니다. 이들이 아기 예수님에게 드린 것은 황금, 유향, 몰약이었습니다. 황금은 왕권을 상징하는 것으로 해석되고 있고 유향은 신성을 상징하며 약초의 일종인 몰약은 시체의 부패를 막아주는 기능을 하는데, 이는 죽음을 통한 희생을 의미한다고 합니다. 하나님의 아들로 이 땅에 와서 모든 인류의 죄를 대신하여 죽으시고 부활하신다는 의미를 동방박사 세 사람의 예물로 해석한 것입니다. 하지만 성 베르나르는 금은 가난을 구제하기 위한 것으로, 유향은 마구간의 공기에 향기를 내기 위해서, 몰약은 아기의 건강을 위해서라는 실제적 해석을 선호했다고 합니다. 어떤 해석이든 태어난 아기 예수에게는 의미가 되는 선물인 것 같습니다. 만약 광고인이 크리에이티브를 위해 필요한 선물로 이 세 가지를 받는다면 각각 어떤 의미가 될까 생각해보았습니다. 그리고 더 나아가 광고주 혹은 브랜드에는 어떤 의미가 있을지도 고민해봤습니다.

1. 황금: 광고인이 만든 성공적인 결과

광고인에게 가장 빛나는 성과는 바로 제작한 광고가 세상의 주목을 받고 소비자들에게 찬사를 받았을 때입니다. 그것은 반짝이는 황금처럼 연말 시상식에 트로피가 되기도 합니다. 광고인들은 광고를 통해 황금처럼 빛나는 자부심과 보람을 갖게 됩니다. 한편 광고주에게 황금은 바로 자본을 의미합니다. 광고주 혹은 브랜드의 입장에서 보았을 때 광고 제작을 위한 예산은 한 광고 캠페인의 살림과도 같아 이 예산을 어떻게 배분하여 제작하고 소비자에게 도달하게 만들 것인가의 문제를 고민하게 되는 것과 같습니다. 브랜드의 목소리를 전달하기 위해서는 광고의 퀄리티가 중요하고 퀄리티는 비용과 직결되지만, 상대적으로 비용 대비 최고의 퀄리티를 내기 위해선 예산의 분배가 중요하기 때문입니다. 이렇듯 광고는 광고인에게는 빛나는 영예를, 광고주에게는 광고를 통한 수익을 안겨줍니다.

2. 유향: 좋은 광고가 만드는 영향력

성공적인 광고 캠페인을 만들기 위한 우리의 준비 과정은 험난하기 짝이 없습니다. 개인적인 일들도 잠시 접어두고 잘 실행될 수 있도록 애쓰고 또 노력합니다. 그리고 마침내 실행되어 소비자의 반응이 좋으면 다양한 채널을 통해서 확산되기도 합니다. 이것이 바로 곳곳에 향기가 퍼져나가는 듯한 유향과 같은 영향력이라 생각합니다. 잘 만들어진 광고는 광고주에게도 큰 영향력이 됩니다. 브랜드의 파워와 인지도가 더 커지고 매출도 비례하게 될 것이라 생각하기 때문입니다. 좋은 광고는 소비자의 마음을 움직이는 힘을 갖고 있습니다. 무관심 속에 있던 제품을 흥미롭게 바라볼 수 있게 해줍니다. 몰랐던 제품의 장점을 깨닫게 해줍니다. 광고는 좋은 영향력을 갖게 해주는 도구입니다.

3. 몰약: 광고인에게 가장 중요한 체력

광고인은 강도 높은 긴장감으로 일하는 것이 일상이고 늘 새로운 일을 경험하게 되므로 집중력도 필요합니다. 때에 따라서 야근이 반복되고 철야를 하는 경우도 종종 있습니다. 과거 광고인 선배들에 비해 조금 나아진 환경이라 하지만 더 나은 크리에이티브를 위해서 신체적으로, 정신적으로 고생하는 것은 마찬가지인 것 같습니다. 그래서 건강이 정말 중요합니다. 아무리 유능한 사람이라도 건강을 잃으면 모든 것을 포기해야 하는 상황에 직면하게 될 것입니다. 뿐만 아니라 광고주 브랜드의 건강도 무척 중요합니다. 브랜드에도 생명이 있기에 이를 건강하게 만들어주는 것이 바로 광고 캠페인의 역할이라 생각합니다. 좋은 광고 캠페인은 시간이 지나도 브랜드를 늙지 않고 건강하게 해줍니다. 실제로 모두가 포기해야 한다고 했던 브랜드가 성공적인 광고 캠페인에 의해서 다시 주목받고 소비자들의 사랑을 받는 경우가 있습니다.

광고인은 차별되게 일하는 순간 그 자체가 빛나는 자부심입니다. 위와 같이 황금, 유향, 몰약의 특성이 모두 전제됨으로써 명예롭고 건강한, 특별한 크리에이티브가 가능한 것입니다. 한 편의 광고에는 광고인의 노력과 땀이 서려 있습니다. 비록 결과물은 광고주의 것이지만 그것을 만든 성취감과 자부심은 광고인에게서 빛나고 있습니다.

우리 구주 나신 날
: 위대한 탄생에 관하여

역사 속에서 이스라엘 사람들은 예수를 메시아라고 부르기도 했고 왕이라 말하기도 했습니다. 크리스마스 캐럴은 거룩한 왕의 탄생을 모두가 기뻐하고 인류를 위한 구원의 길이 열렸음을 노래하기도 합니다. 왕의 탄생은 모든 이들에게 경배를 받아 마땅하고 훌륭한 왕을 섬기는 백성은 행복할 것이기 때문입니다.

왕이 된다는 것은 신분의 완벽한 변화를 의미합니다. 동화에서 나오는 왕자와 거지만 해도 옷을 바꿔입고 신분이 변했을 뿐인데 완전 극적인 삶을 살아가게 되었던 것처럼요.

현대사회에서 신분의 변화는 직급의 변화라고도 볼 수 있을 것 같습니다. 광고회사에도 보통의 회사들처럼 승진이 있습니다. 승진은 기쁘고 축하받을 만한 일입니다. 일반 회사에서도 승진은 동료들에게 한턱 쏴야 할 만큼 특별한 의미와 상징을 가집니다. 회사에서 그 직급에 대한 능력을 인정받았다는 증거이며 향후 연봉이나 처우도 좋아질 것이고 무엇보다도 그 일에 대한 전문성을 확보했다는 증거라서 스스로에게나 가족에게나 매우 뿌듯한 일입니다. 그래서 경력이란 실력과 열정에 시간을 더한 것이라고 생각합니다.

광고업뿐만 아니라 일반 회사에서도 실력과 열정은 성장에 중요한 영향을 미친다고 생각합니다. 실력이란 누구나 처음에 시작할 때 살펴보면 큰 차이가 없을 수 있습니다. 하지만 여기에 열정을 곱하면 시간이 지날수록 기준이 완전히 달라질 수 있습니다. 누군가는 보이지 않게 10cm 클 때, 열정이 없는 누군가는 2cm도 자라지 않을 수 있기 때문입니다. 그리고 여기에 시간을 더하면 얼마만큼 그 사람이 전문가로서 성장했는지 여러 프로젝트를 통해서 바라볼 수 있게 됩니다.

광고회사에서의 업무가 열심히 해서 결국 잘하는 것으로 귀결되어야 하는 만큼, 승진을 하고 인정받아 리더가 되었다는 것은 매우 중요한 일입니다. 그렇기 때문에 광고회사에서 승진을 하여 리더가 된다는 것은 전문성을 공식적으로 인정받고 부여받았다는 증거입니다. 아무나 해병이 될 수 있다면 누구도 해병이 되지 않았을 것이라는 말처럼, 제대로 된 광고인 역시 아무나 될 수 없기 때문에 그렇습니다.

❄ 광고회사의 리더가 되는 것에 필요한 3요소
....

1 실력: 광고는 기본적인 재능을 토대로 성장하는 것이며 자기 확신과 타인의 평가가 공존함.

2 열정: 광고인의 성장을 높여주는 가속도와 같으며 성실함이 내재되어 있어야 발전이 가능함.

3 경험: 그 일을 전문적으로 해온 다채로운 경험과 쌓여온 숙련도를 의미함.

어떤 회사는 실력과 열정, 그리고 시간을 종합적으로 평가해서 승진을 시킵니다. 하지만 어떤 회사는 실력과 열정이 모자라도 시간적으로 오래 견디고 근무한 사람을 승진시키기도 합니다. 또 어떤 회사는 처음의 실력만 보고 열정이 없음에도 그저 시간만 보내며 오래 근무한 사람에게 책임자의 권한을 주기도 합니다. 자세히 설명해보면 실력이 있지만 열정이 없는 사람은 처음엔 눈에 띄는 성장을 보여주지만 시간이 지날수록 발전 속도가 더뎌질 것입니다. 실력이 부족하지만 열정이 넘치는 사람은 시간이 지날수록 미세하긴 해도 발전 속도가 보이기 시작할 것입니다. 하지만 실력과 열정이 모두 있는 사람은 가장 빠르고 탁월하게 성장합니다. 거기에 시간을 더하면 더 능숙하고 노련해지게 되죠.

광고는 사람이 만들어서 사람에게 하는 것이기 때문에 무엇보다 사람이 가장 큰 자산입니다. 따라서 광고회사에서 탁월한 리더는 실력에 열정을 더하고 시간을 투자한 사람입니다. 리더는 바로 이 세 가지를 잘 갖춘 사람이어야 한다고 생각합니다. 그리고 이를 바탕으로 선정해야 조직이 발전될 것이란 사실은 분명합니다. 역사를 배워본 사람은 공감할 것입니다. 한 사람의 리더가 잘못 세워지면 얼마나 많은 사람들이 힘들어지는지. 그리고 한 사람의 훌륭한 리더가 세상을 어떻게 변화시키는지를 말이죠. 사람의 영향력은 너무나 큽니다. 그리고 광고회사에서는 특히나 그렇습니다. 저 역시 리더가 된 지금도 실력과 열정, 시간을 제대로 더하고 있는지 끊임없이 돌아보고 있습니다.

쏜살같이 달려온
한 해

자신만 기억하는 광고기념일

개인적으로 크리스마스는 모든 인류의 기념일이라 생각합니다. 그리고 기념일은 우리 모두에게 중요한 의미를 부여합니다. 인생에서 떠올려보면 결혼기념일도 그렇고 해마다 돌아오는 생일이 그렇습니다. 광고인들에게 기념일이라면 무엇이 있을까요. 대략 한 해를 마무리하는 송년회라든지 회사의 창립기념일, 입사일 등이 매년 스쳐 지나갑니다. 그중에서도 업무적으로는 크리에이티브를 기념하는 시상식이 중요한 행사 중 하나입니다. 서로의 노고를 헤아려주고 좋은 성과를 통해 다시 한 번 자축하는 시간을 가질 수 있으니까요.

　하지만 만약 저에게 광고 크리에이티브에 기념일을 적용해보라고 한다면 저는 '실패를 기념하라'는 말을 하고 싶습니다. 저는 실패의 숫자가 최선의 결과물을 만드는 과정이라 생각합니다. 열심히 준비하여 도전했지만 탈락의 고배를 마신 경쟁 P.T라든지, 며칠을 씨름하여 정리했지만 채택되지 못한 어쩌면 시대를 너무 앞서간 아이디어라든지, 실패로 보이지만 의미 있는 경험이라면 이런 광고 크리에이티브는 우리에게 기념할 만한 것이라 생각합니다. 자존심 때문에 생각하고 싶지 않은 것이라 할지라도 우리는 실패를 통해서 성공으로 더 가까이 다가가는 것이고 일정한 실패를 경험하면 충분히 성공에 도달하기도 합니다. 포기하지 않는다면 말이죠. 따라서 광고 아이디어뿐만 아니라 오늘이 겪은 어떠한 '실패'를 기념하는 것은 훗날의 성공에 매우 유익한 일이 될 수 있습니다.

　모든 광고인들이 그렇게 하겠지만 저 역시도 컴퓨터에는 성공한 광고 파일들과 실패한 광고 파일들이 여러 폴더로 차곡차곡 정리되어 있습니다. 마치 지나온 시간을 추억하며 더듬어볼 수 있도록 말입니다. 시간이 지난 후에 다시 몇 해 전의 경쟁 P.T 제작물을 보거나 아이디어들을 더듬어보면 그때는 알지 못했던 것들이 보입니다. 내가 이렇게 부족했구나, 혹은 이 아이디어는 이렇게 접근했어야 했는데 하는 생각이 들게 됩니다. 이로써 과거의 나에게 배울 수 있고 미래의 내가 실수를 줄일 수 있게 해줍니다. 마치 헤어진 연인들의 추억을 돌이켜보면 순간순간 부족했던 자신을 발견하게 되는 것처럼 말이죠. 무언가를 기념한다는 것은 이런 발전의 비밀이 숨겨져 있는 것 같습니다.

　사람은 추억을 먹고 삽니다. 광고인으로서도 잊지 못할 순간들을 기록해놓고 기념한다면 시간이 흘러 슬럼프가 왔을 때 다시 펼쳐보며 새로운 자극을 받을 수 있을 것입니다. 광고인은 현업을 통해서 발전할 수밖에 없습니다. 이전에 한번 경험했던 아이디어 도출 경험과 그를 통해 진행했던 광고 캠페인의 실행해보면서 창의력과 실행력에 뼈와 살이 붙어 성장하게 되는 것입니다. 그렇기 때문에 우리에게는 크리에이티브를 위한 기념일이 있으면 어떨까 합니다. 좋은 크리에이티브를 만들 때 나왔던 동료들의 얼굴, 회의실의 분위기, 나의 긍정적인 의욕과 행복감 등을 다시 한 번 추억하고 떠올릴 수 있도록 날짜별로 기록을 남길 수도 있겠고 컴퓨터 파일들의 폴더를 재정리해볼 수도 있을 것 같습니다. 어쩌면 트로피나 받은 상장들의 날짜를 통해서 그것을 기념할 수도 있겠습니다.

어떤 사람이든, 어떤 회사든 초심을 간직하고 신념에 차서 일하는 곳이 멋지다고 생각합니다. 그런 의미에서 창의적인 초심을 지속적으로 돌아볼 수 있도록 만드는 것은 중요한 일입니다. 더 멋진 크리에이티브를 위해서 당신만의 특별한 기념일을 만들어보는 것은 어떨까요.

❋ 당신의 광고기념일을 기억해보세요
....

1 처음으로 광고인이 된 날.

2 처음으로 내가 제안한 아이디어가 실행된 날.

3 처음으로 광고제에서 상을 받아본 날.

4 처음으로 참여한 경쟁 P.T에서 승리한 날.

5 훌륭한 아이디어였지만 경쟁 P.T에 패배한 날.

6 진정으로 위대한 크리에이티브가 탄생한 날.

7 광고주에게 처음으로 칭찬을 받아본 날.

연말에 꿈꾸는 새로운 시작처럼

크리스마스가 있는 12월 초부터 거리는 화려하게 새 단장을 합니다. 아름답게 반짝이는 크리스마스 장식이 곳곳에 설치되고 밤의 거리는 그로 인해 더 빛이 납니다. 마치 생일 케이크에 꽂은 예쁜 양초들처럼 거리는 눈부시게 빛납니다. 그리고 크리스마스가 되면 우리는 풍요로운 마음으로 한 해를 돌아봅니다. 연말에 있는 크리스마스는 시기적으로도 우리에게 지나간 1년을 반추해볼 수 있는 좋은 시간입니다. 그리고 감사한 일들에 대해서 가족이나 연인들과 나누고 새해에 대한 꿈을 품기도 하는 때입니다.

광고인들에게도 한 해를 돌아보는 순간은 중요합니다. 얼마나 좋은 광고를 만들었는지 살펴보게 만드는 각종 시상식이 즐비하기 때문입니다. 치열한 노력으로 이뤄낸 성과들을 대내외적으로 평가받는 시상식은 스스로를 돌아보게 만듭니다. 1년간 자신의 몸을 혹사시키고 때론 가족들에게 미안해하기도 하면서 제작한 광고 캠페인들이 세상의 평가를 다시 받을 수 있는 때이기도 합니다. 광고 캠페인의 성과는 사실 소비자들이 결정해줍니다. 집행한 모든 광고들은 사실 그러한 목적으로 만들어졌기 때문이죠. 그리고 광고 캠페인이 끝나면 광고주에 의해서 성과를 평가받습니다. 비용 대비 효율성에 대한 것과 소비자들에게 과연 어떤 의미의 광고 캠페인이었는지 정량적이고 정성적인 측면에서 평가를 받습니다. 그리고 마지막으로 연말(혹은 연중)에 많은 어워드들에 광고를 출품하면서 심사위원들의 평가를 받습니다. 좋은 광고 캠페인은 상을 받게 되고 그렇지 않은 경우는 지나가는 시간 속에 사라지게 됩니다.

시상식에 간다는 것은 참 기분 좋은 일입니다. 그곳이 큰 권위를 자랑하는 시상식이면 더 좋고 설사 그렇지 않더라도 괜찮습니다. 아름다운 장식과 불빛들로 꾸며진 시상식에서 최선을 다해 만든 광고가 상을 받는다는 사실이 작지만 큰 기쁨으로 다가오고 한 해를 의미 있게 만들어줍니다. 제공되는 스테이크나 축하 공연도 좋습니다. 기념 촬영을 하면서 주변을 돌아보면 같은 업계에서 일하는 지인들이 상을 받으러 오는 경우가 있어서 축하의 기쁨을 함께 나누기도 합니다. 시상식에서 나오면 기쁨이 큰 경우, 함께 작업한 동료들과 자리를 옮겨 자축하는 자리를 가집니다. 광고를 만들면서 고생했던 순간들과 에피소드를 이야기하며 즐거운 시간을 이어갑니다. 하지만 그 순간에도 진행하고 있는 광고 캠페인이 있거나 준비해야할 것이 있다면 그곳의 분위기만 짧게 느낀 후 다시 일을 하러 가기도 합니다. 다양한 작업들로 한 해를 보냈고, 그래서 보람 있게 시간을 추억할수 있다면 이것은 성공적인 한 해라고 말할 수 있을 것입니다.

광고인은 한 해를 마무리하며 곧바로 다음 해를 준비합니다. 연간 대행중인 광고주가 있다면 애뉴얼(Annual) 제안을 준비하여 브랜드의 한 해 광고 캠페인 집행 내역과 성과, 어떻게 부족한 점을 보완하고 내년엔 어떤 광고 캠페인을 집행할지에 대한 제안을 준비합니다. 광고인 개인적으로도 사용하는 노트북의 성능이 떨어졌다면 이를 개선하기 위해서 용량을 정리하고 백업하며 자료를 정리하는 시간도 가집니다. 바쁘게 지낸 탓에 놓친것은 없는지 업무 내외적인 체크를 하기도 하고 감사했던 사람들과 인사도 나눕니다. 연말에 화려한 불빛들만큼이나 가슴속에 있던 일들을 갈무리하는 시간을 가져봅니다.

✳ 어느 광고인이 연말을 보내는 방법

1 업무 컴퓨터의 주요 내용들을 정리하고 백업한다.

2 좋은 광고 프로젝트를 어워드에 빠짐없이 출품했는지 확인한다.

3 한 해의 목표로 설정한 것들을 이뤘는지 체크한다.

4 주요 광고주와 협력사에 연말 인사를 챙긴다.

5 다가올 새해의 목표를 설정한다.

6 잠시라도 가족들과 함께할 수 있는 시간을 정한다.

7 회사의 성장과 개인의 성장을 성숙하게 확인한다.

한 해 동안 진행했던 광고 중에는 눈부신 성과만 있는 것은 아닐 것입니다. 다시 보기 부끄러울 정도로 민망한 광고 캠페인도 있을 것이고 의욕적으로 시작했지만 끝이 좋지 못했던 일도 있을 것입니다. 아슬아슬하게 무사히 진행한 광고 캠페인도 있을 것이고 광고주와 의견이 맞지 않아 고생했던 것도 있을 것입니다. 그래도 광고인으로서 한 해를 충실히 살았다는 것으로 스스로를 위로해봅니다. 크리스마스의 불빛들은 한 해를 돌아보게 만드는 힘이 있습니다. 그리고 다가올 새해를 더 희망에 부풀게 해주지요. 그러니 더 새롭고 도전적인 광고를 많이 만들겠다는 다짐을 합니다. 밤에 빛나는 불빛을 보니 그간 동료들과 함께했던 많은 프로젝트와 트로피들이 생각납니다. 그리고 우린 희망의 불빛으로 한걸음 또 나아갑니다.

크리에이티브는 크리스마스처럼

BGM

라스트 크리스마스
: 라스트 크리에이티브

   크리스마스 하면 가장 먼저 생각나는 팝송은 영국의 '조지 마이클'과
'앤드류 리질리'로 구성된 Wham의 'Last Christmas'입니다. 크리스마스만
되면 거리에서 울려 퍼지고 귓가를 스치는 이 노래의 멜로디는 우리 모두
를 기분 좋게 합니다. 이 노래는 1985년에 발표된 곡이니 대략 30년 전의
노래라고 볼 수 있는데요, 오랜 시간 사랑받아온 노래에는 그만한 매력이
담겨 있는 것 같습니다. 지금도 여전히 많은 사람들에게 사랑받는 것을 보
면 향후 30년은 더 들려오지 않을까 하는 생각이 있습니다. 그리고 원곡의
인기가 사라진다 해도 리메이크 버전은 끊임없이 이 노래가 우리의 귓가
에 들리게 해줄 거라는 확신이 듭니다.
   광고 크리에이티브도 사람들에게 사랑받는 고전이 있습니다. 광고 자체
는 시간이 지나면 휘발되고 잊힐 수밖에 없지만 때때로 멋진 광고 캠페인
은 세월이 지나도 제품과 브랜드를 통해 오래도록 기억됩니다. 어쩌면 광
고인이 꿈꾸는 크리에이티브는 이런 것인지도 모르겠습니다. 단발성으로
쉽게 사라지는 트렌디한 광고가 아니라 사람들의 기억 속에 오래 자리 잡
으며 세월이 지나도 계속 집행되는 콘셉트의 캠페인이 되길 원할 것입니
다. 광고가 예술은 아니지만 소비자들에게 인상 깊게 남을 수 있다면 그보
다 영예로운 일은 없을 거란 생각이 듭니다. 이렇게 오래 사랑받는 광고
캠페인에는 본질적인 가치와 진실함이 담겨 있습니다. 한 예로 1959년부

터 DDB라는 광고회사에 '윌리엄 번벅'이라는 카피라이터가 만든 폭스바겐의 'Think Small' 캠페인은 수년간에 걸쳐 세계 광고 크리에이티브에 큰 영향력을 미친 광고 캠페인이었습니다. 이외에도 코카콜라, 나이키 등 세계적인 브랜드는 일관적인 광고 슬로건 아래 시대마다 새롭게 변주되는 광고 캠페인을 선보이고 있습니다.

　우리는 하루에도 수십 개의 광고를 접하고 살아갑니다. 수많은 브랜드와 제품이 자신의 존재를 알리고 싶어 하고 그에 비례하여 광고가 제작되기 때문입니다. 같은 사람이란 세상에 존재하지 않듯이 각각의 광고는 고유의 목소리와 개성을 바탕으로 소비자에게 자신의 정체성을 전달하기 위해 소리치고 있습니다. 덕분에 우리의 시선이 머무는 어느 곳에나 광고가 있습니다. 하지만 너무나 많은 광고들은 우리의 눈을 피곤하게 만들고 때론 소음처럼 생각됩니다. 매스미디어를 통해 보고 들었던 광고들은 우리의 고개를 돌리게 만들었고 온라인 광고는 무관심하거나 스킵(Skip)당하기 쉽습니다.

　그래서 많은 광고인들은 고민합니다. 어떻게 하면 사람들이 광고를 외면하지 않고 흥미 있게 광고를 보고 듣게 만들 것인가를 깊이 고민하게 되었습니다. 이 때문에 광고는 크리에이티브가 중요해질 수밖에 없었습니다. 같은 매체인 TV, 신문, 라디오, 잡지 등의 한정된 시간과 지면의 범위 내에서 새롭고 다른 메시지를 전달하기 위해서 다양한 노력을 기울였기 때문입니다. 오랜 고민에서 크리에이티브는 방법론처럼 정리되기 시작했고 지금까지도 몇 가지 노하우는 많은 광고인들에게 교육되고 있습니다. 그리고 그 교육과 경험에 따라 다시 광고로 재생산되고 있는 것이지요. 지속적으로 집행되는 광고 캠페인을 만들기 위해서 광고인은 더 큰 통찰력을 통해 미래의 광고를 고민해야 할 것입니다.

❄ 앞서가는 광고를 위한 광고인들의 준비

1 항상 새로운 매체나 서비스를 눈여겨보고 연구하라.

2 대중들이 자주 사용하고 있는 온라인 서비스를 쓰고 광고를 먼저 연구하라.

3 디지털 기반의 신기술에 호기심을 가져라.

4 모든 매체에 광고는 어떻게 접목될지 생각해보라.

5 전통적인 브랜드나 광고 콘셉트에 새로운 기술을 덧입혀보라.

6 많은 사람들에게 사랑받는 광고 캠페인의 이유가 무엇인지 정리해보라.

7 마케팅과 광고, 새로운 시대의 제품, 대중들의 생각과 함께하라.

8 시간과 비용을 투자하여 트렌드의 변화와 흐름을 읽어라.

광고계도 이젠 거부할 수 없이 디지털미디어 시대에 속해 살아가고 있습니다. 사람들은 이제 더 이상 4대 매체에만 집중하지 않게 되었습니다.

스마트폰과 태블릿PC를 소지하고 다니며 주요 뉴스와 영상을 접하고 언제 어디서든 자기가 원하는 콘텐츠를 검색하고 소비합니다. 이러한 소비자들의 매체환경에 발맞춰 광고인들도 많은 시도를 통해 변화를 꾀하고 있습니다. 미디어가 진화했기 때문에 누구보다 빠르게 소비자와의 인터랙티브한 소통을 했습니다.

일방향 미디어들에서 나오는 광고가 이전만큼 큰 영향력으로 소비자에게 전달되는 시대가 아님을 말해왔습니다. 그 결과 광고는 매 시대마다 다양한 형태로 발전되고 있습니다. 소셜미디어를 통해 소비자에게 전달되고 있고 소비자들은 새로운 광고 콘텐츠에 참여하거나 소비하고 때로는 상호작용으로 체험하게 되었습니다. 우리가 〈마이너리티 리포트〉와 같은 영화 속에서 보던 새로운 형태의 광고들이 현실화되고 있는 것입니다. 따라서 우리가 생각하는 미래의 광고들은 지금과 다른 형태가 될 것입니다. 광고인들은 그 어느 때보다 빠른 진화를 해야 살아남을 수 있는 시대일 것입니다. 하지만 우리의 마지막 크리에이티브의 핵심은 결국 '사람'이 될 것입니다. 모든 광고가 소비자를 위해 존재하기 때문에 기술의 발전은 결국 개별적인 소비자들의 세분화된 니즈에 맞춰 체험되고 자연스럽게 삶이 되는 광고로 발전할 것입니다. 그래서 삶이 광고가 되고 광고가 삶이 되는 지점, 아주 먼 미래에는 그것이 우리의 마지막 광고 크리에이티브가 되지 않을까 상상해봅니다.

Merry Creative

그리스도의 탄생을 노래하라.
만일 당신이 이것을 노래하지 않는다면
무엇을 노래하겠는가?

- 루터

에필로그

매일을 크리스마스처럼 살고 싶은
크리에이티브한 광고인처럼

자신의 마음속에 크리스마스가 없는 사람은
절대 그것을 나무 밑에서도 발견하지 못할 것입니다.

– 로이 스미스

광고와 광고인의 삶에 대해서 소개한 책 『벌거벗은 광고인』을 집필한 지 벌써 3년이 흘렀습니다. 10년 넘게 광고인으로 살아오면서 느꼈던 일과 부족한 지식을 조금이라도 실체에 가깝게 전달하고 광고인을 꿈꾸는 많은 청소년, 대학생 타깃이 정확하고 적합한 고민을 통해 광고인의 길을 걸을 수 있도록 작은 도움이라도 주고 싶은 생각에 회사 창업 초기에 몇 달 동안 밤을 뒤척이며 원고를 썼던 기억이 납니다. 이후로도 많은 독자들이 이를 통해 인터뷰 혹은 질문을 해오셨고 그때마다 적극적으로 답변을 드리기 위해 노력해왔습니다. 그리고 시간이 흘러 좀 더 깊은 이야기를 나누고 싶어서 『크리에이티브는 크리스마스처럼』이라는 책을 쓰게 되었습니다.

　이 책은 광고에 흥미를 가진 대학생이나 관련 전공자들, 예비광고인 혹은 광고회사의 신입사원 등이 읽으면 사수가 회사생활을 이야기해주듯 살가운 도움을 줄 수 있겠다고 생각해봅니다. 실력이 출중한 선배는 아니지만 친절하고 상냥한 선배의 조언 정도로 생각해준다면 이 책은 의미 있을 것 같습니다. 물론 이외에도 광고와 창의성, 업무 방식에 대한 궁금증도 어느 정도 해소될 수 있을 것입니다.

　사실 창의성이라는 것은 소수의 천재(아직 저도 만나보지 못한)들을 제외하고는 모두 같은 출발점이라 생각하고 있습니다. 선천적인 감각도 중요하지만 후천적인 노력이 매우 중요하다고 생각하는 편이기도 합니다. 그래서 광고 크리에이티브 역시 누구나 환상을 품은 채 기다리고, 선망하는 크리스마스처럼 반짝이고 빛나는 것이라 생각하기 쉽지만 실상은 예수가 희생과 헌신을 통해 구원하였듯 광고인의 희생과 헌신에서 비롯된 노력이 주된 바탕이 됩니다. 그것은 겉으로 화려해 보이는 광고와 크리스마스의 개념이 유사하고 속으로는 희생이 수반되는 광고 제작의 고통과 크리스마스의 본질인 십자가 죽음과 부활의 개념이 각각 닮아 있다고 생각했기 때문입니다. 따라서 화려함이 아닌 본질적인 인내와 노력의 부분들을 제대로 설명하고 싶었습니다. 광고업에 이미 종사하고 계신 분들이라면 공감하실 내용이기에 광고에 흥미 있는 분들이나 광고회사에 처음 출근하시는 분들에게 도움이 되는 내용이라 생각됩니다.

저 역시 어릴 적부터 광고인이 되는 것이 꿈이었습니다. 그리고 광고인이 된 후에는 진정으로 멋진 광고를 만드는 것이 꿈이 되었습니다. 부족했던 제가 광고인이 되기 위해 노력했던 과정들은 어쩌면 쉬운 것이었음을 깨달았으며 매년 일을 하면서 더 훌륭한 광고를 만들고 싶은 꿈을 꾸었기에 최고의 광고에 대한 열망이 커졌습니다. 그래서 때때로 어려운 일이 생길 때마다 '광고는 왜 이런 것일까', 혹은 '나는 광고를 제대로 할 수 있는 사람일까?'라는 고민에 빠져서 포기하는 것이 아니라 '다음번에는 더 잘할 수 있을 거야!'라는 기대하는 마음으로 이 길을 걷고 있습니다. 그래서 지금도 스스로 부족하다고 느낄 때마다 처음 광고인이 되고 싶어서 절실히 기도했던 때를 떠올리곤 합니다.

광고회사를 창업한 지금은 오히려 과거에 생각지 못했던 더 많은 고민과 어려움을 해결해나가고 있는 중이기도 합니다. 하지만 광고 일을 더욱 주체적으로 경험할 수 있고 새로운 기업문화를 이끌어나가며 멋진 동료들과 함께 새로운 광고 크리에이티브를 추구해나간다는 것은 저에게 매일의 무거운 짐도 가벼운 마음으로 짊어질 수 있게 해주는 원동력이 되고 있습니다. 그래서 주어진 젊음 안에서, 혹은 은퇴하기 전까지 더더욱 최선을 다해 도전하고 싶은 열정이 생깁니다. 무엇이든 쉽게 주어지는 것이 없고 생각처럼 되는 것이 없기에 오히려 재미있다고 느낄 정도입니다. 만화 '드래곤볼'의 손오공이 그랬던 것처럼 무시무시한 적과 만날 때마다 한편으로는 힘껏 싸워볼 수 있는 상대가 생겼음에 감사하는 마음에 가까운지도 모르겠습니다. 그리고 이런 마음가짐이 바로 마음속에 크리스마스를 품고 광고인으로 살아가는 기쁨이라고 말하고 싶습니다.

책의 원고를 마치고 다듬으며 어릴 적부터 우는 저에게 광고를 보여주며 울음을 그치게 해주신 고생 많으셨던 부모님과 형, 누나들, 그리고 광고가 무엇인지 잘 모르는 채로 저와 결혼하여 나라는 광고인의 삶과 함께함으로 많은 피해를 보고 견디고 있는 사랑하는 아내에게 가장 큰 감사를 전하고자 합니다. 커가면서 어느 날 출근길에 '아빠, 우리 집에 또 놀러 와~'라고 인사했던 모습이 짠했던 사랑하는 첫째 딸 서율이, 잠들기 전에 퇴근하는 날이면 강아지처럼 소리 지르며 반겨주는 둘째 딸 세윤이, 그리고 힘들지만 위대한 결심이 낳은 막내아들 도겸이에게 진심으로 감사하고 사랑한다는 말을 남기고 싶습니다. 그리고 누구보다 오늘의 광고 현장에서 매일 저와 함께 동역해주는 멋지고 귀한 크리에이티브마스 에이맨 동료들 모두에게 감사를 전합니다.

끝으로 이토록 부족한 저를 믿음과 사랑으로 응원해주신 모든 분들께 감사드립니다. 작은 크리스마스 선물이라 해도 마음이 담겨 있으면 가장 큰 선물이 되듯이 이 책도 한없이 부족하지만 저의 진심이 잘 담겨져 누군가에게 꼭 도움이 되는 책이 되길 바라며 세상에 내보냅니다. 이 책을 읽어주실 분들께도 깊은 감사를 드립니다.

그럼, 마지막으로 저희 회사의 슬로건으로 인사하겠습니다.

메리 크리에이티브마스!

어느 겨울, 크리스마스를 기다리며…
이구익 드림

크리에이티브마스의 대표이자 우리를 사랑으로 구원하신
지(Jesus) 대표님께 이 책을 통해 감사와 영광을 돌립니다.